贈り物に、おもてなしに

喜ばれる素敵な折り紙

小林一夫　監修

池田書店

CONTENTS

折り図の記号と折り方

基本の形の折り方

第1章 包む折り紙

COLUMN

第2章 飾る折り紙

COLUMN

第3章 招く折り紙

COLUMN

この本の使い方

ひとつ作るのに必要な材料です。花飾り（P.117）など、複数作ったほうが美しい場合も、ひとつ分の材料を紹介しています。

紙のサイズは作品と同じ大きさです。

折り方のコツや、紙選びのポイントなどを紹介しています。

作品のおおまかなできあがりサイズを掲載しています。縦×横、または（真上から見たときの底面の縦×横）×高さで表しています。

途中で記号が出てきた場合は、それに従いましょう。記号の詳しい説明はP.6～8にあります。

図の補足説明です。手元のようすなど、参考にしてください。

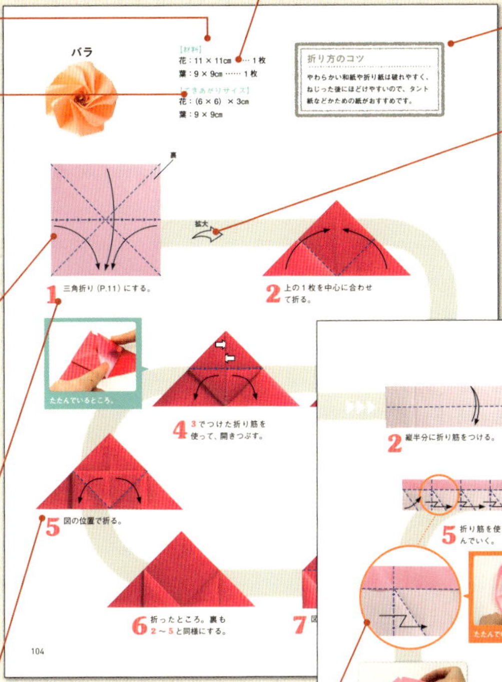

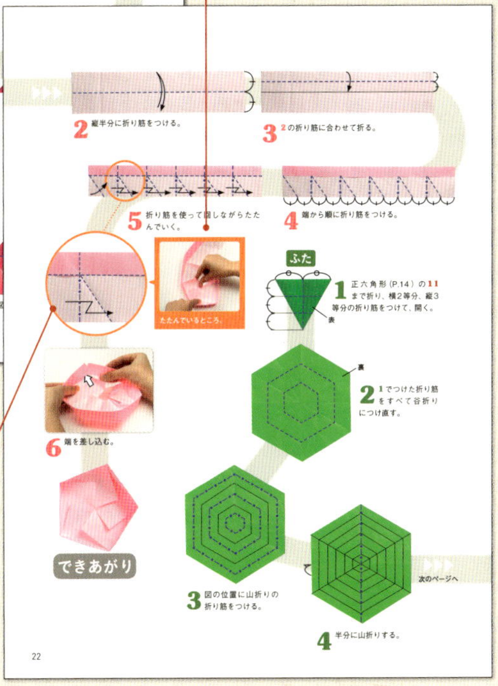

折り図は主に両面折り紙を使って折っています。表と裏はプロセス**1**に示してあります。

プロセス**1**が途中からはじまっている作品もあります。そこまでの作り方は、記載の該当ページを参照してください。

写真には破線が示してあり、折り方を示しています。記号の詳しい説明はP.6～8にあります。

丸で囲んだところを拡大した図です。

折り紙をもっと楽しむ

紙の種類や大きさを変えたり、組み合わせを変えるだけで、折り紙作品の用途が広がります。贈り物をする際に知っておきたいマナーや豆知識も掲載しています。

Arrange

簡単にできるアレンジ方法を紹介しています。

心くばりのコツ

折り紙作品を使ったおもてなしに役立つマナーや気遣いのポイントを紹介しています。

豆知識

折り紙やそのテーマに関する由来やプチ情報などを紹介しています。

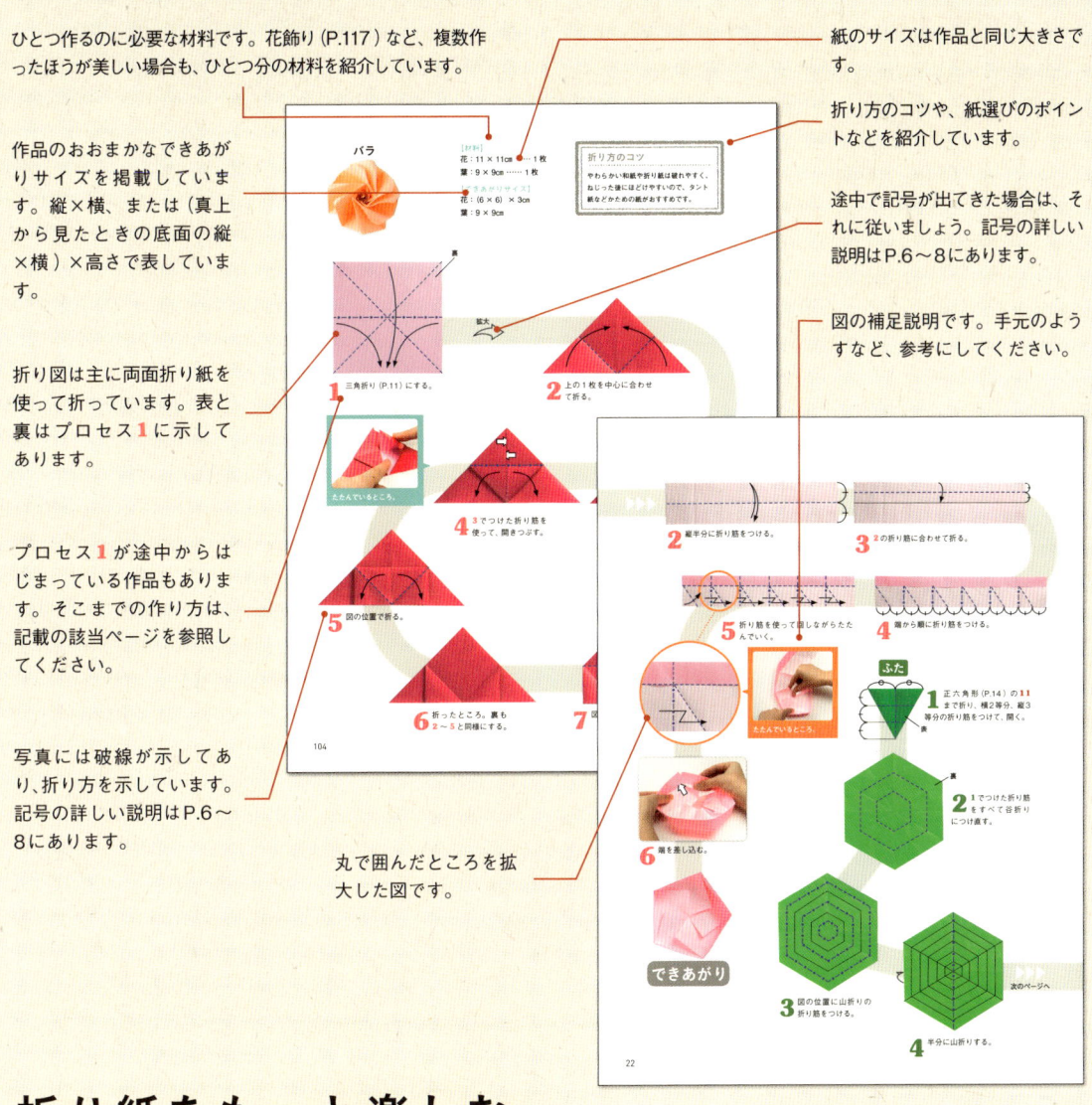

折り図の記号と折り方

この本で使う記号と、その折り方を説明します。
作品を作るときは、これらの記号を確認しながら折りましょう。

谷折り

谷折り線

手前側に折る矢印

折った線が内側になるように折る。

山折り

山折り線

向こう側に折る矢印

折った線が外側になるように折る。

折り筋をつける

途中図

折ったあと、元に戻す。

向きを変える

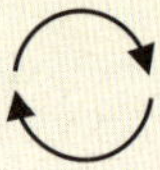

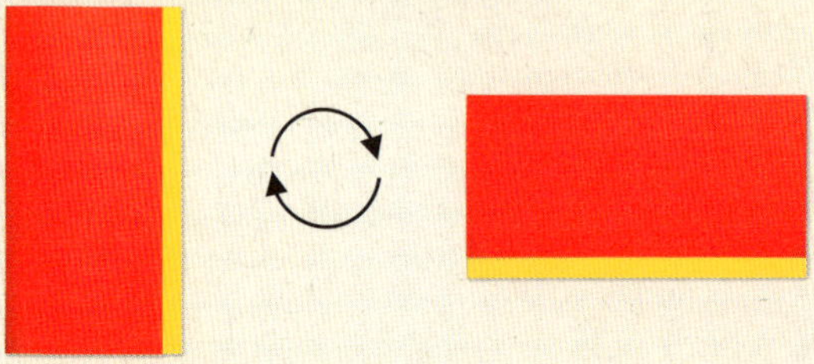

紙の向きを変える。

裏返す

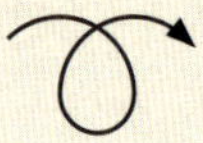

左右に返す。上下は変えないように注意。

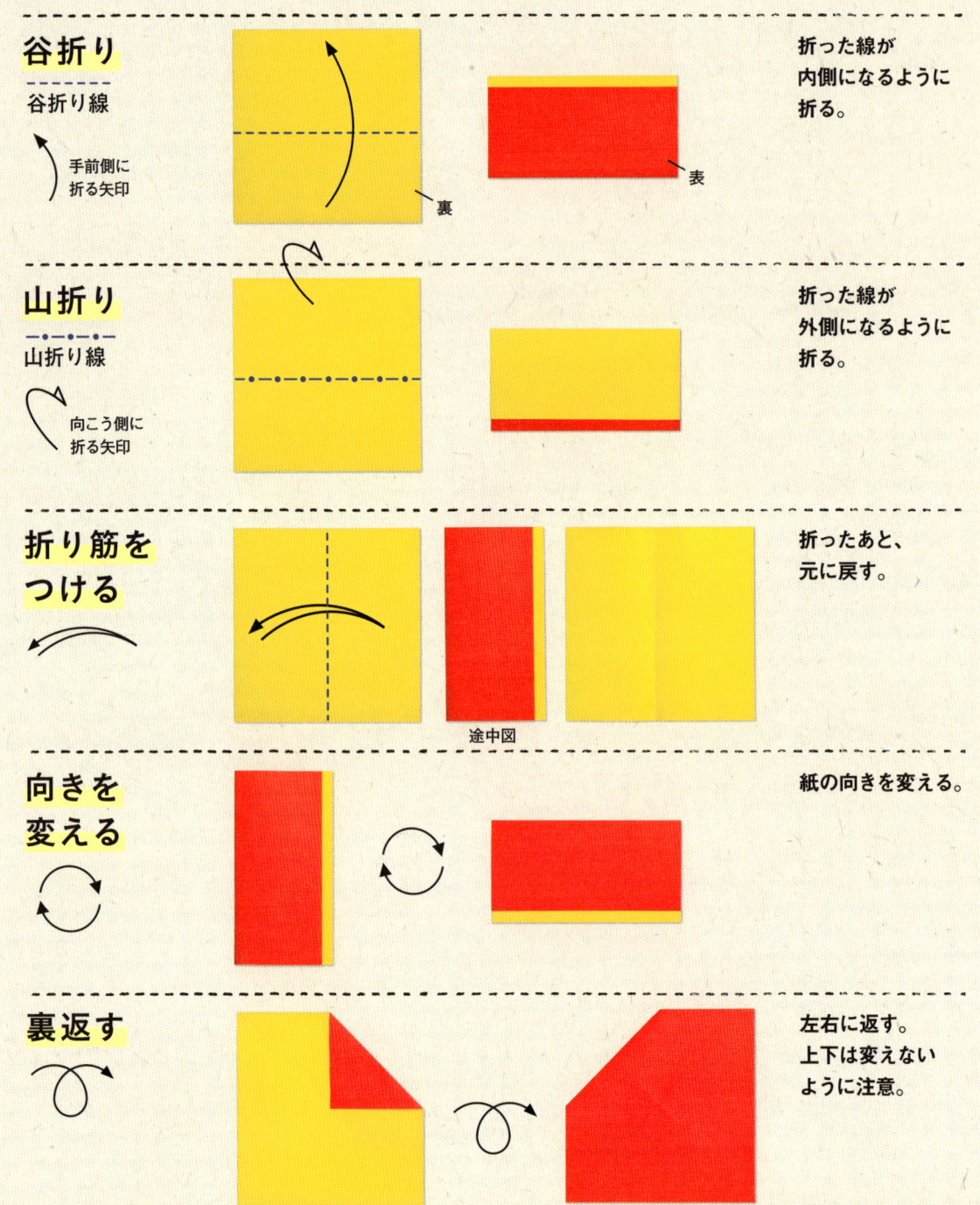

拡大・縮小

間を開く

矢印のあるところを開く。

★と☆が合うように折る

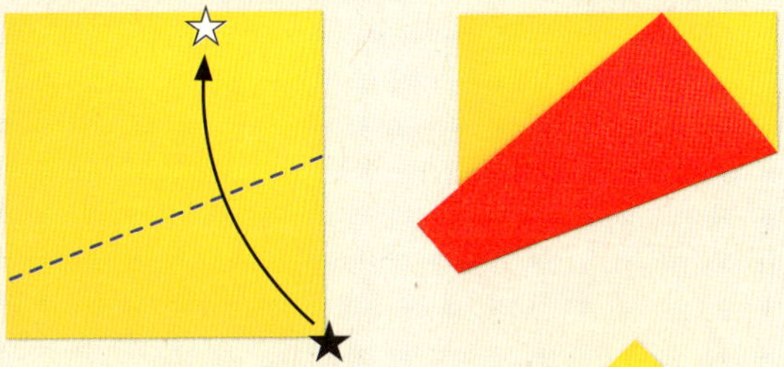

マークとマークを合わせて折る。ほかに、●と○で示す場合もある。

等分にする

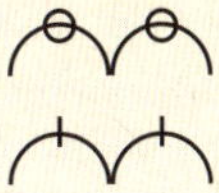

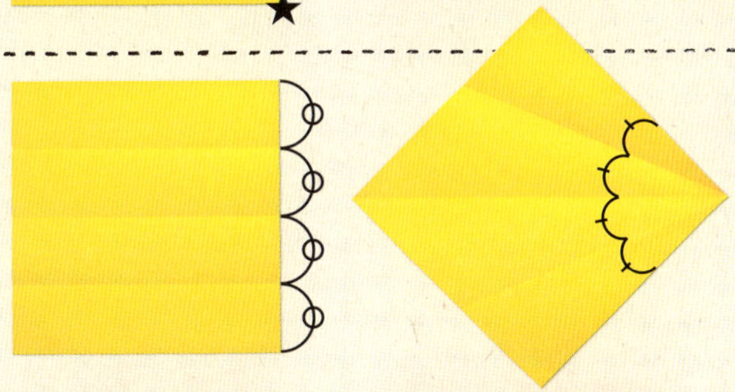

角度や長さを等分にする。

切る

太い線の部分をハサミで切る。

差し込む

差し込んでいるところ。

段折り

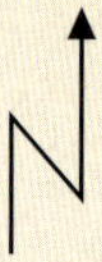

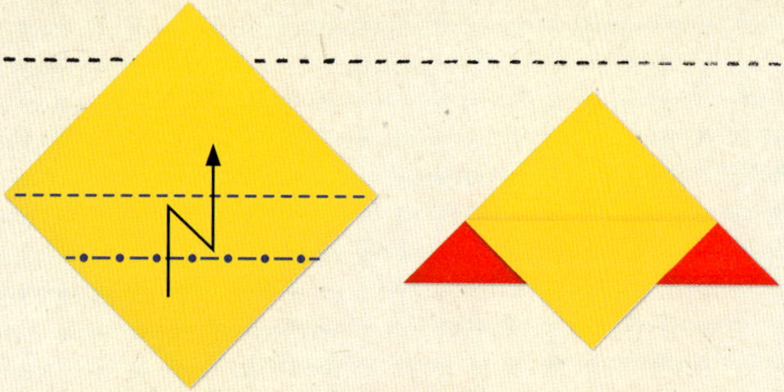

山折りと谷折りをして段にする。

巻き折り

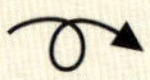

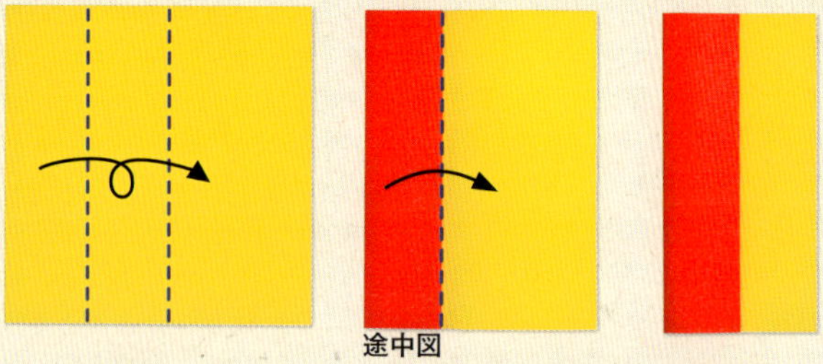

谷折りをくり返して巻くように折る。

中割り折り

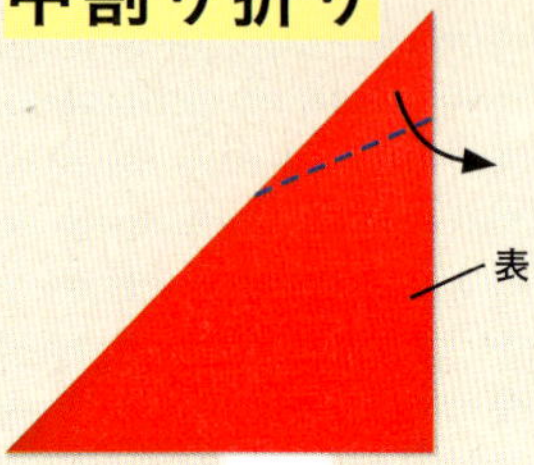

1 折り筋をつける。

2 折り筋をつけているところ。元に戻す。

3 内側に入れるように折る。

鶴の頭を作る要領で、内側に入れているところ。

できあがり

かぶせ折り

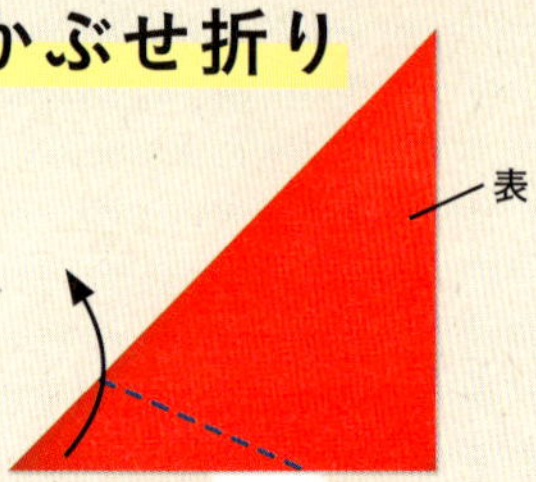

1 折り筋をつける。

2 折り筋をつけているところ。元に戻す。

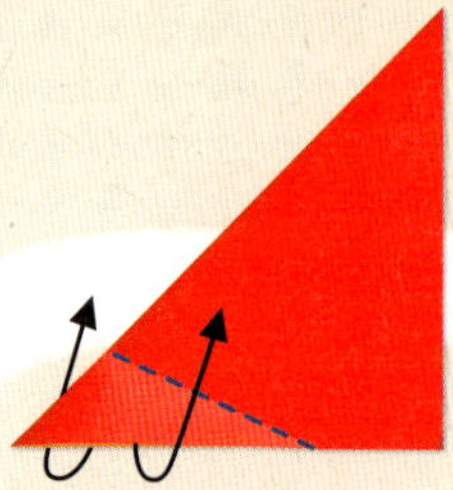

3 かぶせるように折る。

いったん外側に広げるようにしてから、折り筋に沿ってかぶせるように折る。

できあがり

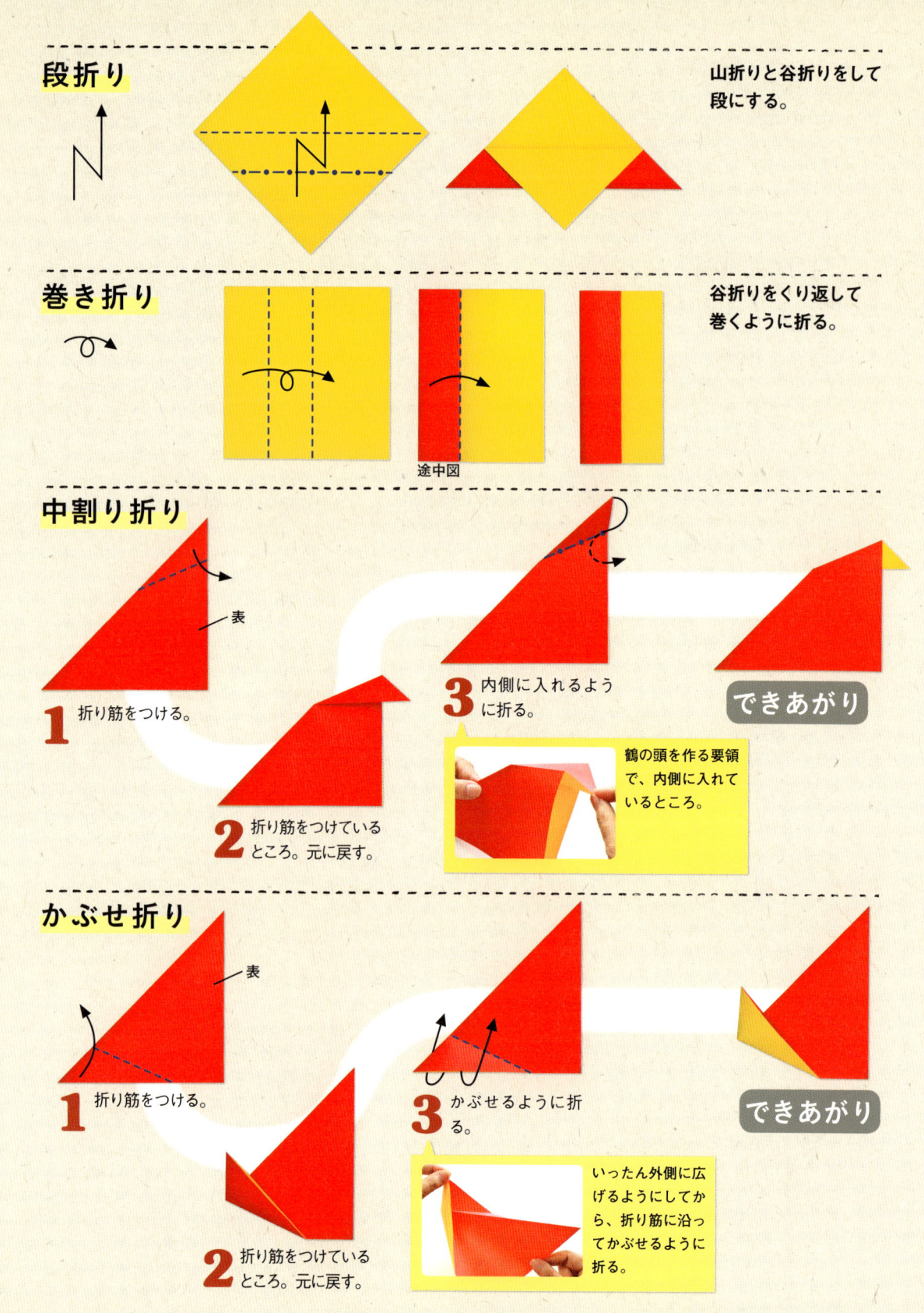

基本の形の折り方

この本でよく出てくる折り方を「基本の形」としてまとめました。

基本の形ではじまる作品は、説明を省略しているので、このページを参考にしてください。

ざぶとん折り（折り筋をつけない折り方）

1 中心に印をつける。

まず斜め半分にして角を合わせ、中心を少し押さえて折り筋をつける。

次に逆方向に斜め半分にして、同様にする。

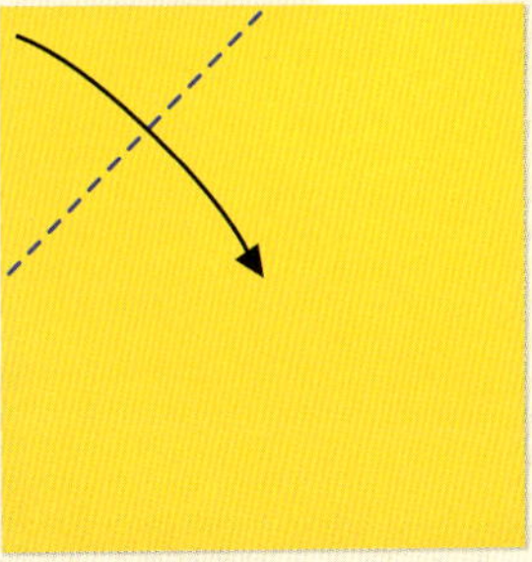

2 左上の角が中心に合うように折る。

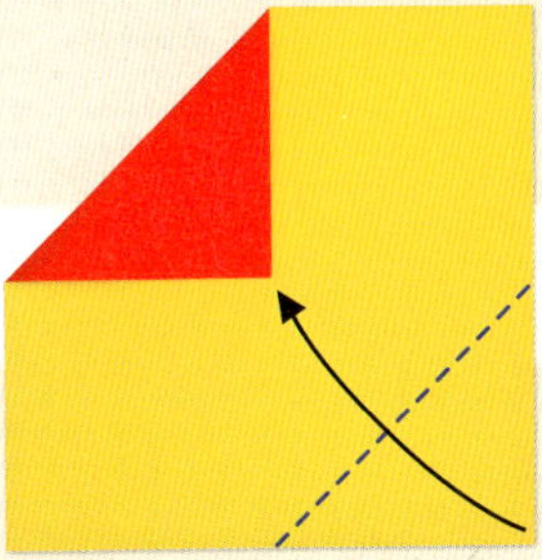

3 右下の角が中心に合うように折る。

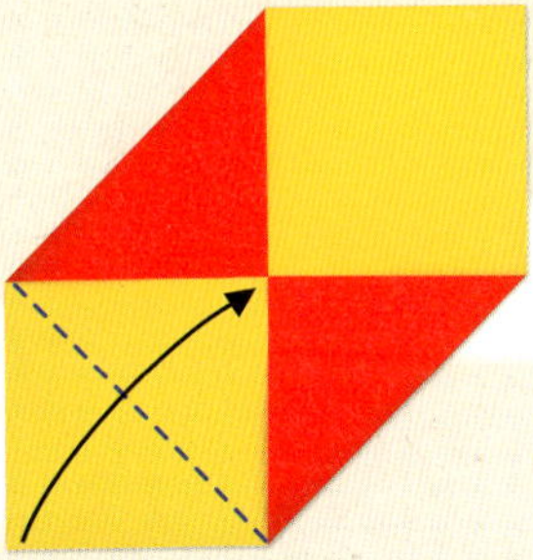

4 左下の角が中心に合うように折る。

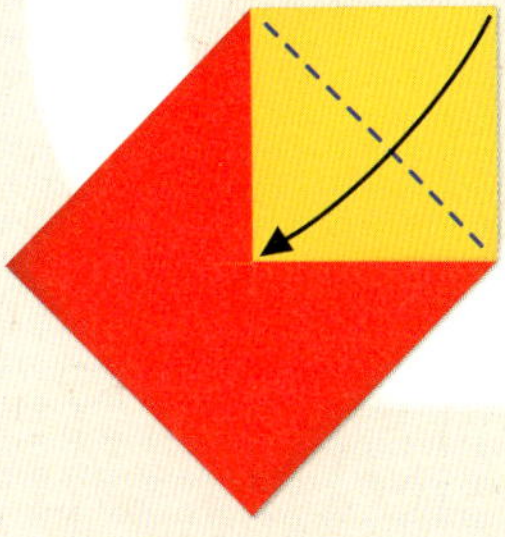

5 右上の角が中心に合うように折る。

できあがり

アドバイス

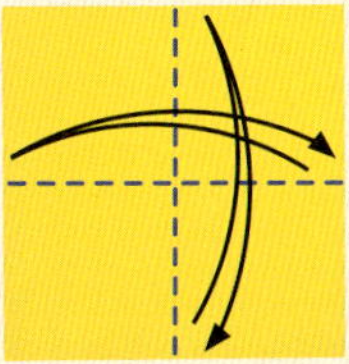

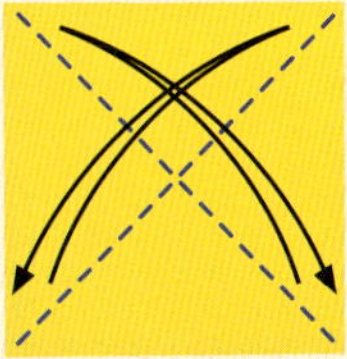

ざぶとん折りは、写真のように、四角、または三角に折り筋をつけてから折る方法もあります。**2** 以降の手順は同じです。

四角折り

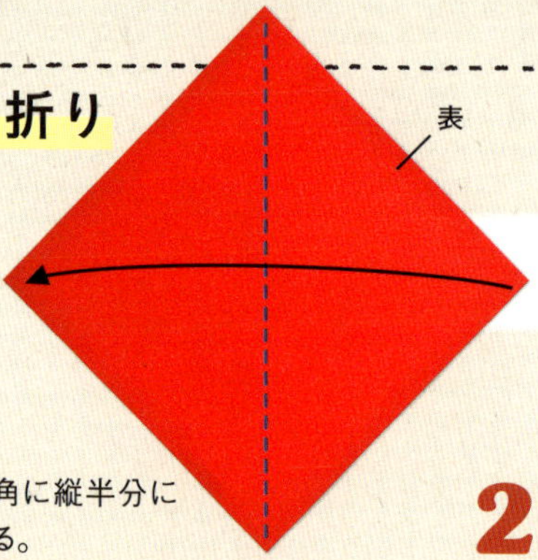

1 三角に縦半分に折る。

2 折ったところ。元に戻す。

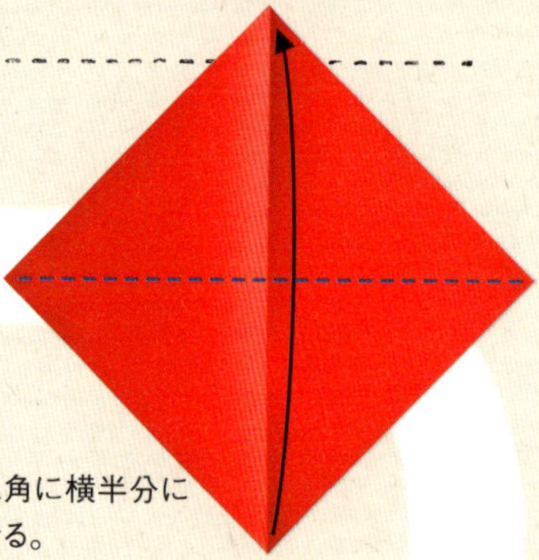

3 三角に横半分に折る。

4 折ったところ。元に戻す。

5 折り筋がついたところ。

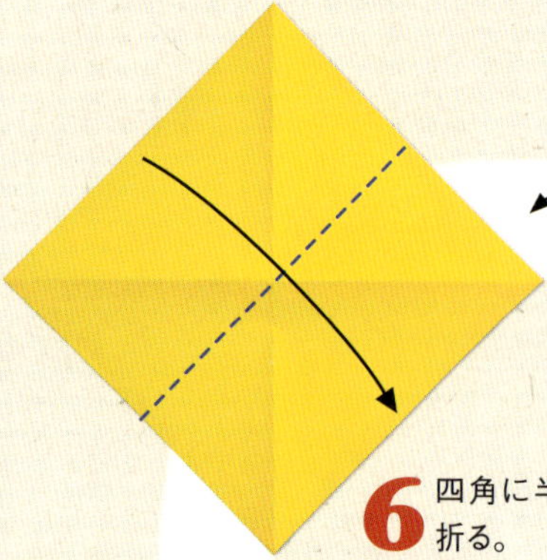

6 四角に半分に折る。

7 折ったところ。元に戻す。

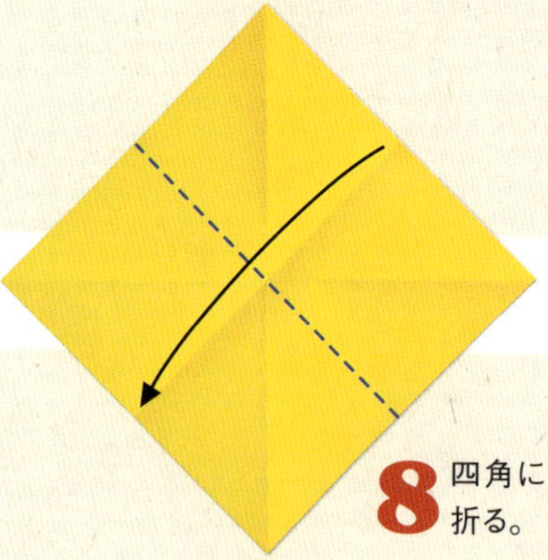

8 四角に半分に折る。

9 折ったところ。元に戻す。

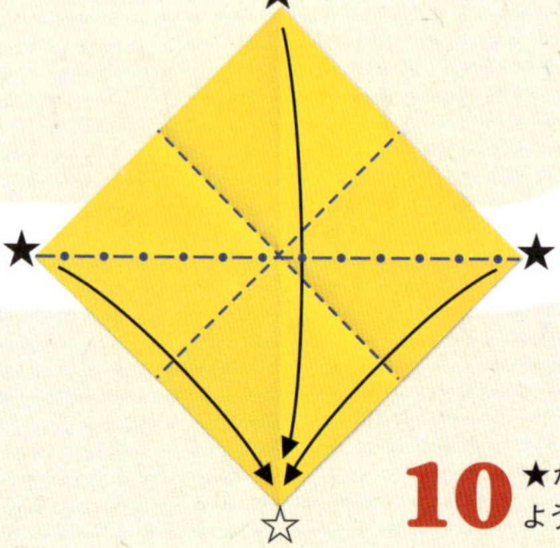

10 ★が☆につくようにたたむ。

たたんでいるところ。

できあがり

三角折り

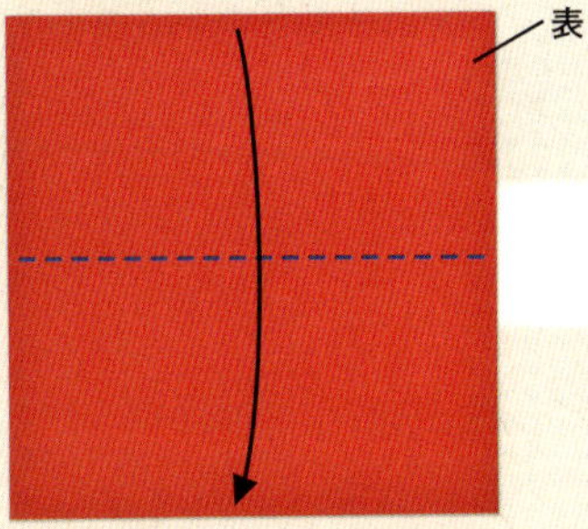

1 横半分に折る。

2 折ったところ。元に戻す。

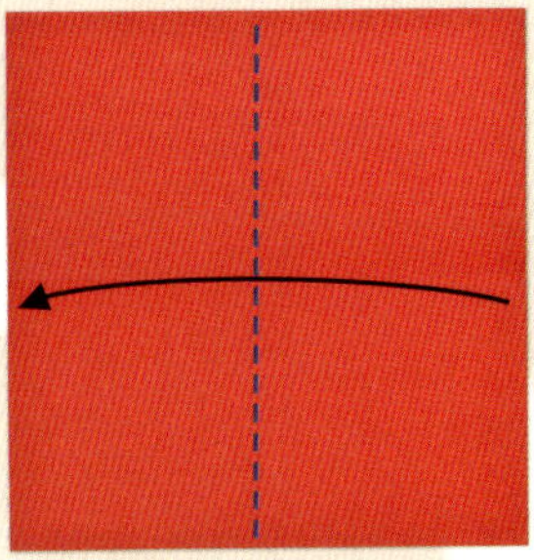

3 縦半分に折る。

4 折ったところ。元に戻す。

5 折り筋がついたところ。

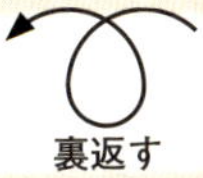

6 斜め半分に折る。

7 折ったところ。元に戻す。

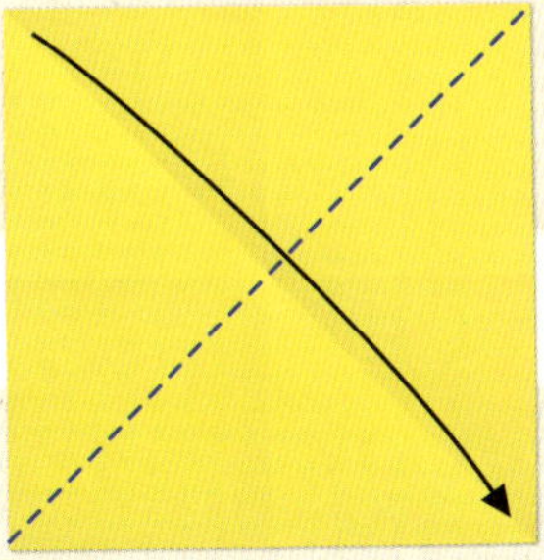

8 6と逆方向に斜め半分に折る。

9 折ったところ。元に戻す。

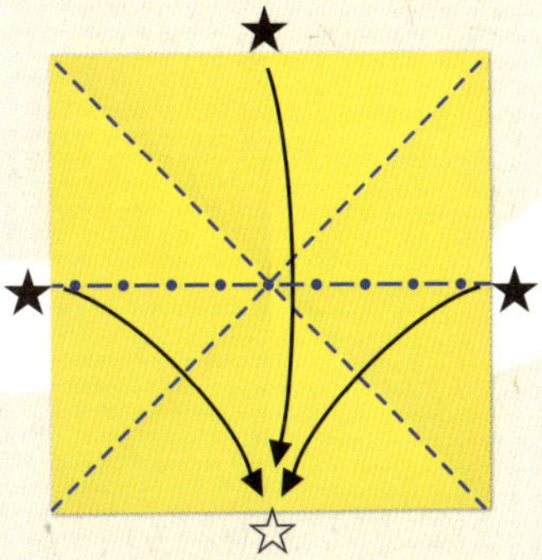

10 ★が☆につくようにたたむ。

たたんでいるところ。

できあがり

花の基本形

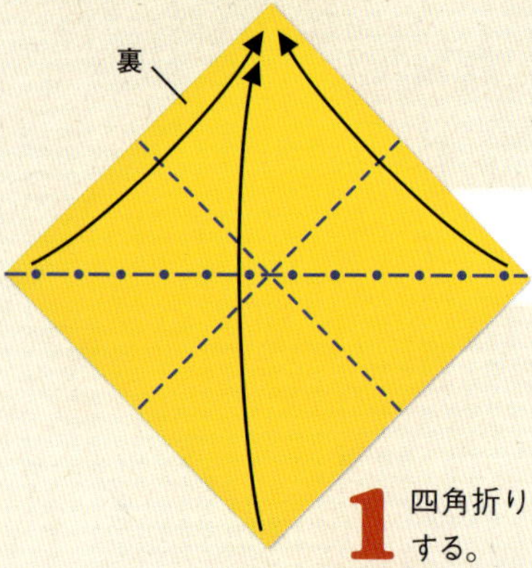

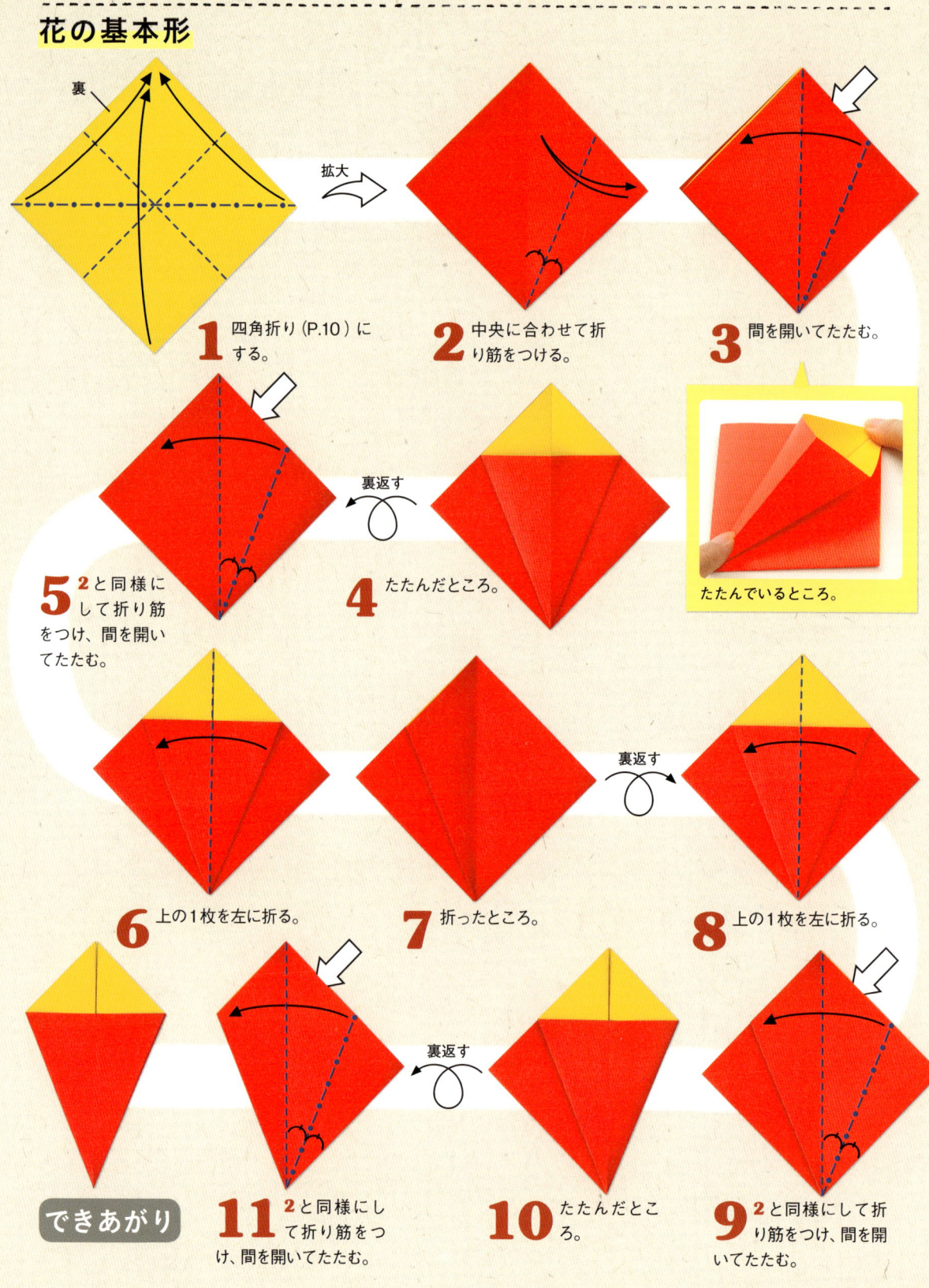

1 四角折り（P.10）にする。

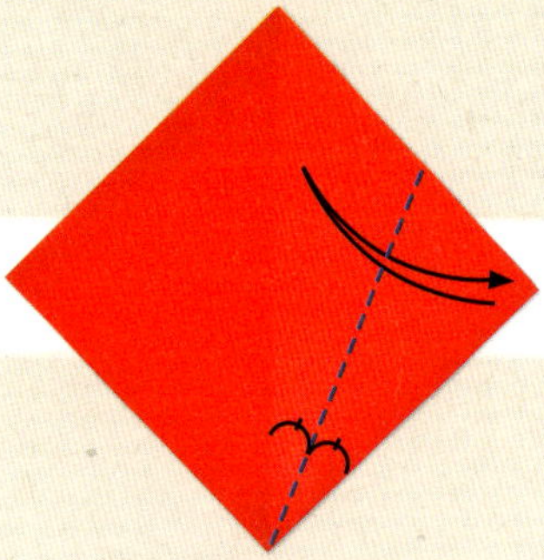

2 中央に合わせて折り筋をつける。

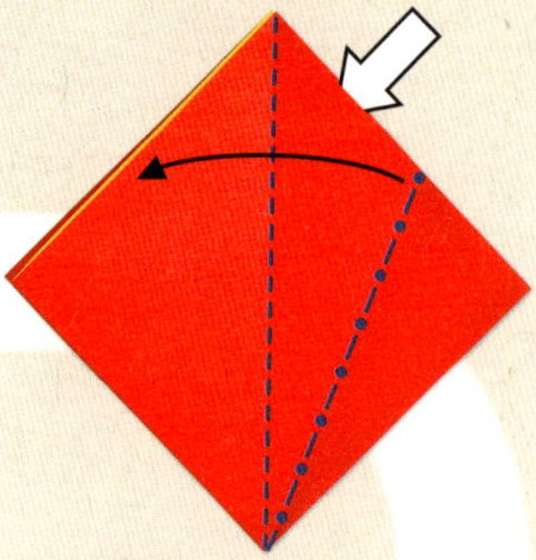

3 間を開いてたたむ。

たたんでいるところ。

4 たたんだところ。

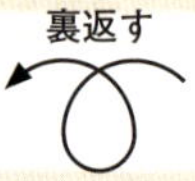

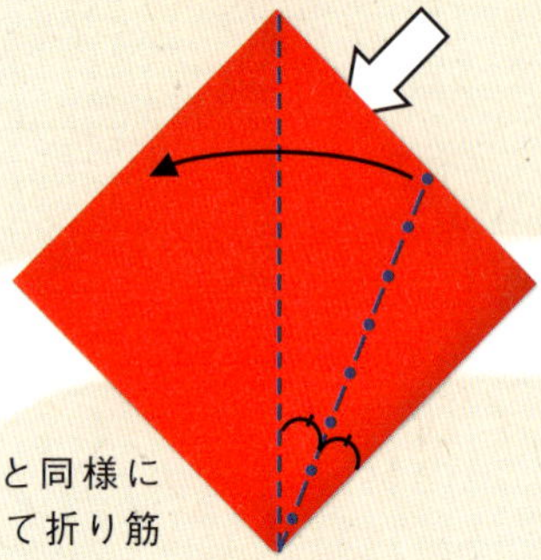

5 2と同様にして折り筋をつけ、間を開いてたたむ。

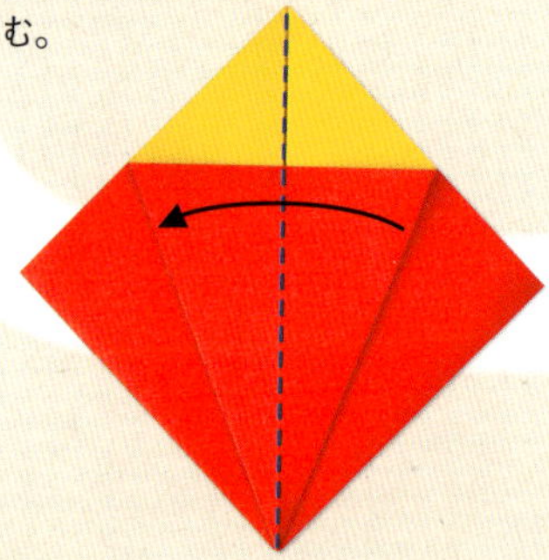

6 上の1枚を左に折る。

7 折ったところ。

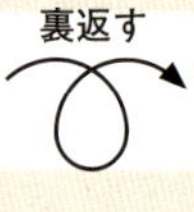

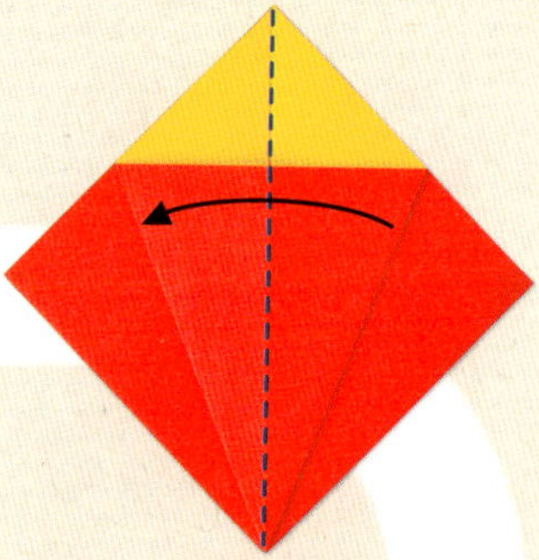

8 上の1枚を左に折る。

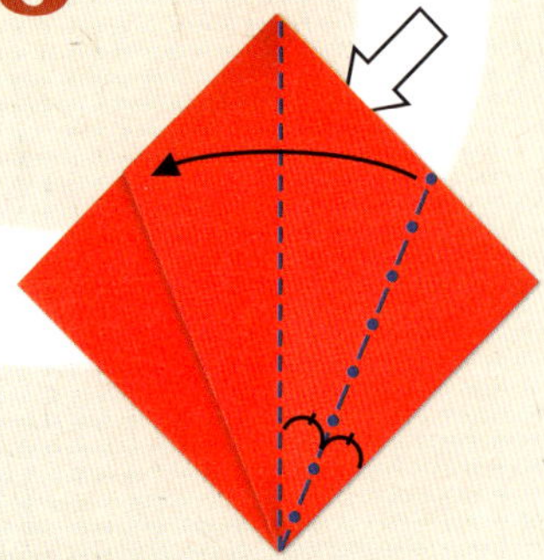

9 2と同様にして折り筋をつけ、間を開いてたたむ。

10 たたんだところ。

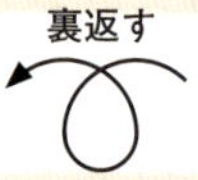

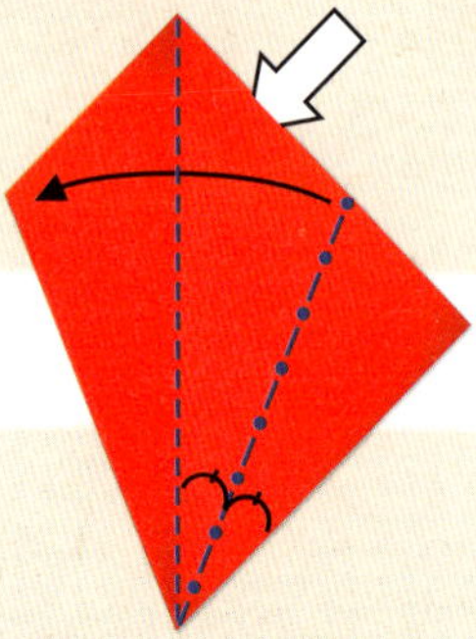

11 2と同様にして折り筋をつけ、間を開いてたたむ。

できあがり

鶴の基本形

※本来の鶴の基本形は、中央に1本折り筋のない四角折り(P.10の1～2を省いたもの)からはじめます。しかしこの本では、中央に1本折り筋のある四角折りからはじめています。

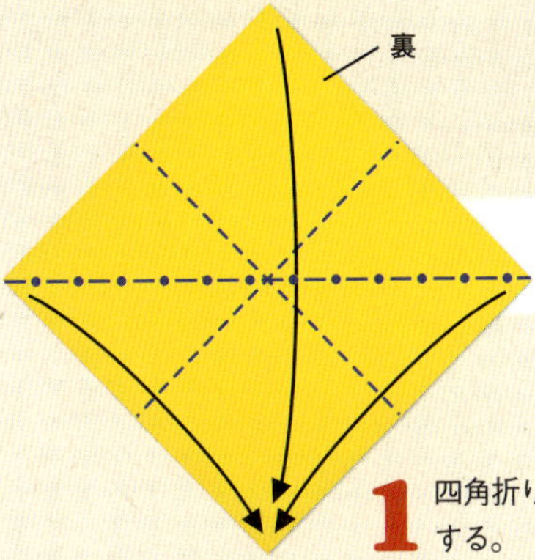

1 四角折り（P.10）にする。

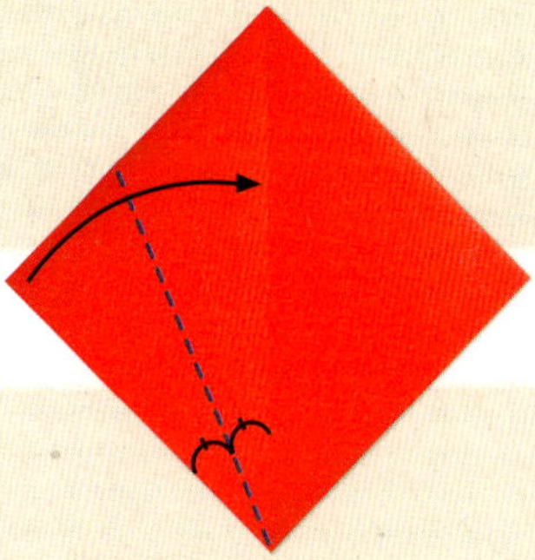

2 中央の折り筋に合わせて折る。

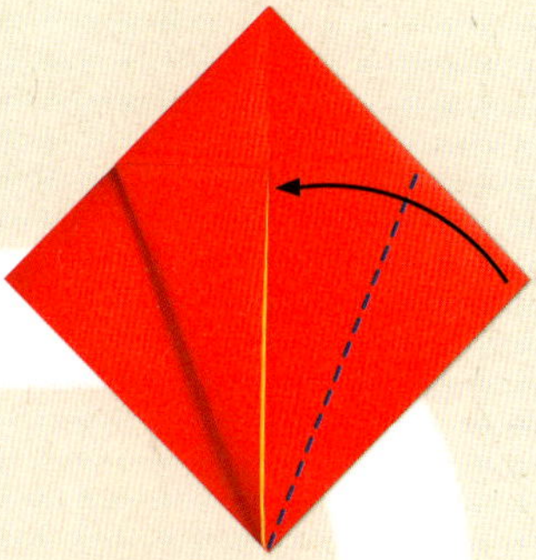

3 右側も**2**と同様にする。

4 折ったところ。裏も**2**、**3**と同様にする。

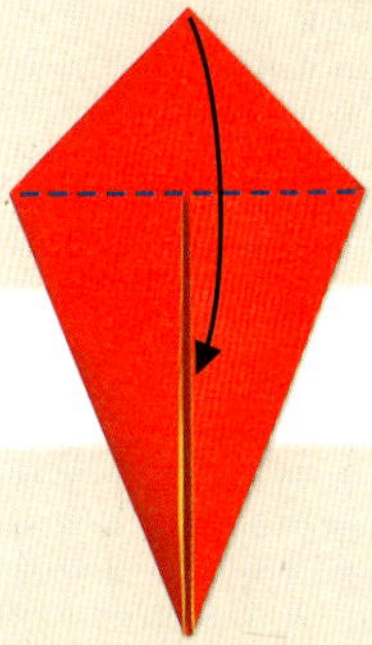

5 図の位置で折る。

6 折ったところ。元に戻す。

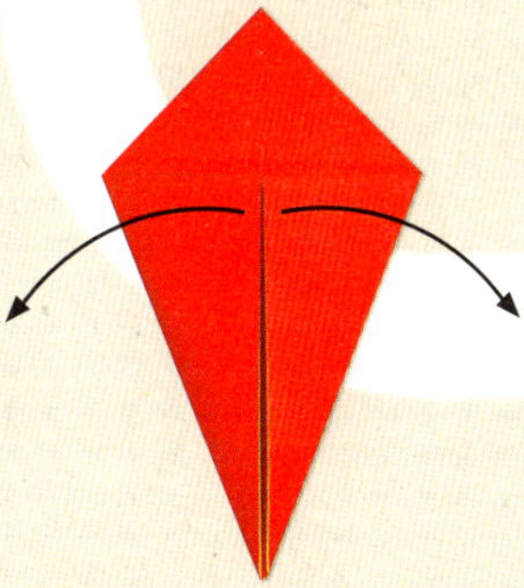

7 折ったところを元に戻す。裏も同様にする。

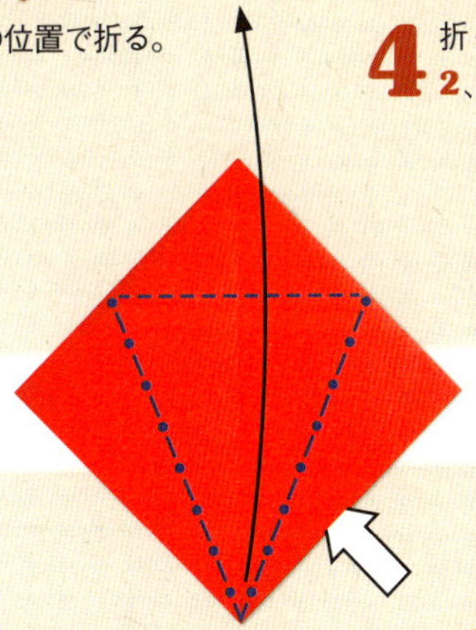

8 上の1枚を開いてたたむ。

たたんでいるところ。

9 たたんだところ。裏も同様にする。

できあがり

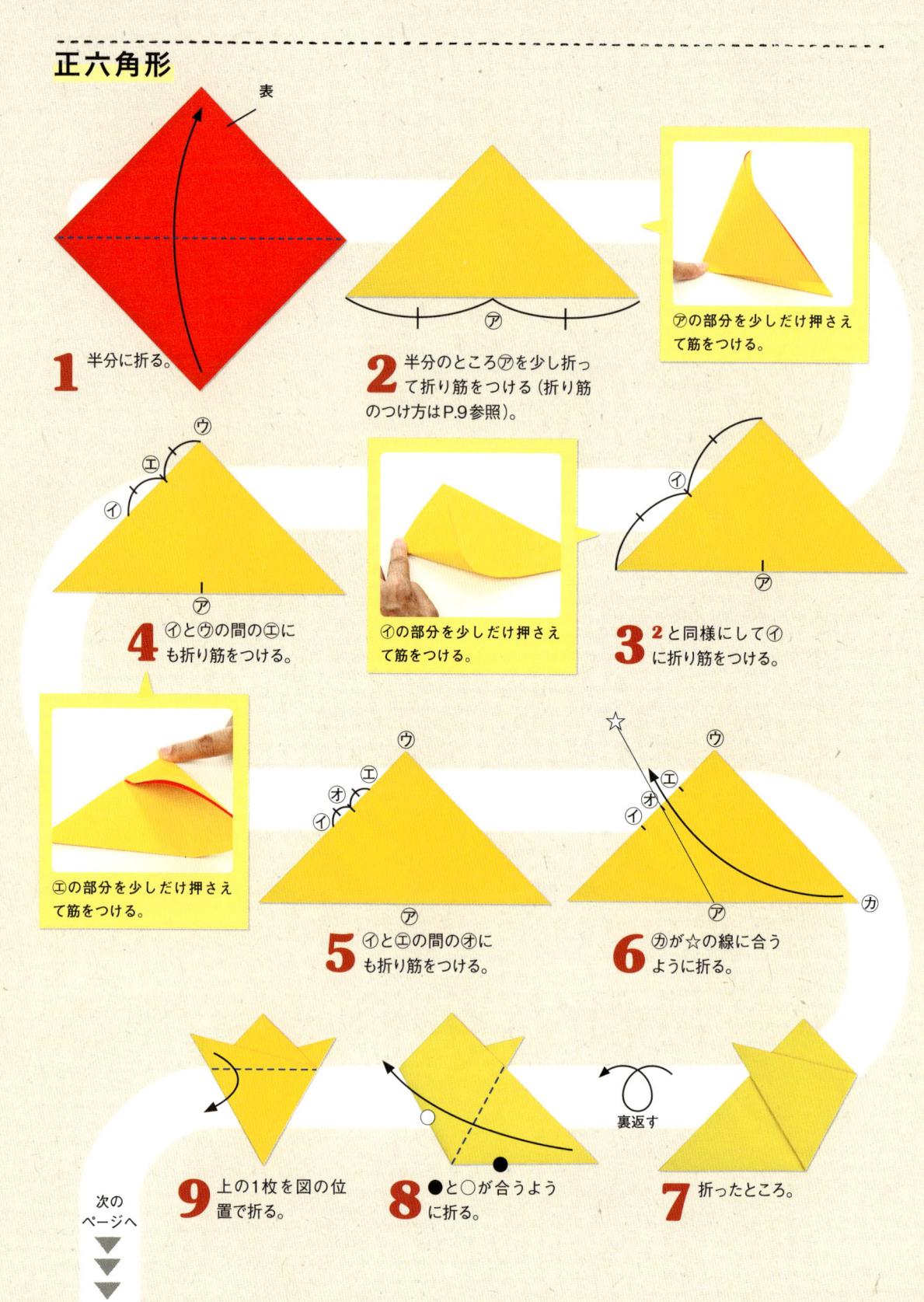

正六角形

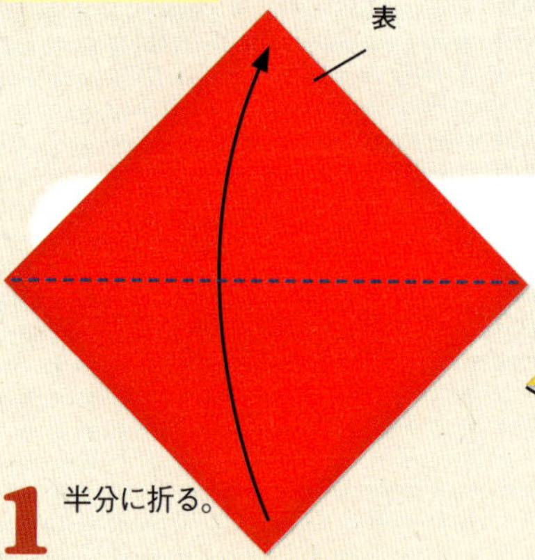

1 半分に折る。

2 半分のところ㋐を少し折って折り筋をつける（折り筋のつけ方はP.9参照）。

㋐の部分を少しだけ押さえて筋をつける。

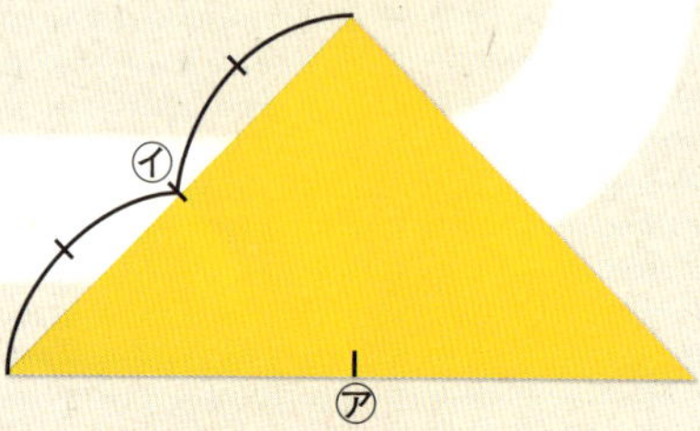

3 **2**と同様にして㋑に折り筋をつける。

㋑の部分を少しだけ押さえて筋をつける。

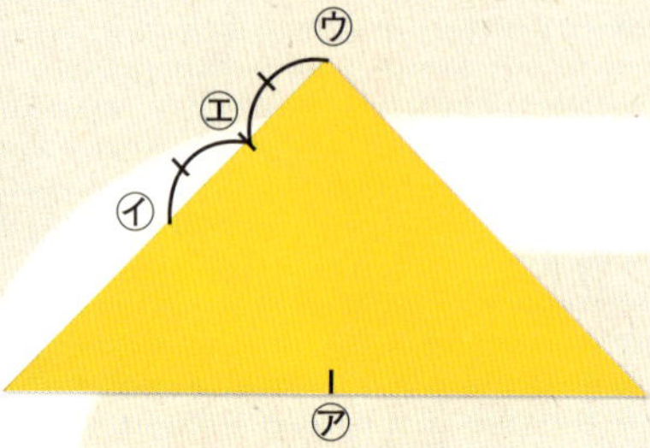

4 ㋑と㋒の間の㋓にも折り筋をつける。

㋓の部分を少しだけ押さえて筋をつける。

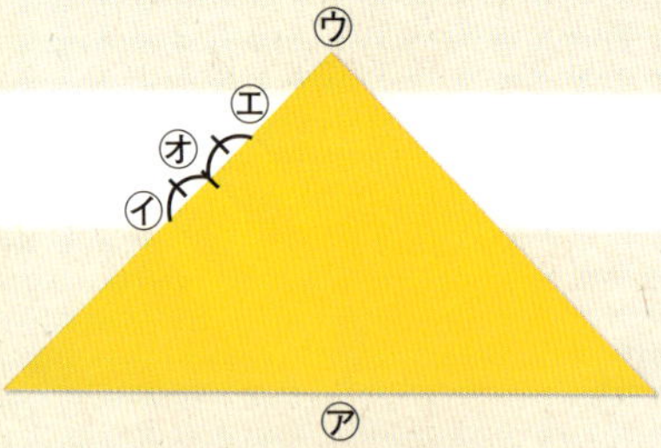

5 ㋑と㋓の間の㋔にも折り筋をつける。

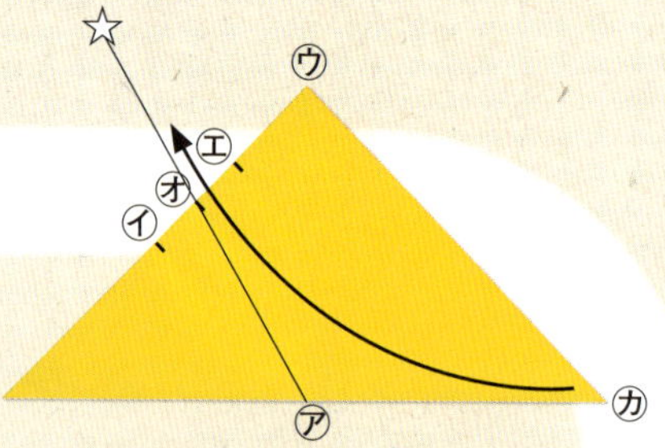

6 ㋕が☆の線に合うように折る。

7 折ったところ。

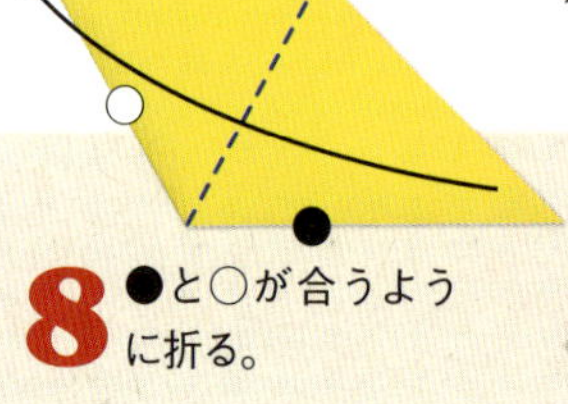

8 ●と○が合うように折る。

9 上の1枚を図の位置で折る。

次のページへ

10 折ったところ。元に戻す。

11 **10**でつけた折り筋で切り、開く。

できあがり

正八角形

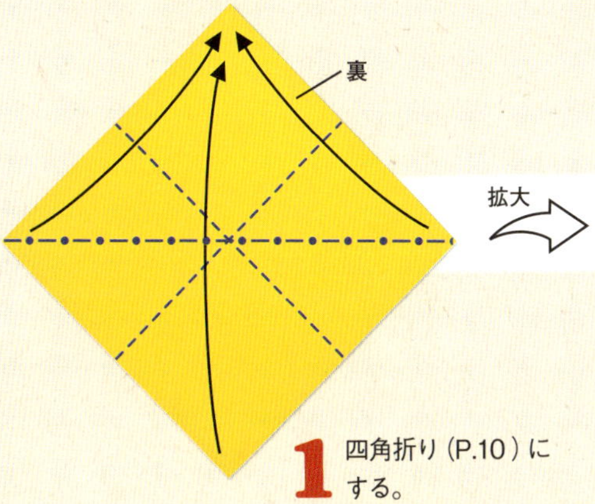

1 四角折り（P.10）にする。

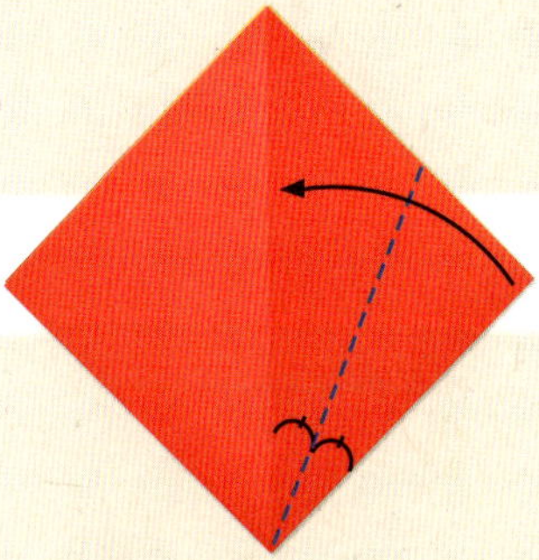

2 中央の折り筋に合わせて折る。

3 折ったところ。元に戻す。

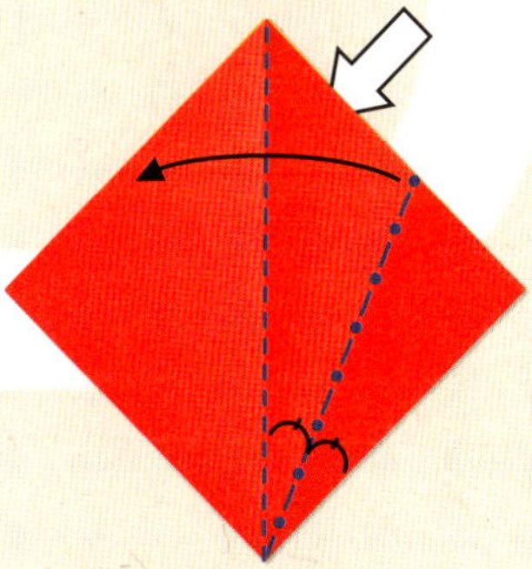

4 間を開いてたたむ。

たたんでいるところ。

5 たたんだところ。残り3カ所も**2**〜**4**と同様にする。

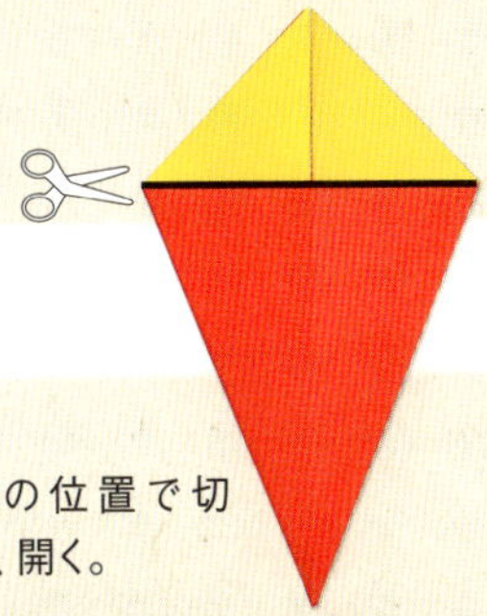

6 図の位置で切り、開く。

できあがり

はじめに

とりどりの紙を、一折ひと折思いを込めて折ることで生まれる折り紙作品。
折る行為そのものを楽しむだけでなく、
贈り物を包んだり、インテリアとして飾ったり、おもてなしの道具として使うなど、
暮らしに役立つアイテムとして活用することもできます。

和紙を使ったり、お気に入りの包装紙を使ったりと、紙を変えるだけでも表情が変わります。
同じ作品を、季節に合わせた色柄の紙で折り変えていけば、
折り紙を使って季節感を演出することもできます。

手作りのお菓子を折り紙の小箱に入れて贈る、
折り紙のひな人形を飾って桃の節句を祝う、
ホームパーティーのテーブルを折り紙の箸置きで彩る……。
どれも相手の喜ぶ顔が、目に浮かぶようですね。

本書では、特に、おもてなしやお付き合いのアイテムとして、人気の作品を集めました。
折り紙が、毎日の暮らしに素敵な笑顔を呼び込んでくれることでしょう。

きれいに仕上げるために

■折り筋は折る際のガイド線になることが多いので、しっかりつけましょう。

■紙のサイズが小さい作品は、大きめの紙で練習してから折ると失敗を防ぐことができます。

■折り筋を多くつけてから折りたたんでいく作品は、練習用として別の紙で折って広げ、そこに折り線の記号を書くとわかりやすくなります。

■まっすぐに折りたいときや、正確な幅で折りたいときは、定規をあてて折るときれいに折ることができます。

■折り図の通りに折れているか、図の記号や折り方をよく見てください。折り進めるときは、ひとつ先の折り図を見て次の工程ではどのような形になっているかを確認し、その形を目標にしましょう。

■のりは木工用のボンドが適しています。スティックのりはつけるときにこすってずれるので避けましょう。

第1章

包む折り紙

感謝、祝福、喜びの気持ちを折り紙に包んで。

折り紙の箱や袋なら、

包みそのものもプレゼントになります。

プレゼントボックス（三角形・五角形）

凸凹が特徴的な2種類の箱。ユニークなフォルムに合わせて、
アクセサリーやオーナメントなど形がかわいい物を入れましょう。

 原案　横尾潤子

プレゼントボックス
（三角形）

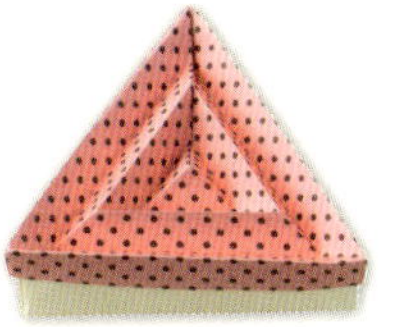

【材料】
箱：24 × 24cm …… 1 枚
ふた：19 × 19cm …… 1 枚

【できあがりサイズ】
（11 × 12.5） × 3.5cm

折り方のコツ

フタの凸凹や角がピンと立つときれいに見えます。折り筋のつけやすい、ハリのある紙を使うのがおすすめです。

箱

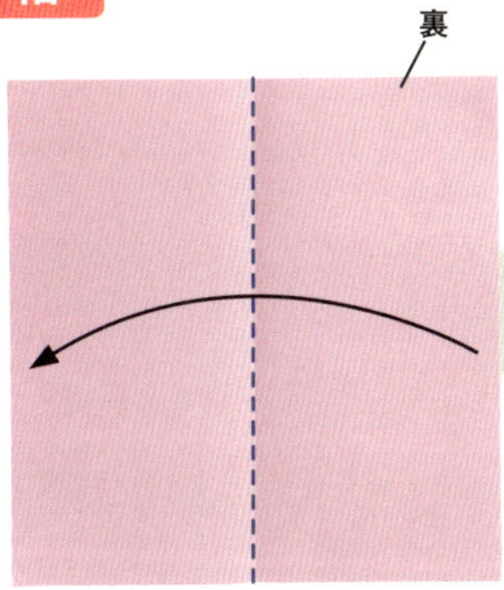

1 半分に折る。

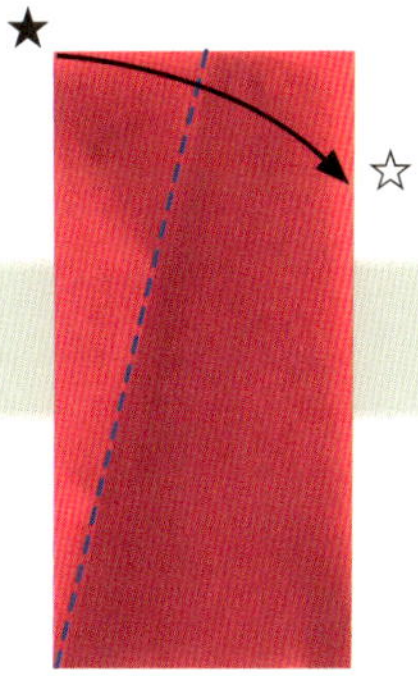

2 上の1枚を★と☆がつくように折る。

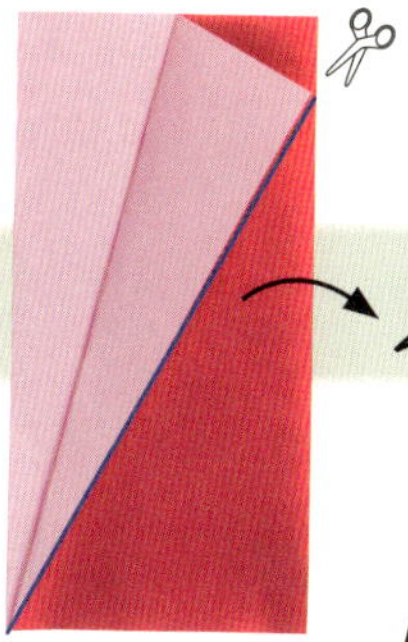

3 図の位置で切って、開く。

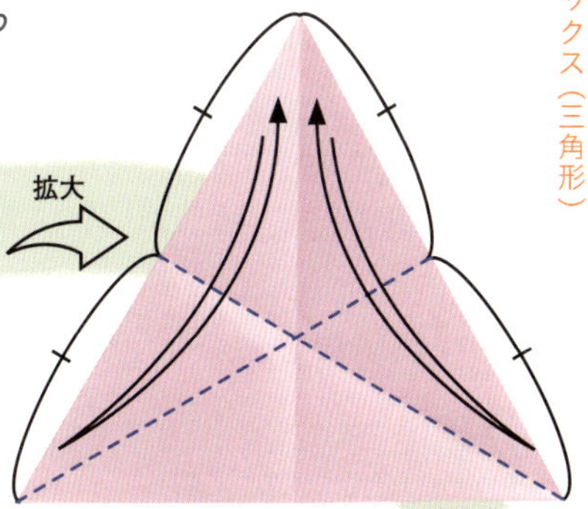

4 折り筋をつける。

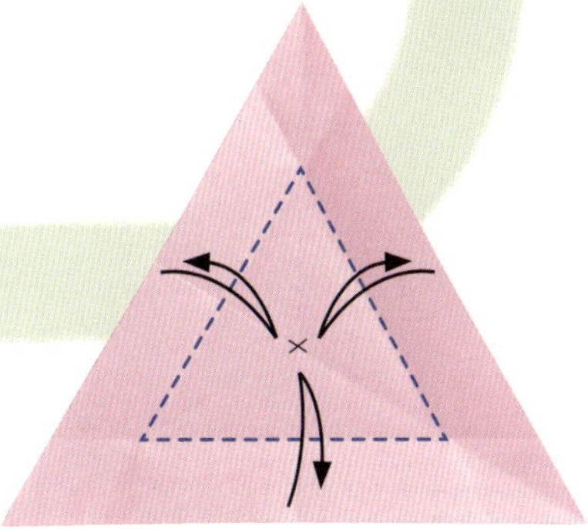

5 折り筋の交点に合わせて、折り筋をつける。

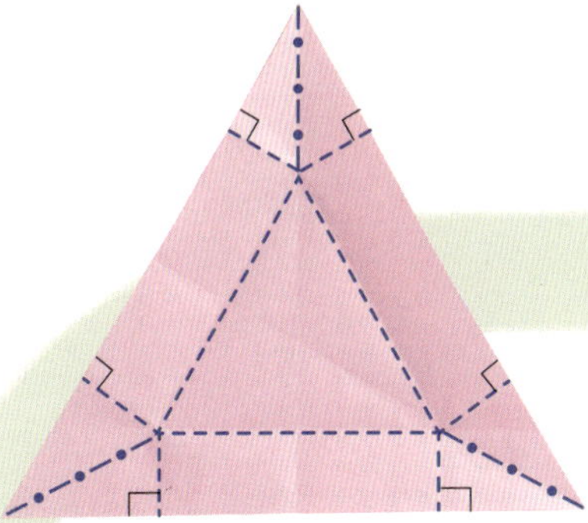

6 折り筋を使って、立体的に折る。

角を折るときは、まず角を外側に折り、縁と高さを合わせて折り筋をつける。

そのあと、中割り折り（P.8）をすると折りやすい。

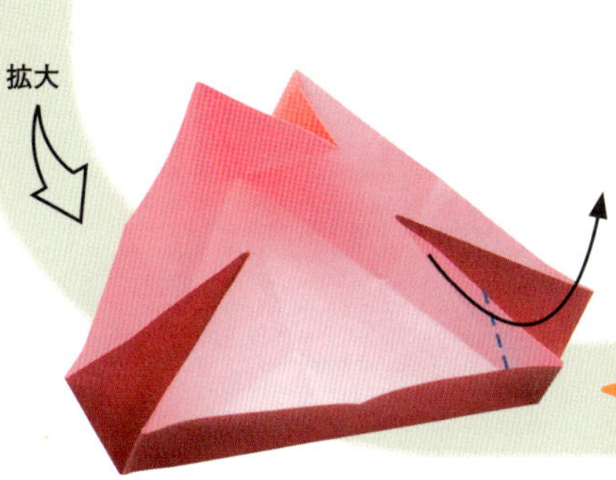

7 角を上に向けて折る。残り2カ所も同様に折る。

折っているところ。

次のページへ

8 角を外側に向けて折ってから、中に入れる。残り２カ所も同様に折る。

外側に向けて折り筋をつけると、中に入れやすい。

できあがり

ふた

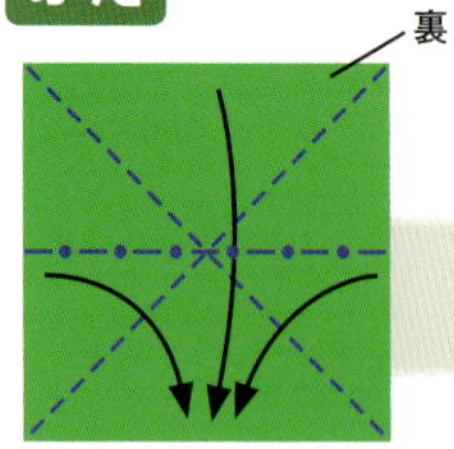

1 三角折り（P.11）にする。

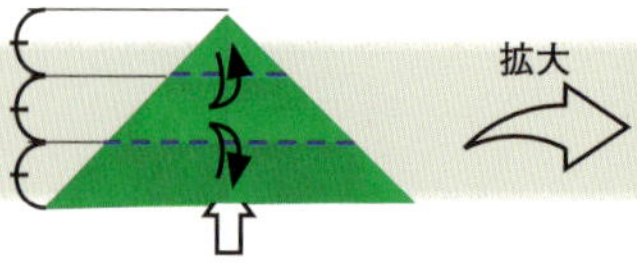

2 縦３等分の折り筋をつけ、開く。

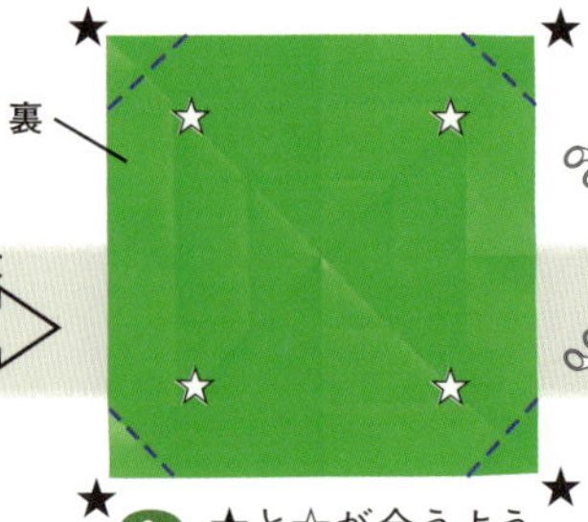

3 ★と☆が合うように折り筋をつける。

4 **3** で折り筋をつけたところを切る。

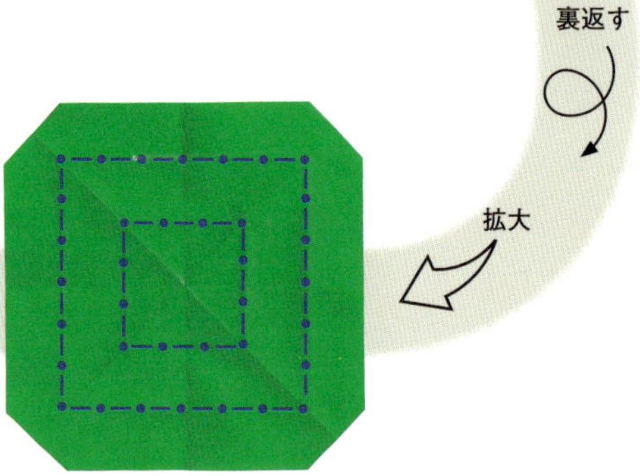

5 **2** でつけた折り筋をすべて山折りにつけ直す。

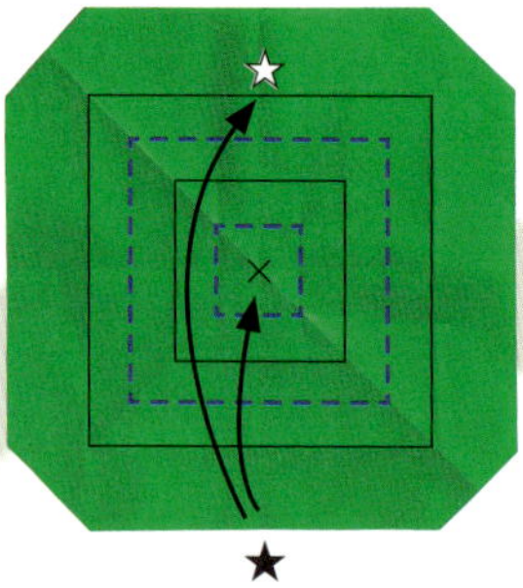

6 ★と☆、★と中心が合うように谷折りの折り筋をつける。残り3辺も同様にする。

★と☆を合わせて中心寄りの折り筋をつけているところ。

★と中心を合わせて、同様に折り筋をつける。

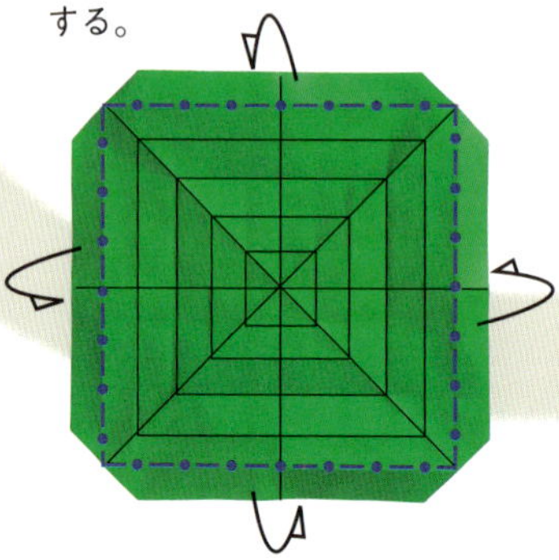

7 図の位置で山折りする。

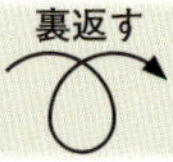

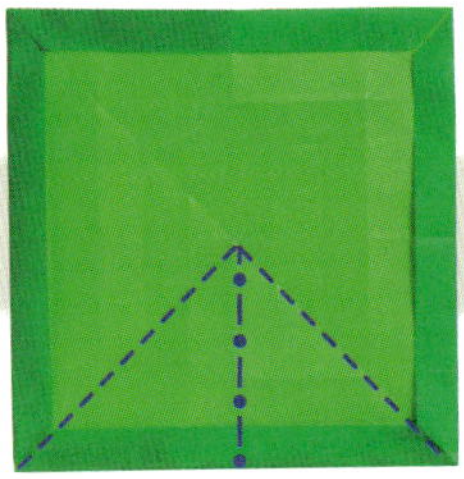

8 図の位置で折る。

次のページへ

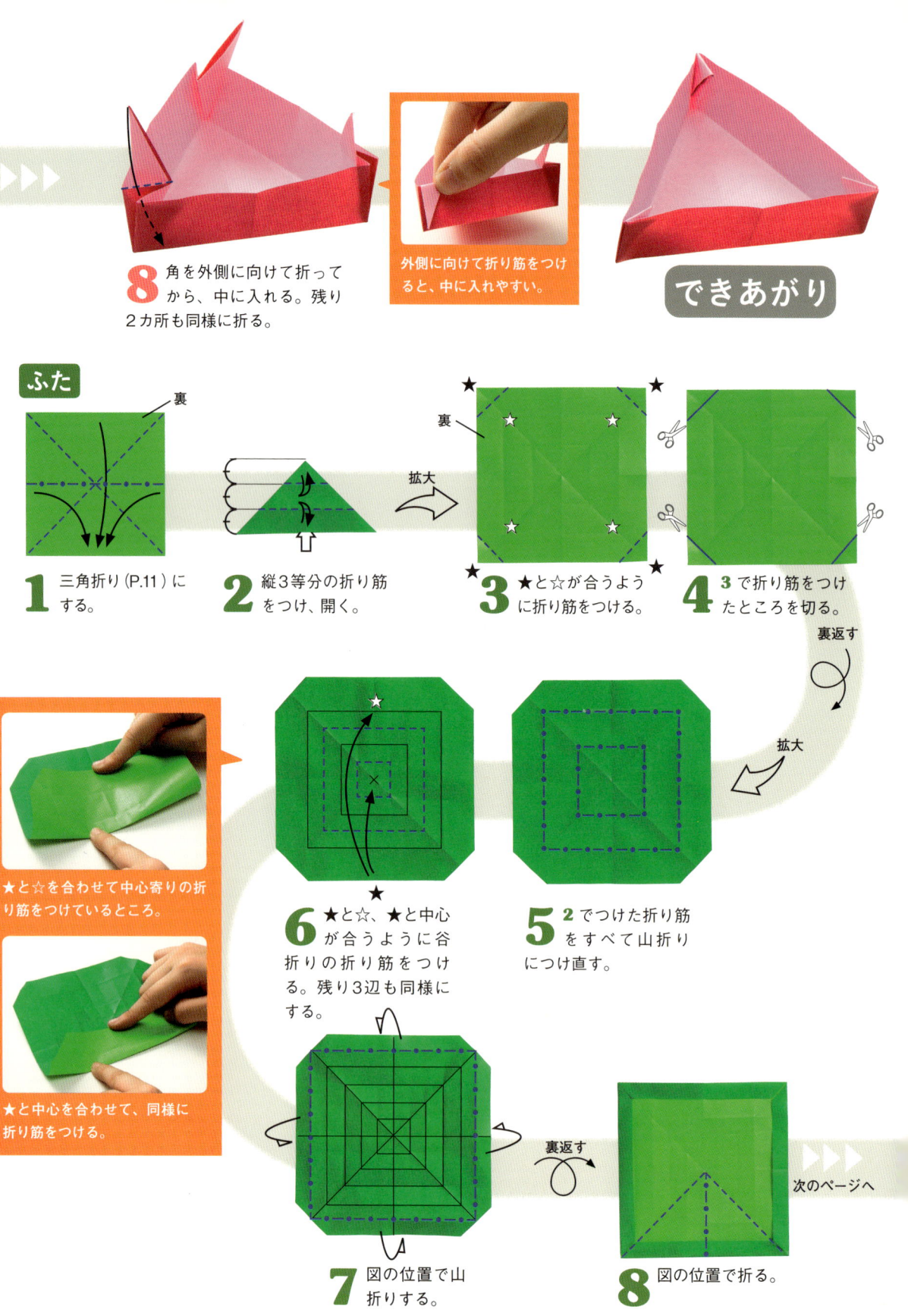

9 ★と☆がつくように横に倒す。

10 9で倒した部分と一緒に5、6でつけた折り筋を使って立体的に折る。

拡大

向きを変える

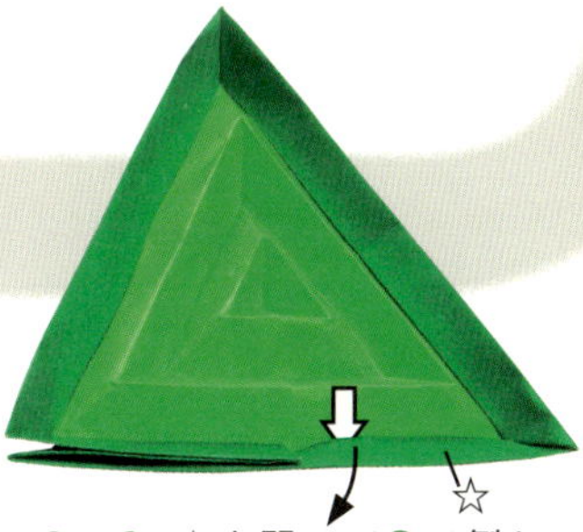

11 ☆を開いて9で倒した部分を中に入れる。

開いて中へ入れているところ。

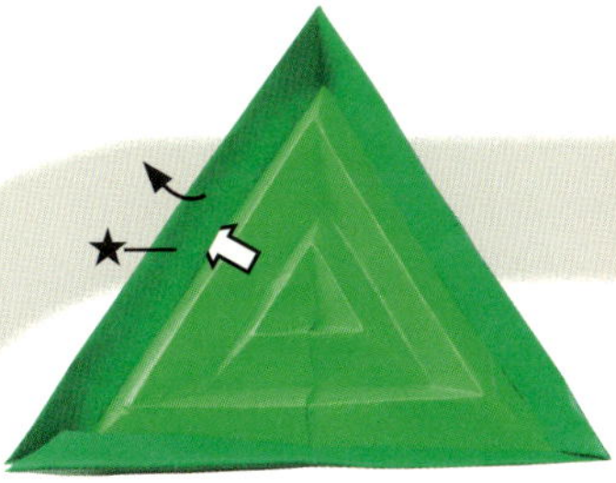

12 ★の部分を開く。

13 図の位置で折る。

14 13で折ったところに、12で開いた★の部分をかぶせる。残り2カ所も同様にする。

裏返す

できあがり

プレゼントボックス（五角形）

【材料】
箱：11.2 × 48cm …… 1 枚
ふた：24 × 24cm …… 1 枚

【できあがりサイズ】
（13 × 13.5） × 3cm

箱

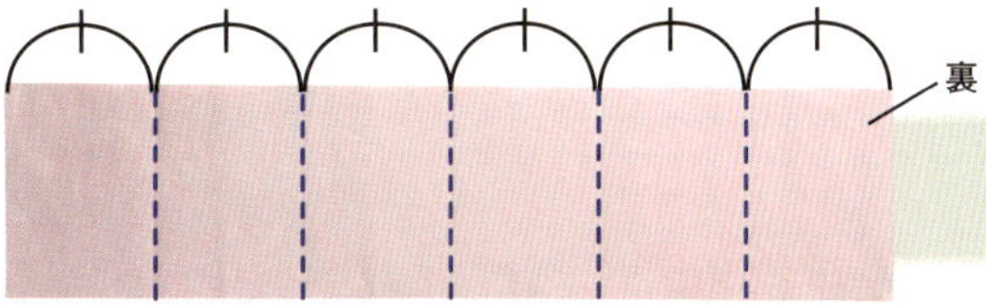

1 横6等分の折り筋をつける。

次のページへ

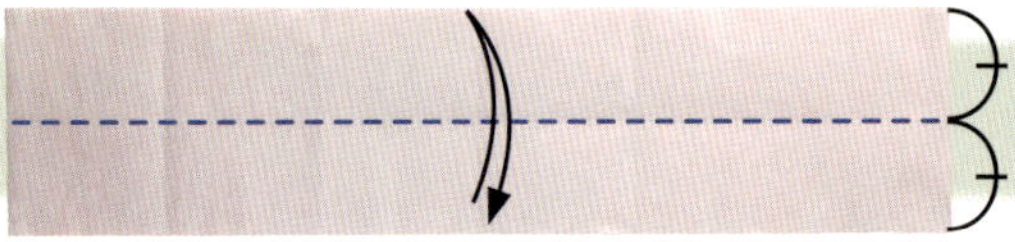

2 縦半分に折り筋をつける。

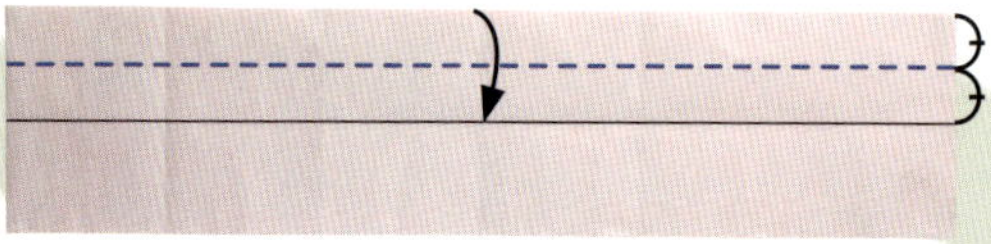

3 2の折り筋に合わせて折る。

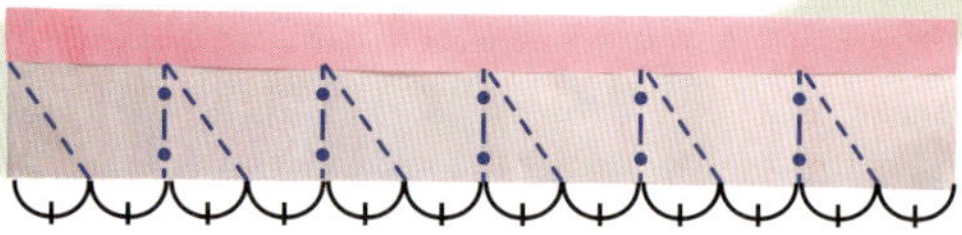

4 端から順に折り筋をつける。

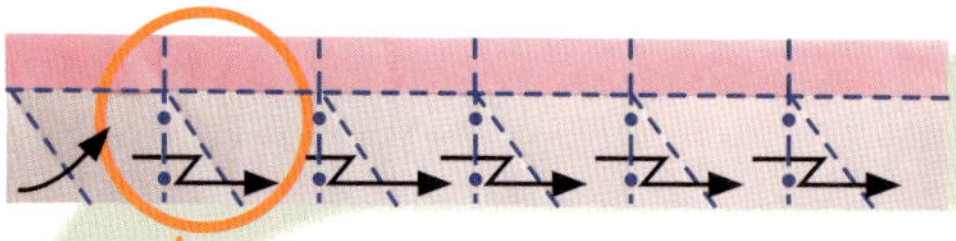

5 折り筋を使って回しながらたたんでいく。

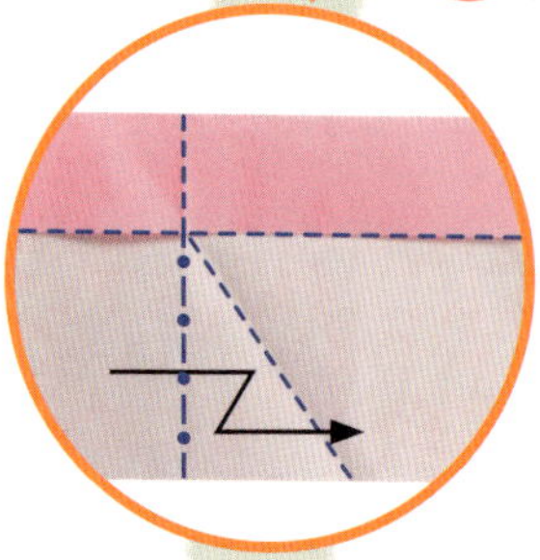

たたんでいるところ。

6 端を差し込む。

できあがり

ふた

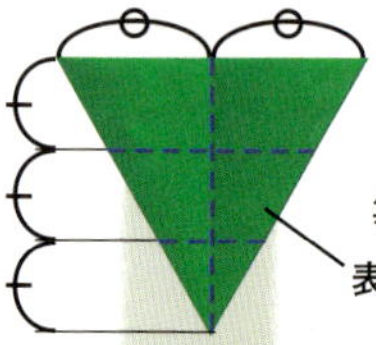

1 正六角形（P.14）の11まで折り、横2等分、縦3等分の折り筋をつけて、開く。

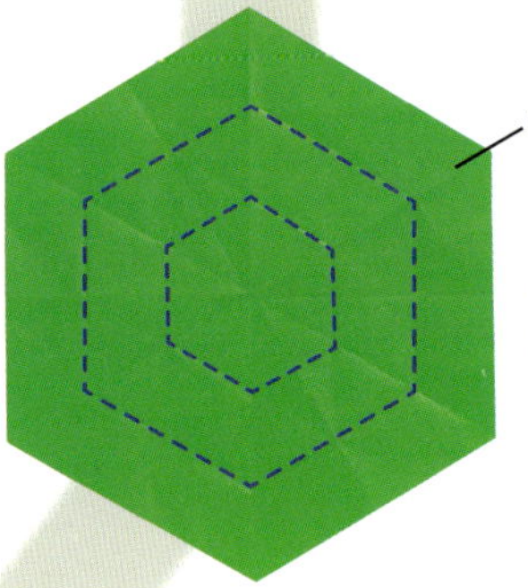

2 1でつけた折り筋をすべて谷折りにつけ直す。

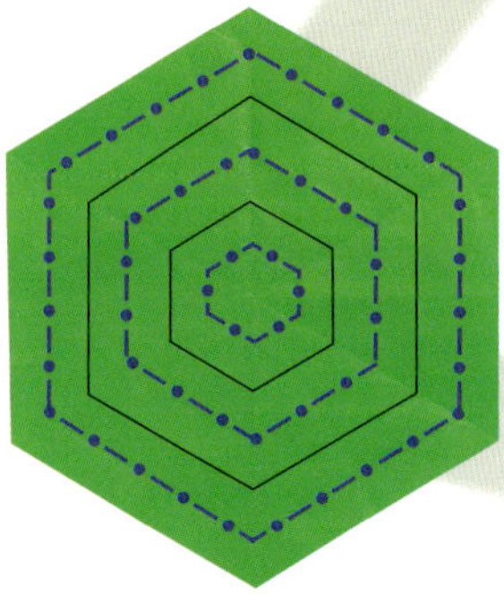

3 図の位置に山折りの折り筋をつける。

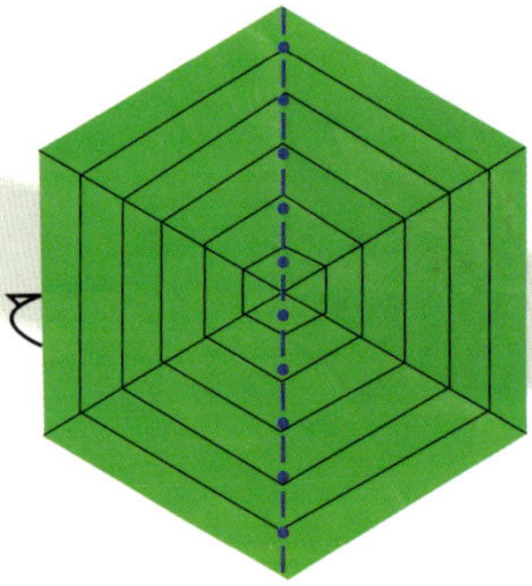

4 半分に山折りする。

次のページへ

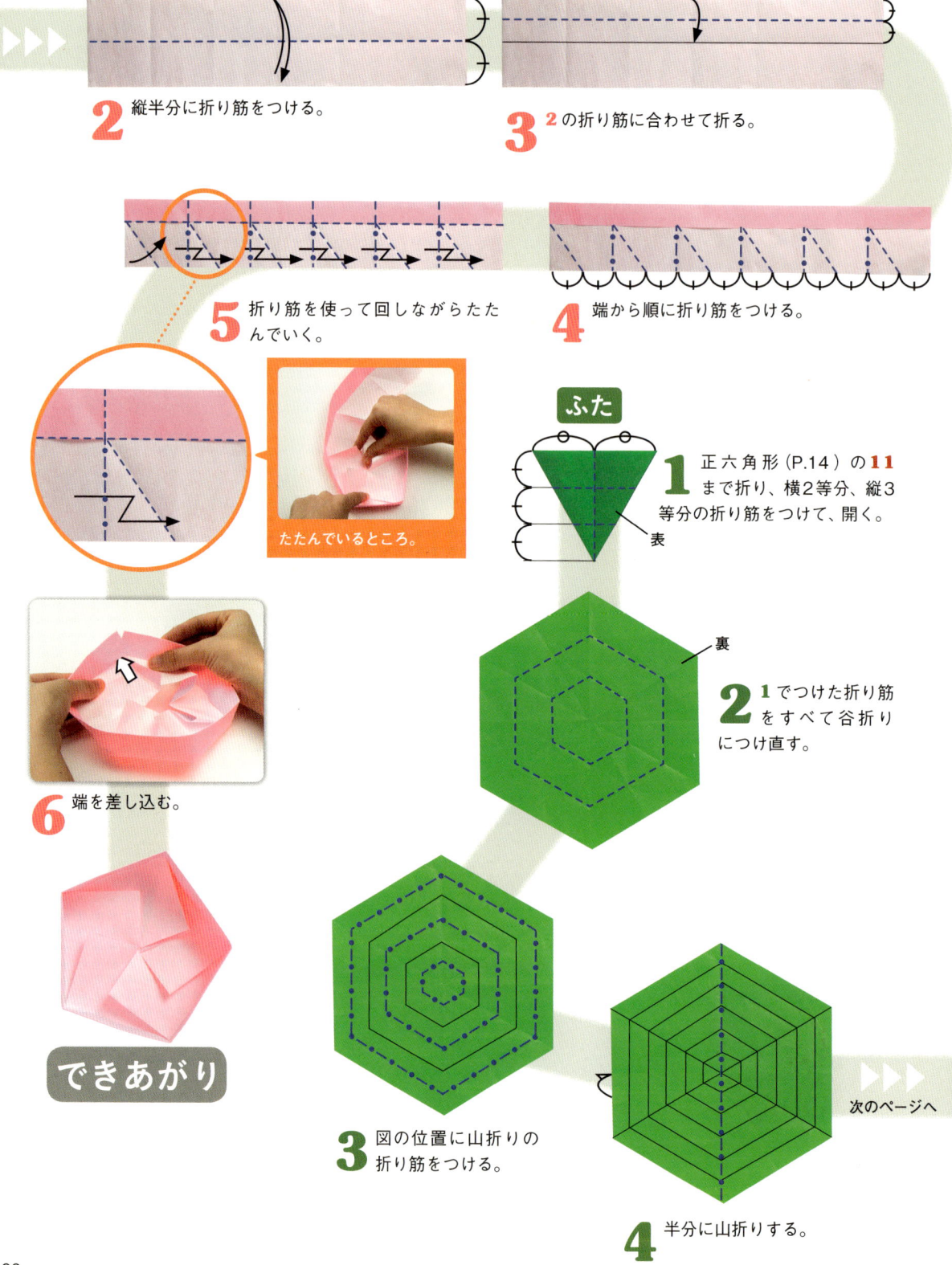

5 角を切る。残りの角も同様に切って、**4** の状態に戻す。

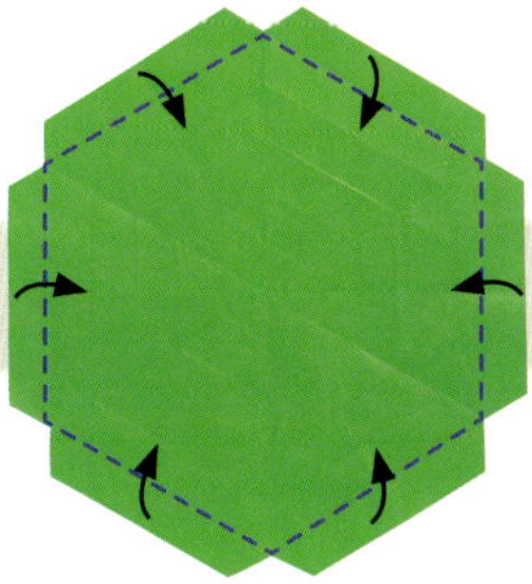

6 外側の一段を谷折りにする。

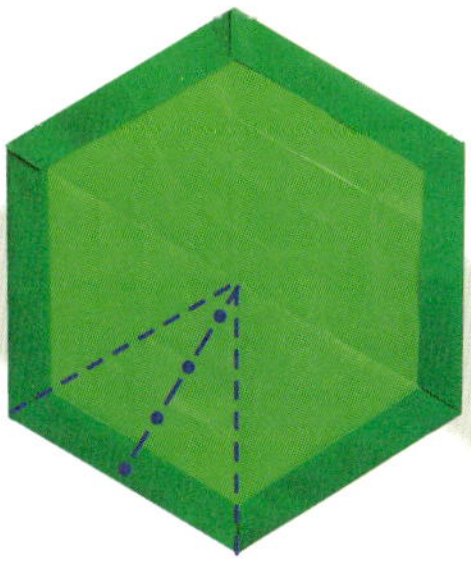

7 図の位置で折る。

裏返す

8 表側から見たところ。

裏返す

9 ★と☆がつくように横に倒す。

10 **9** で倒した部分と一緒に **2**、**3** でつけた折り線を使って立体的に折る。

拡大

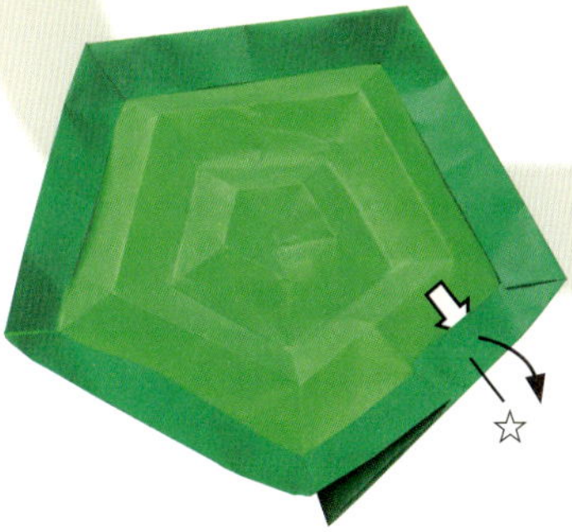

開いて中へ入れているところ。

11 ☆を開いて **9** で倒した部分を中に入れる。

12 ★の部分を開く。

向きを変える

13 図の位置で折る。

14 **13** で折ったところに、**12** で開いた★の部分をかぶせる。残り4カ所の角も同様にする。

裏返す

できあがり

おうち形の箱（高・低）

高い屋根、低い屋根のおうち形の箱は並べて飾るだけでもかわいい。
大きさを変えて折ると、いろいろな用途に使えます。

原案　横尾潤子、アレンジ（箱パーツB）　冨田登志江

おうち形の箱

（高）　（低）

【材料】
箱（パーツA）：13 × 19.5cm …… 3 枚
箱（パーツB）：13 × 19.5cm …… 2 枚
ふた（高）：13 × 18.5cm …… 2 枚
ふた（低）：9 × 14cm …… 4 枚

【できあがりサイズ】
（高）：（7 × 7） × 11cm
（低）：（7 × 7） × 9cm

箱（パーツA）

※箱（パーツA）、箱（パーツB）はわかりやすいよう紙の色を変えています。

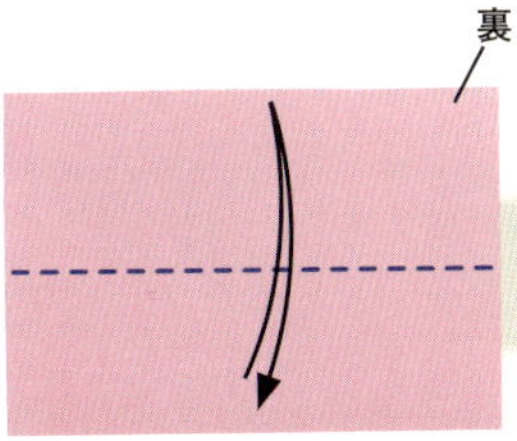

1 半分に折り筋をつける。

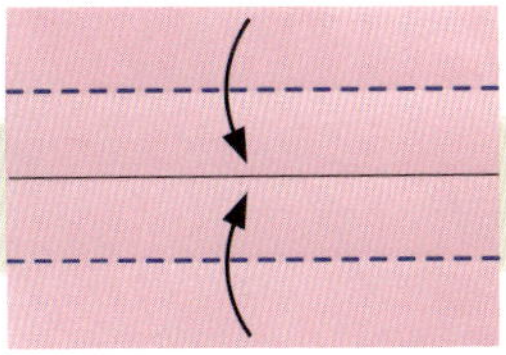

2 1の折り筋に合わせて折る。

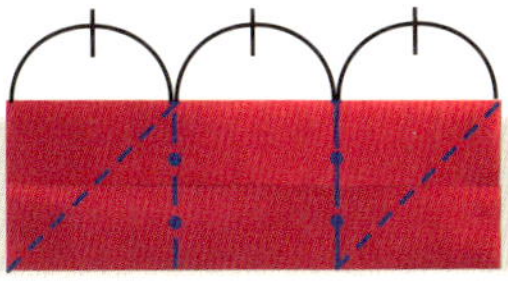

3 図の位置に折り筋をつけ、開く。

4 図の位置で折る。

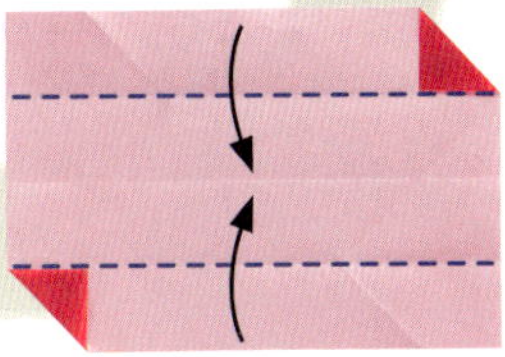

5 図の位置で折る。

6 図の位置で折って中に差し込む。同じものをもう2枚折る。

中に入れているところ。

できあがり

箱（パーツB）

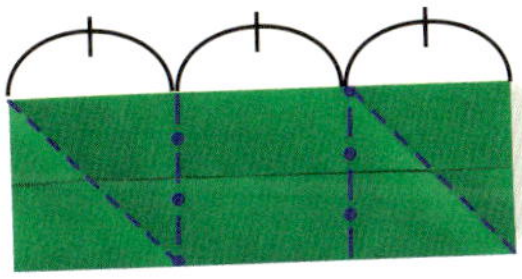

1 箱（パーツA）の2まで折る。図の位置に折り筋をつけ、開く。

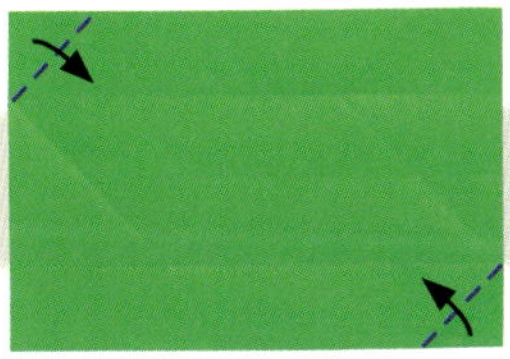

2 図の位置で折る。

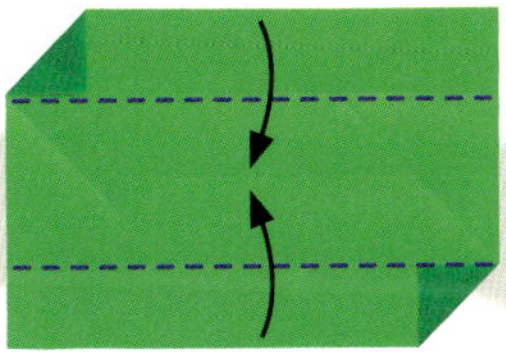

3 図の位置で折る。

4 図の位置で折って中に差し込む。同じものをもう1枚折る。

できあがり

組み立て

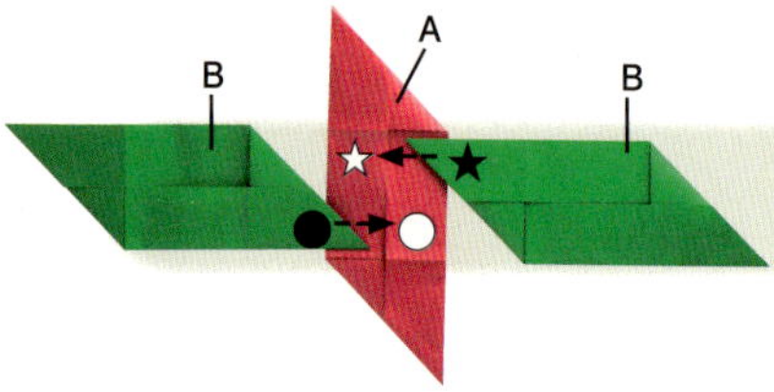

1 ☆に★を、○に●を差し込む。

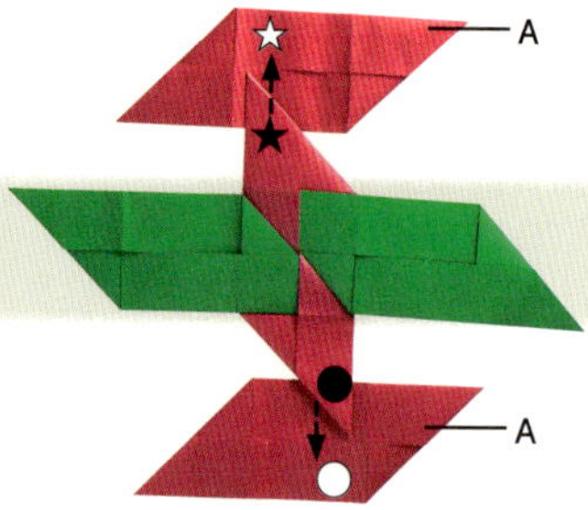

2 ☆に★を、○に●を差し込む。

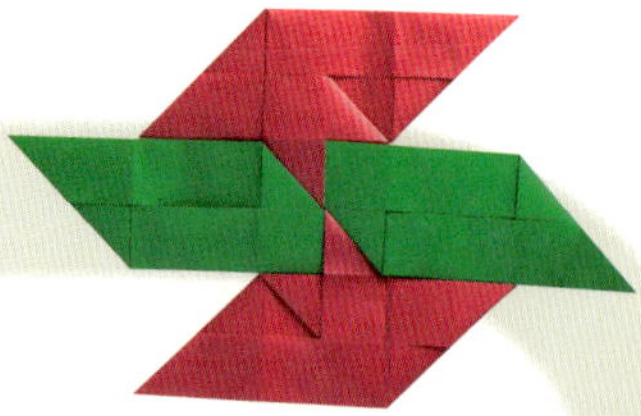

3 差し込んだところ。

裏返す

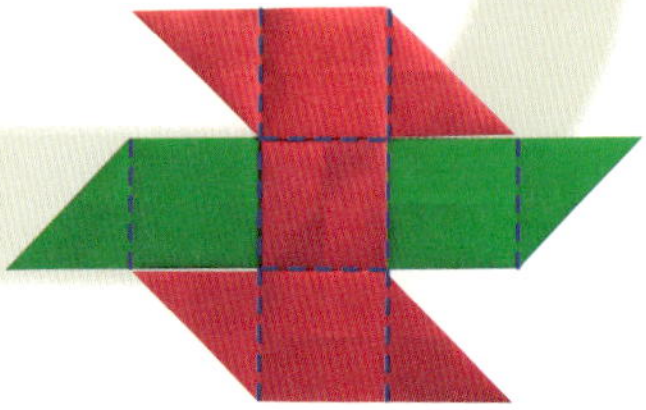

4 図の位置で折って立体にする。

向きを変える

5 図の位置に差し込む。

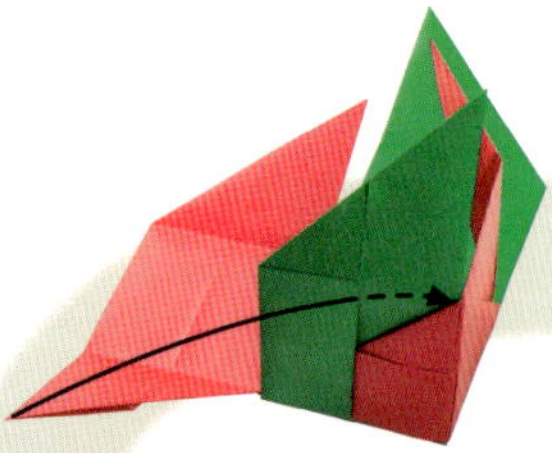

6 図の位置に差し込む。

7 差し込んだところ。反対側も同様にする。

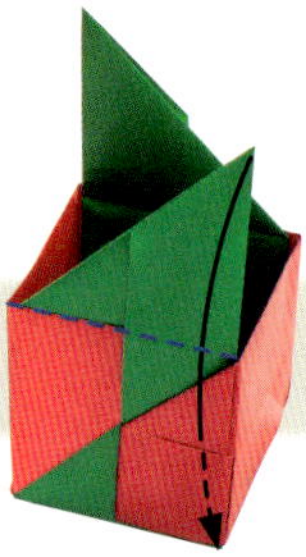

差し込んでいるところ。

8 図の位置で谷折りして、差し込む。反対側も同様にする。

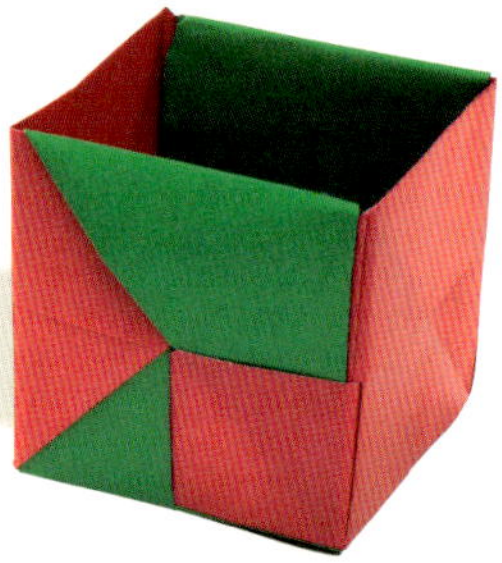

できあがり

ふた（高）

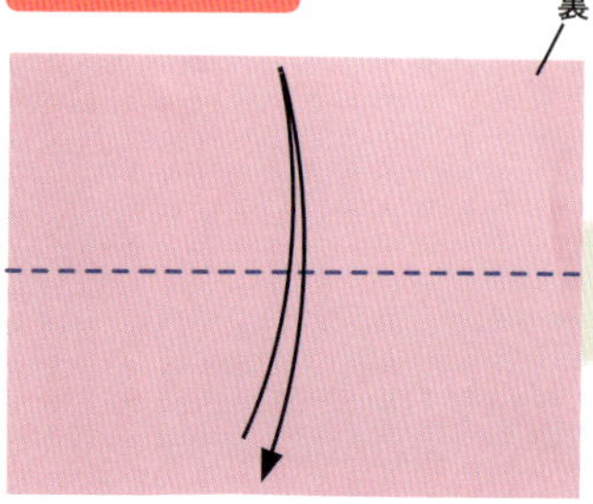

1 半分に折り筋をつける。

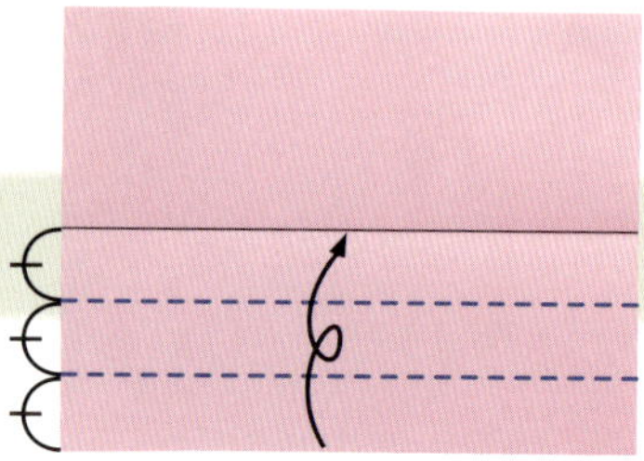

2 図の位置で巻き折り（P.8）する。

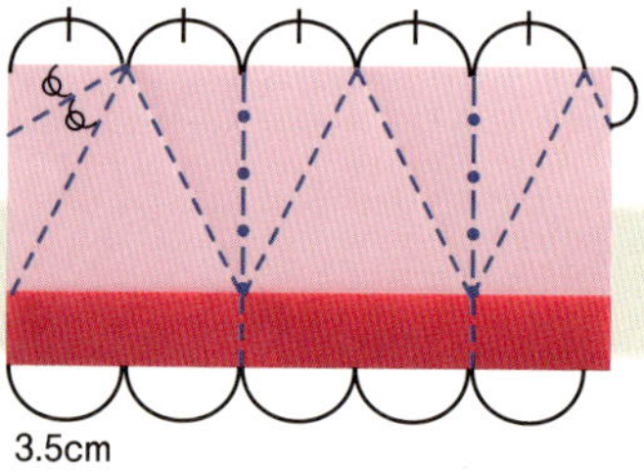

3 図の位置に折り筋をつける。同じものをもう1枚折る。

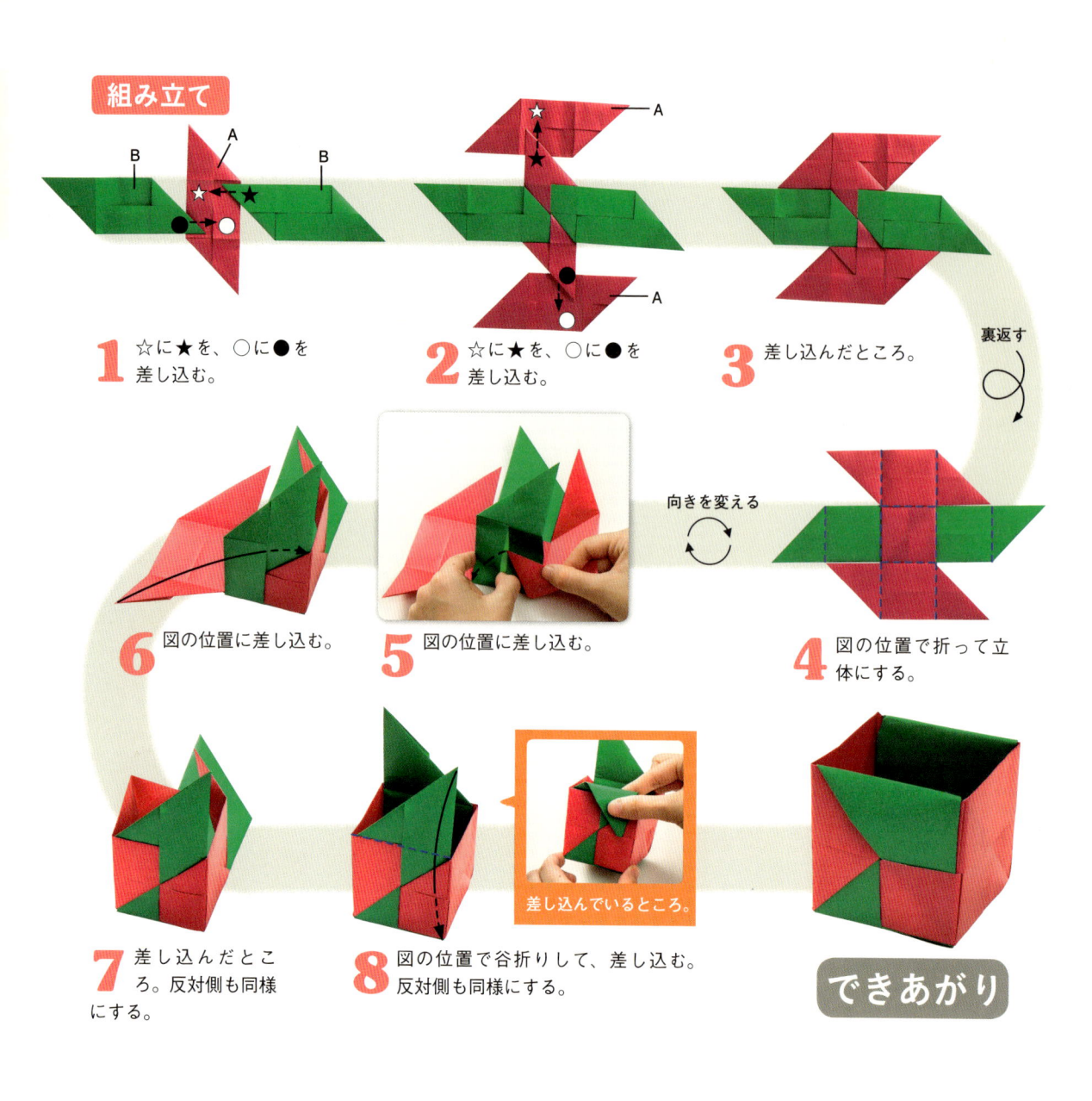

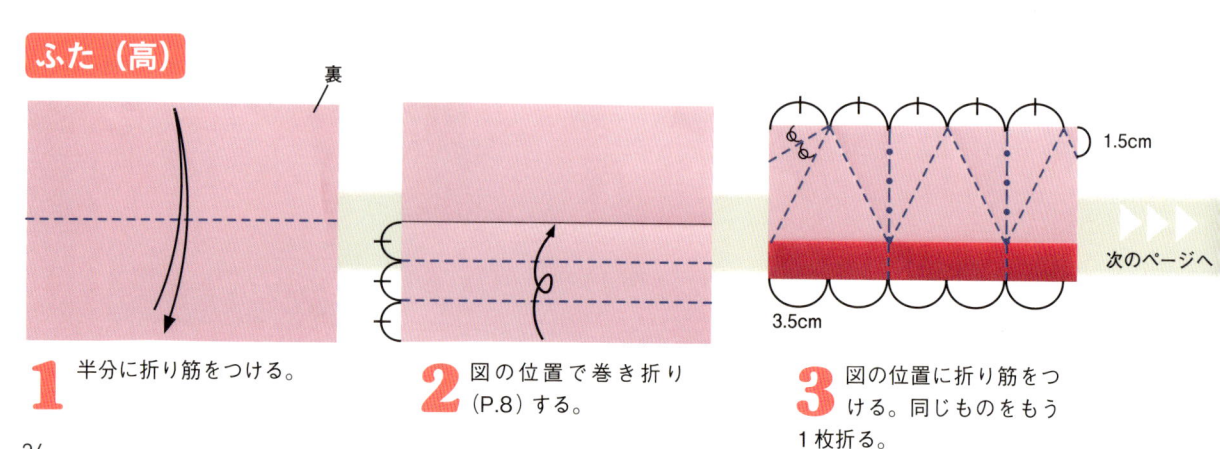

次のページへ

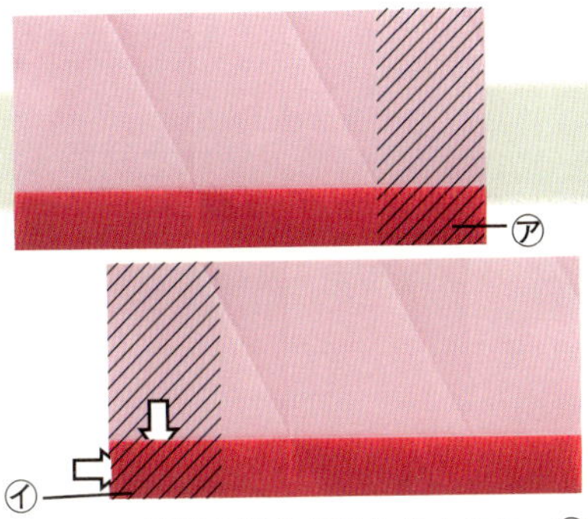

4 斜線の部分が重なるように、㋐を㋑に差し込み、組み合わせる。

5 2枚を組み合わせたところ。

6 3の折り筋を使って折りたたむ。

7 角を図の位置で折る。

8 折ったところ。他の角もすべて同様にする。

9 ★に☆を差し込む。

10 差し込んでいるところ。

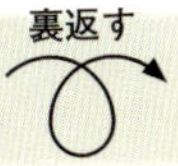

11 端の部分をすき間に差し込む。

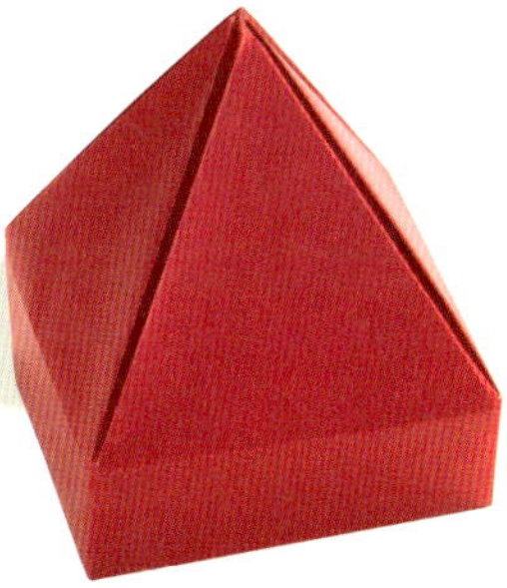

できあがり

ふた（低）

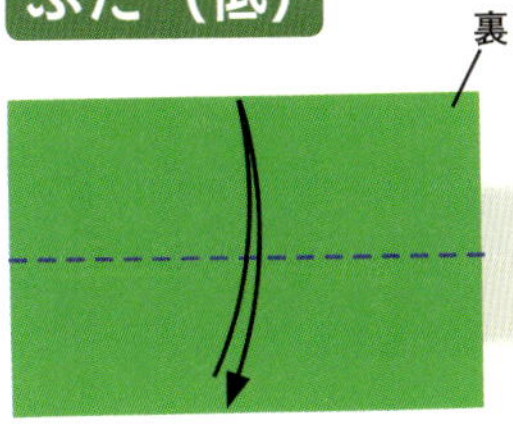

1 半分に折り筋をつける。

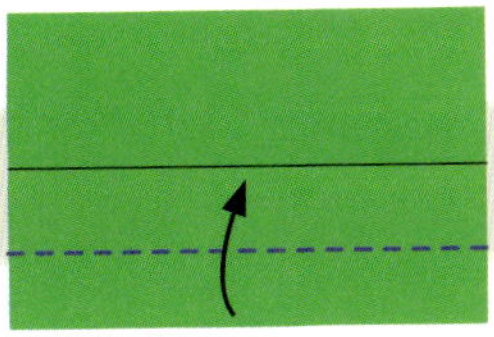

2 1の折り筋に合わせて折る。

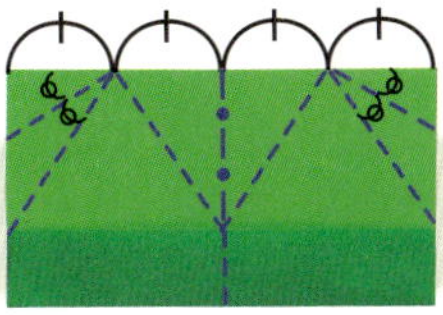

3 図の位置に折り筋をつける。同じものをもう3枚折る。

次のページへ

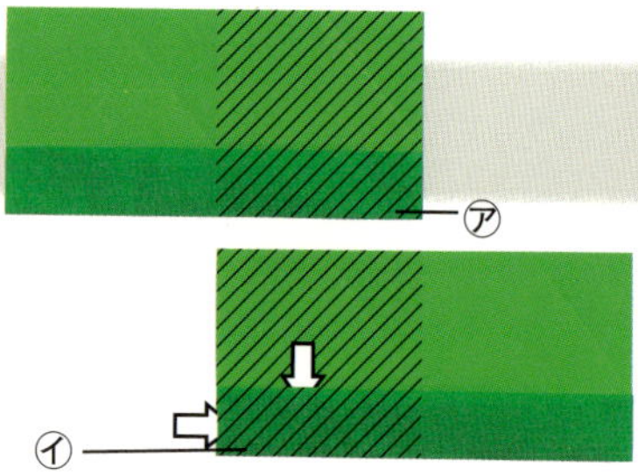

4 斜線の部分が重なるように、㋐を㋑に差し込んで組み合わせる。同様に残りの2枚も重ねる。

5 3の折り筋を使って折りたたむ。

向きを変える

6 角を図の位置で折る。

7 折ったところ。残りの角もすべて同様にする。

8 4枚を組み合わせ、角を折ったところ。

9 端の部分を図の位置に差し込む。

差し込んでいるところ。

10 差し込んだところ。折り筋を使って図の位置で折る。

裏返す

できあがり

Arrange　大きく折る　※写真右

【材料】
箱（パーツA）：18×27㎝ …… 3枚
箱（パーツB）：18×27㎝ …… 2枚
ふた（低）：13×19.5㎝ …… 4枚

【できあがりサイズ】
（10×10）×13㎝

【作り方】
箱、ふた（低）と同様に折ります。

サイズを変えて折ると、さらに用途が広がります。砂糖や塩などの卓上調味料を入れるのにも活用できます。

花形ボックス

花びらのようなふたを左右に引いて開けます。
手づくりのお菓子をラッピングするのにもおすすめです。

花形ボックス

【材料】
36 × 36cm …… 1 枚

【できあがりサイズ】
（12 × 12） × 6cm

折り方のコツ

折り線をきちんとつけるのがポイント。作る前に一度別の紙で折って、折り線を確かめてみるとよいでしょう。

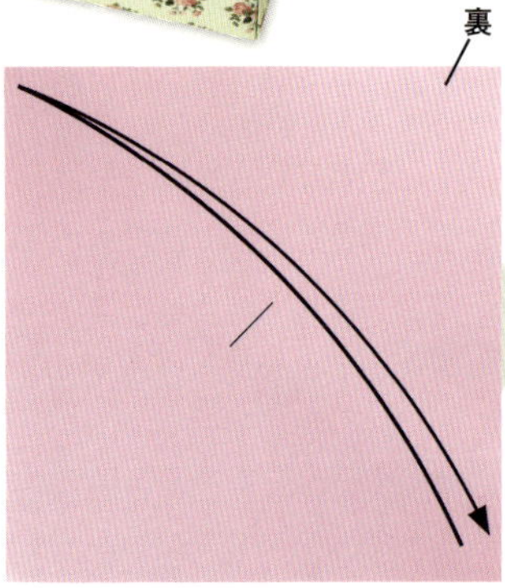

1 斜め半分にして角を合わせ、中心を少し押さえて、折り筋をつける。

折り筋をつけているところ。

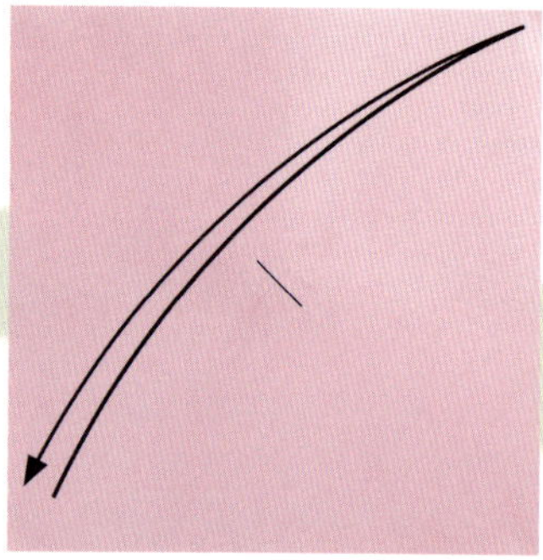

2 逆方向に斜め半分にして角を合わせ、中心に折り筋をつける。

折り筋をつけているところ。

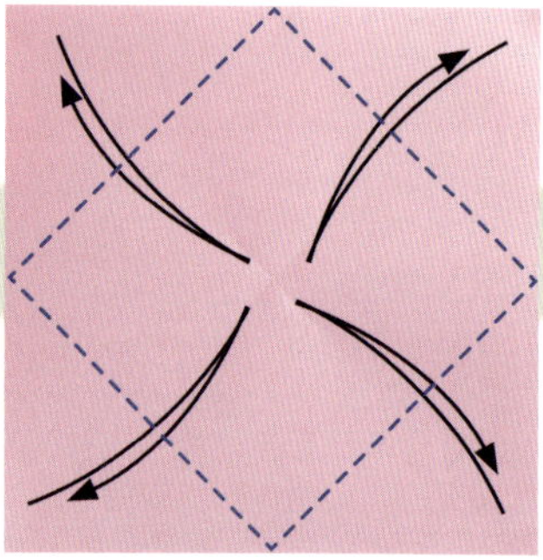

3 角を中心に合わせて、折り筋をつける。

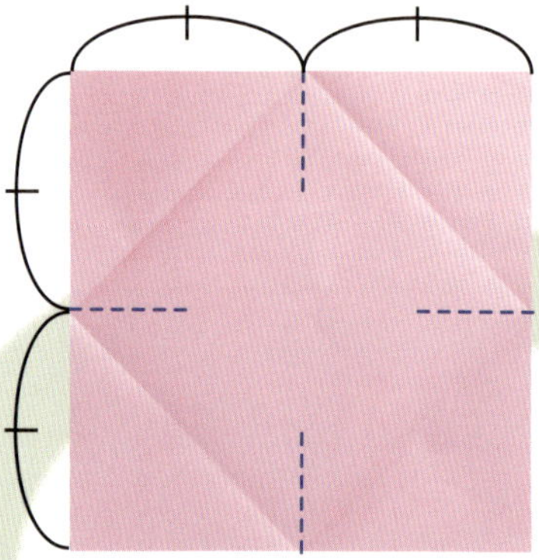

4 縦横半分に折り、図の部分にだけ折り筋をつける。

5 4等分に折り、図の部分にだけ折り筋をつける。

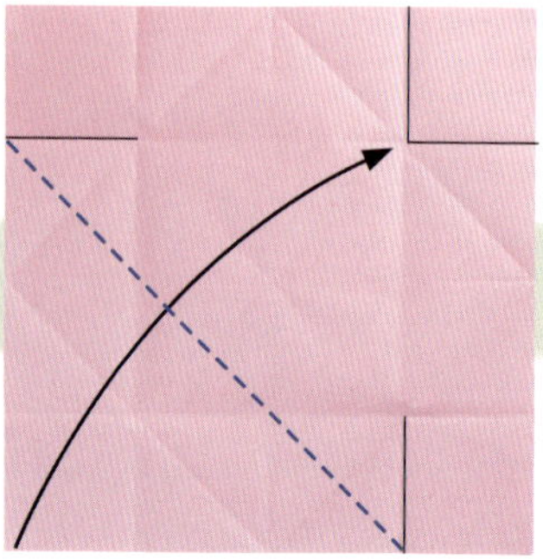

6 図の位置で折る。

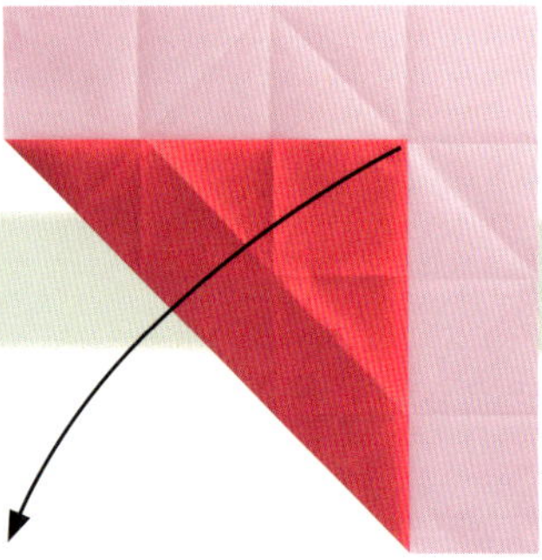

7 戻す。

次のページへ

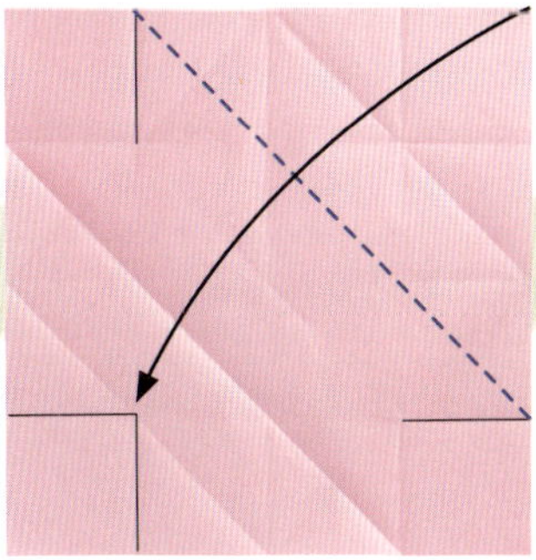

8 図の位置で折る。

9 戻す。

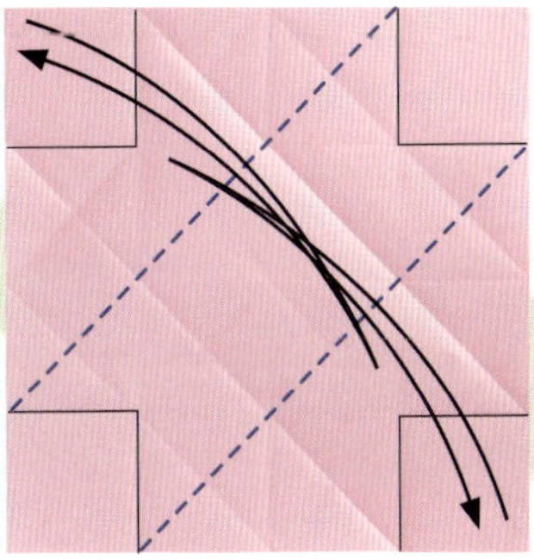

10 残り2カ所も**6**～**9**と同様に折り筋をつける。

拡大

11 ここまでにつけた折り筋のようす。

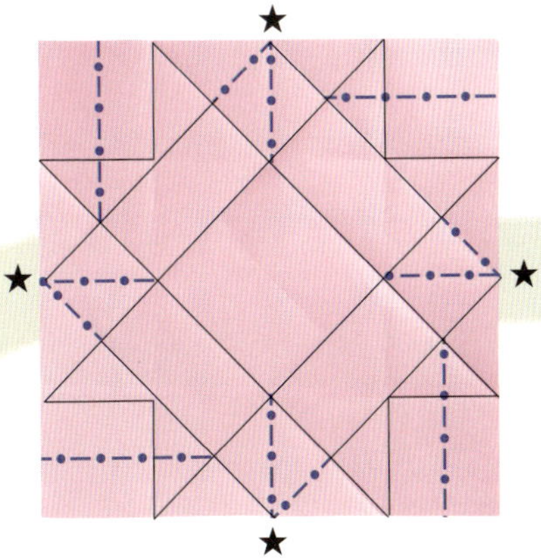

12 図の位置に、山折りの折り筋をつける。

13 **12**でつけた★の折り筋を使って、立体的に折る。

14 ★を折ったところ。図の位置で山折りにする。残り3カ所も同様に折る。

15 折ったところ。折り筋に従って、順番にたたむ。

たたんでいるところ。

16 最後の1片を差し込んで、形をととのえる。

できあがり

Arrange　用途に応じてサイズを変える

直径18㎝のケーキ用

【材料】
55 × 55㎝ …… 1枚

【できあがりサイズ】
（20 × 20）× 10㎝

プチギフト用

【材料】
20 × 20㎝…… 1枚

【できあがりサイズ】
（8 × 8）× 4㎝

【作り方】
P.30～31と同じです。少し厚みのある紙を使って折りましょう。

上の写真は、6号サイズ（直径18㎝）のケーキです。柄の入った紙を使って折ると、より華やかになります。手作りのお菓子などを入れるときは、油がしみてしまうこともあるので、表面がコーティングされている紙を使うことをおすすめします。
ケーキを入れた箱の上にメッセージカードをのせてから、花形ボックスで包んでもよいでしょう。相手が包みを開いたときに、メッセージが現れる仕掛けになります。
左の写真は飴などのプチギフト用サイズです。

心くばりのコツ

おすそわけ

「おすそわけ」は「お福分け」ともいい、いただきものやそのご利益を分け与えることをいいます。そんなちょっとしたおすそわけに、折り紙の箱を使ってみましょう。特に花形ボックスは口が大きく開くので、手作りのお菓子のように形を崩さずに取り出したいものに向いています。また瓶や缶など高さのあるものも入ります。

お返し

おすそわけをもらっても、基本的にお返しの品を用意する必要はありませんが、相手に感謝の気持ちを表したいときには、「お移り」を渡してもよいでしょう。「お移り」とは元々、いただいた品物が入っていた容器に入れて返すささやかな品物のことを指しました。現在はちょっとしたお菓子や缶詰などをお移りとして渡すのが一般的です。

引き出しボックス

引き出しタイプの箱は強度があり、使い勝手がよい形です。
窓の部分にはメッセージカードや写真が入れられます。

Arrange [P.35]

引き出しボックス

【材料】

内側：39 × 39cm …… 1 枚

外側：39 × 39cm …… 1 枚

【できあがりサイズ】

（19.5 × 10） × 5cm

折り方のコツ

折り筋をしっかりつけるよう、意識しましょう。紙が厚すぎると仕上がりがきれいになりません。

外側

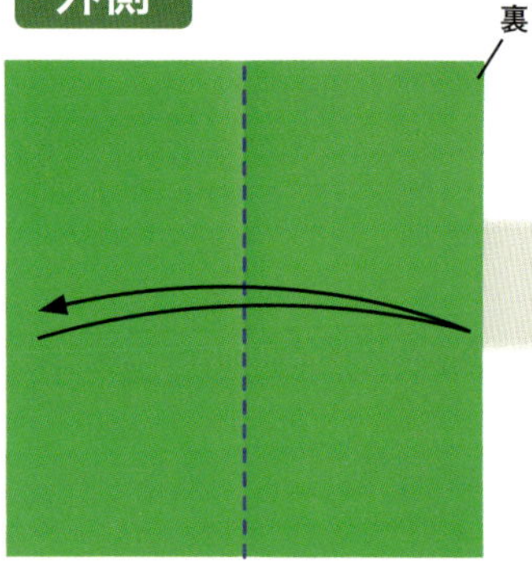

1 折り筋をつける。

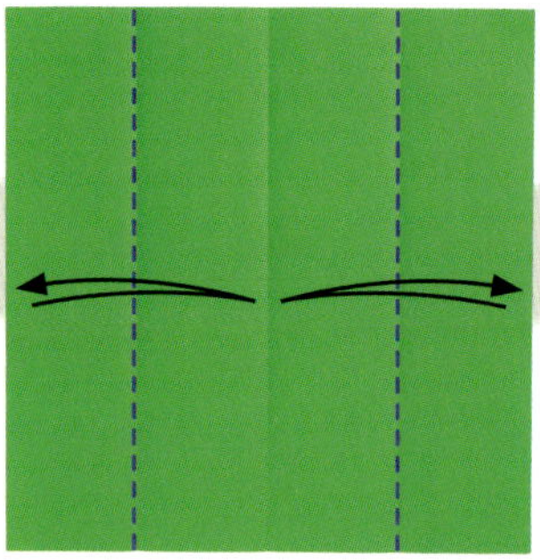

2 1の筋に合わせて折り筋をつける。

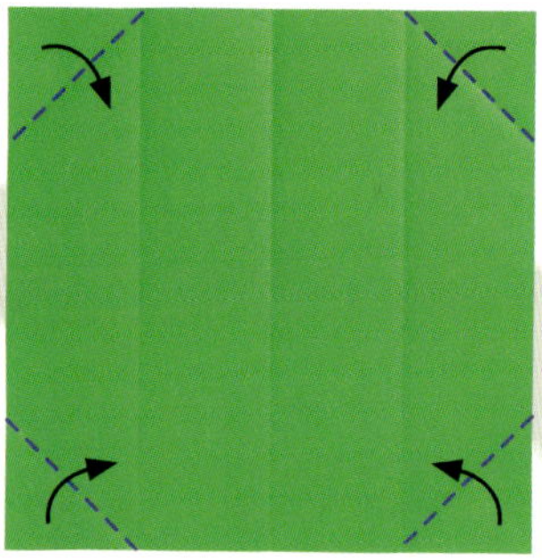

3 図の位置で折る。

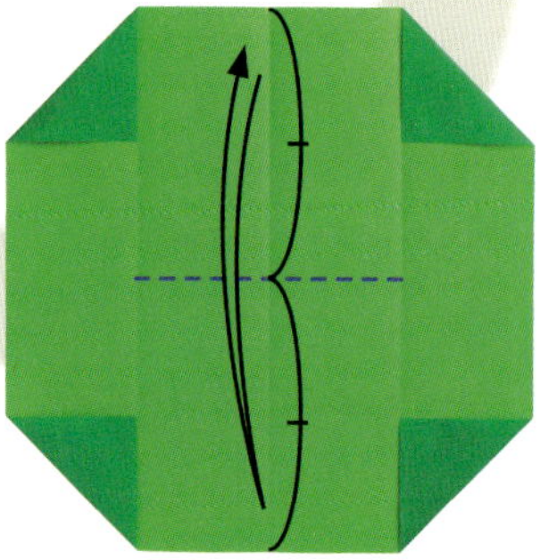

4 図の位置に折り筋をつける。

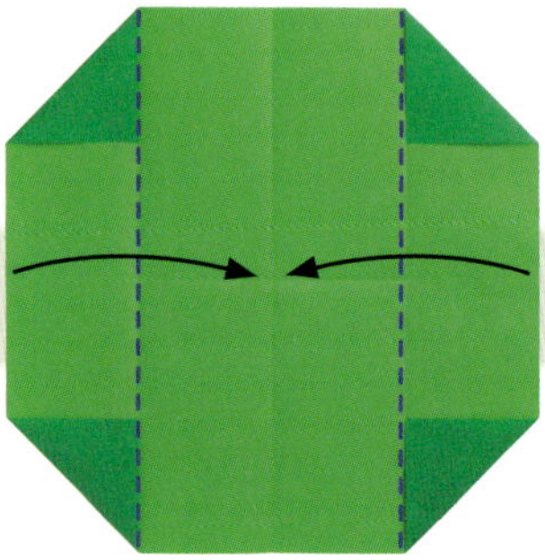

5 図の位置で折る。

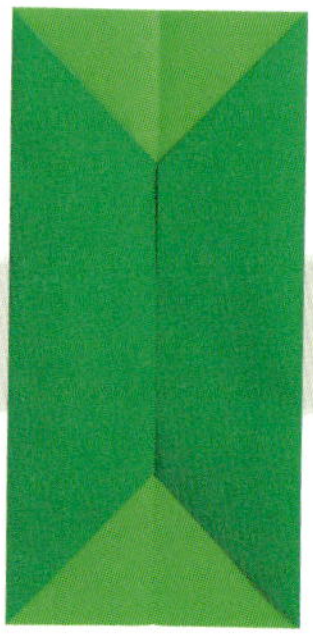

6 折ったところ。

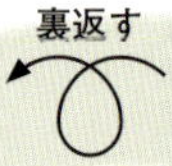

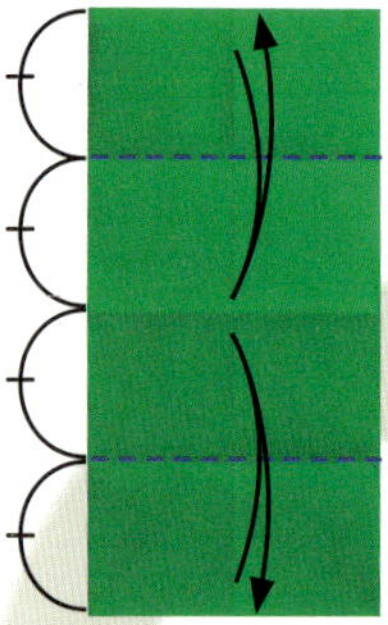

7 図の位置に折り筋をつける。

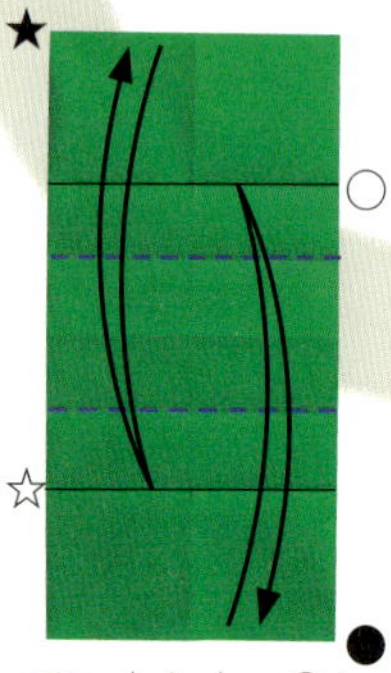

8 ★と☆、●と○が合うように折り筋をつける。

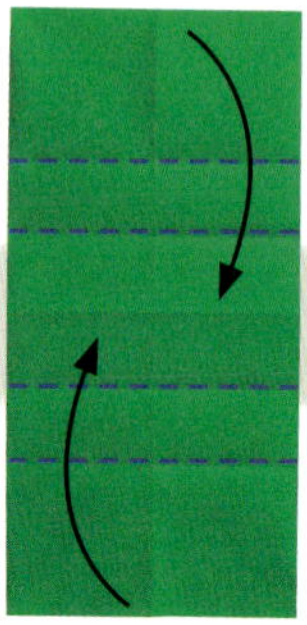

9 7、8でつけた折り線を使って立体にする。

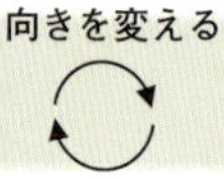

10 端を図のように差し込む。

できあがり

内側

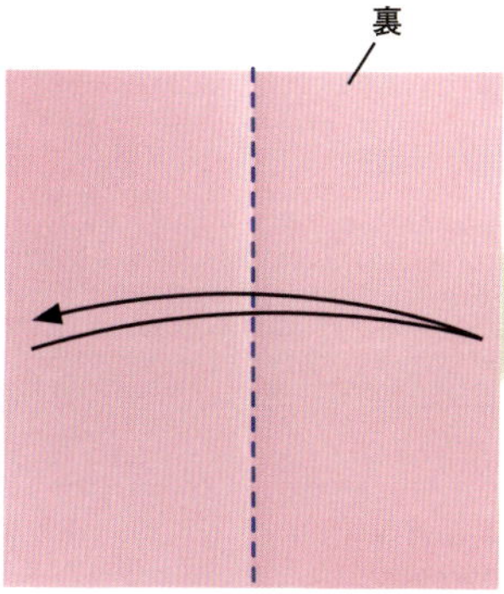

1 半分に折り筋をつける。

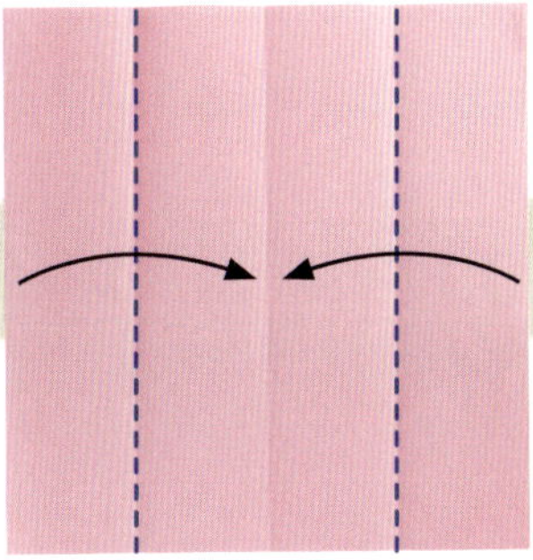

2 1の折り筋に合わせて折る。

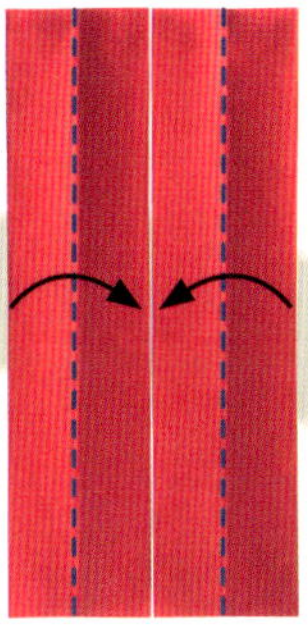

3 1の折り筋に合わせて折る。

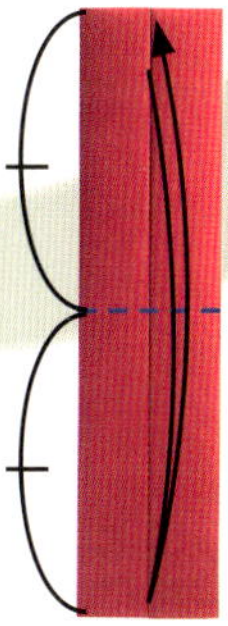

4 図の位置に折り筋をつける。

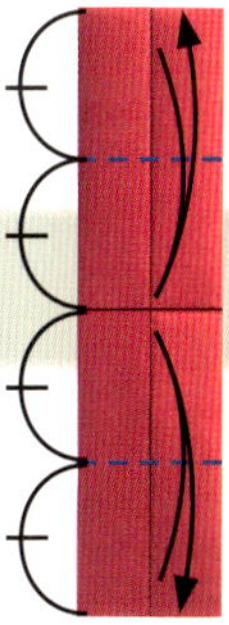

5 図の位置に折り筋をつける。

6 図の位置に折り筋をつける。

7 折り筋をつけ、上の1枚の間を開く。

8 ★と☆が合うように折る。反対側も同様にする。

できあがり

組み立て

外側に内側を入れる。

Arrange　窓にメッセージを添えて

【材料】
外側：39×39㎝ …… 1枚
内側：39×39㎝ …… 1枚
カード：19.5×9.5㎝以内 …… 1枚

【作り方】
P.34～35と同様です。外側の**10**で、端を差し込むときにメッセージを書いたカードを窓に入れます。

感謝のひと言を添えるだけで、相手に気持ちが伝わります。
メッセージ以外にも、イラストや写真などを入れてもよいでしょう。

祝儀袋 （3種）

親しい人の結婚や出産などのお祝いに、手づくりの祝儀袋を作りましょう。檀紙などの上質な紙を使うと素敵な仕上がりになります。

原案（祝儀袋C） 冨田登志江

祝儀袋（A）

【材料】
袋：47 × 39cm …… 1 枚
飾り（袋用）：18 × 7cm …… 1 枚
帯（袋用）：1 × 30cm …… 1 枚
のし：5 × 5cm …… 1 枚
飾り（のし用）：8 × 0.4cm …… 1 枚
帯（のし用）：0.3 × 5cm …… 1 枚

【できあがりサイズ】
20 × 11cm

袋

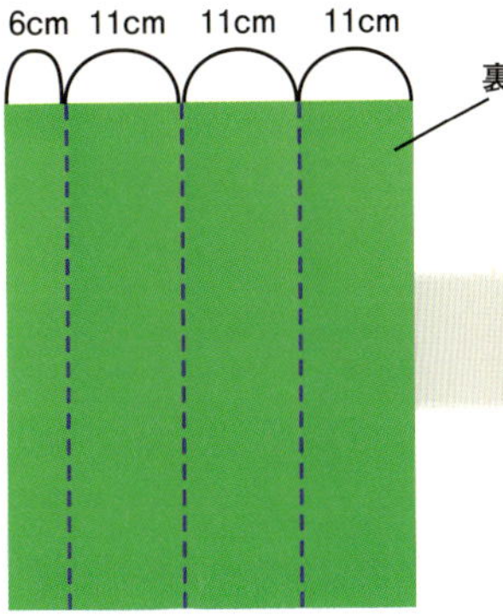

1 図の位置に折り筋をつける。

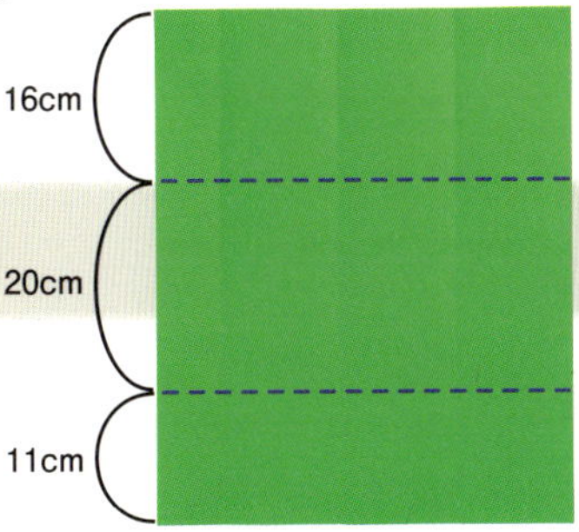

2 図の位置に折り筋をつける。

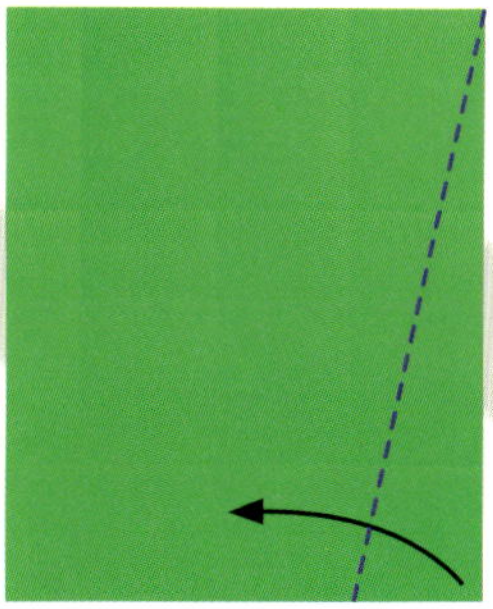

3 斜めに折る。

4 上の 1 枚を折る。

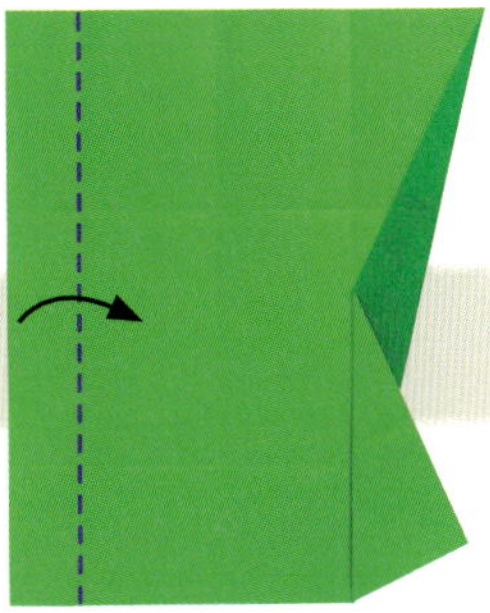

5 左側を図の位置で折る。

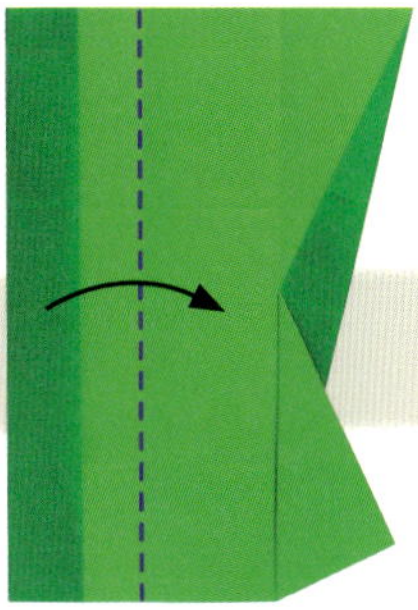

6 さらに折る。

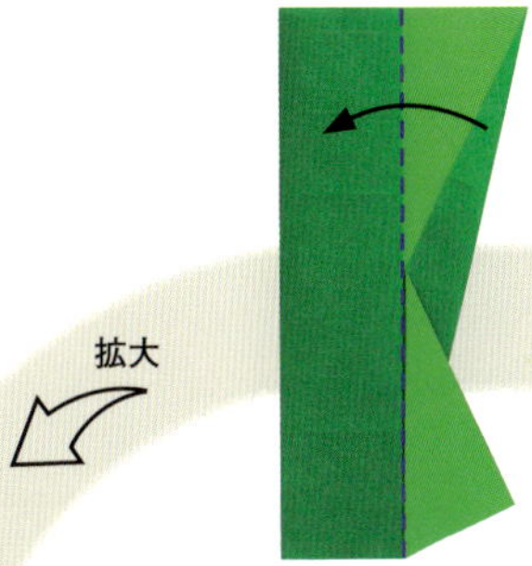

7 右側を折って重ねる。

8 重ねたところ。

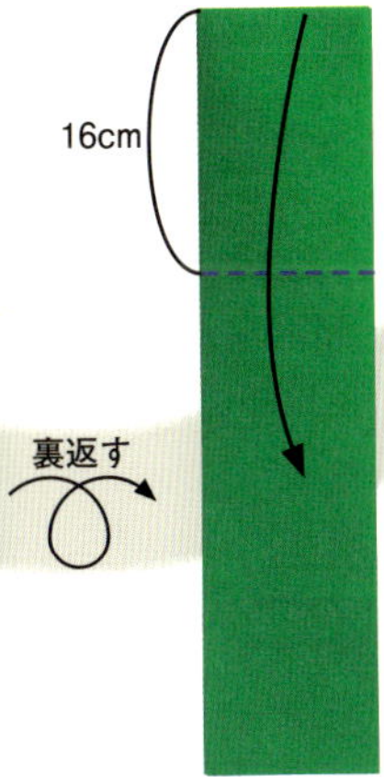

9 図の位置で折る。

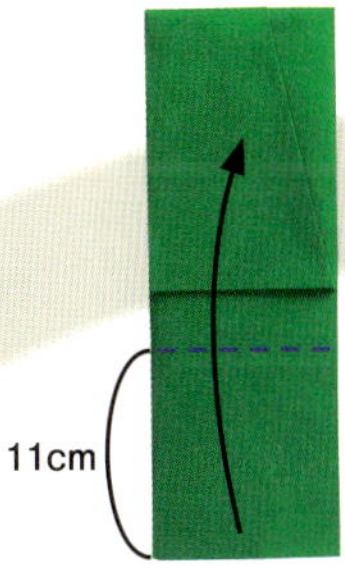

10 下を折って上に重ねる。

11 重ねたところ。

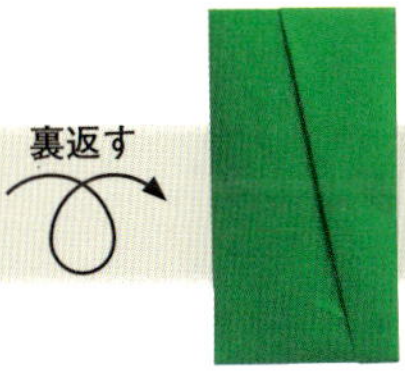

できあがり

次のページへ

飾り

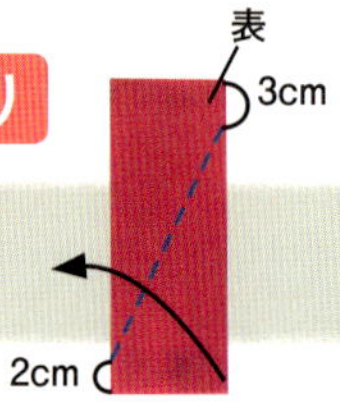

図の位置で斜めに折る。

できあがり

組み合わせる

1 袋に飾りを差し込む。

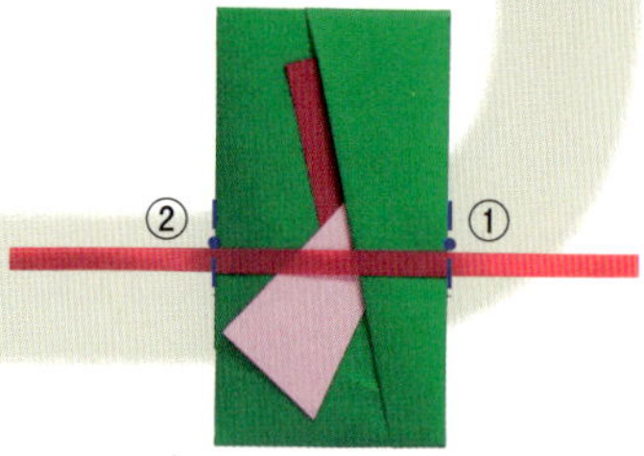

2 帯を中央に置き、①、②の順に山折りにする。

裏返す

3 両端を貼り合わせる。

裏返す

できあがり

※好みでのしを貼る。

のし

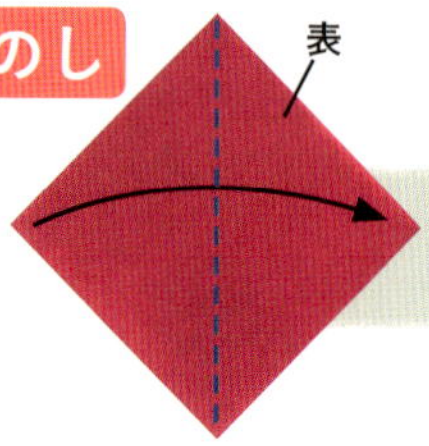

1 半分に折る。

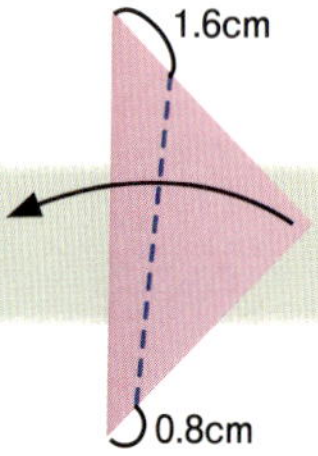

2 図の位置で折る。

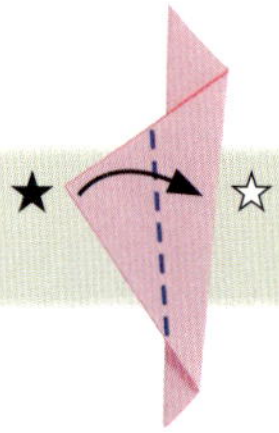

3 ★が☆につくように折る。

4 左端に合わせて細く谷折りにする。

5 折ったところ。開く。

6 飾り（のし用）を縦中央に置き、両側を図の通りに折りたたむ。

7 折ったところ。

8 帯（のし用）を横中央に置く。

裏返す

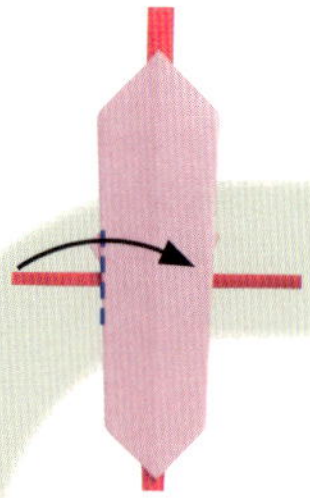

9 左側を折る。

※帯が長いときは、ちょうどよい長さに切る。

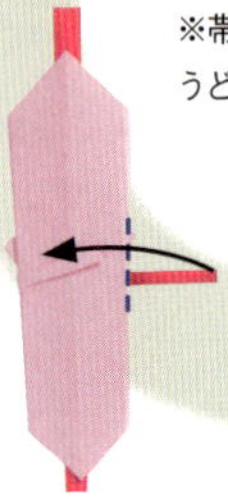

10 右側を折り、のりづけする。

11 のりづけしたところ。

裏返す

できあがり

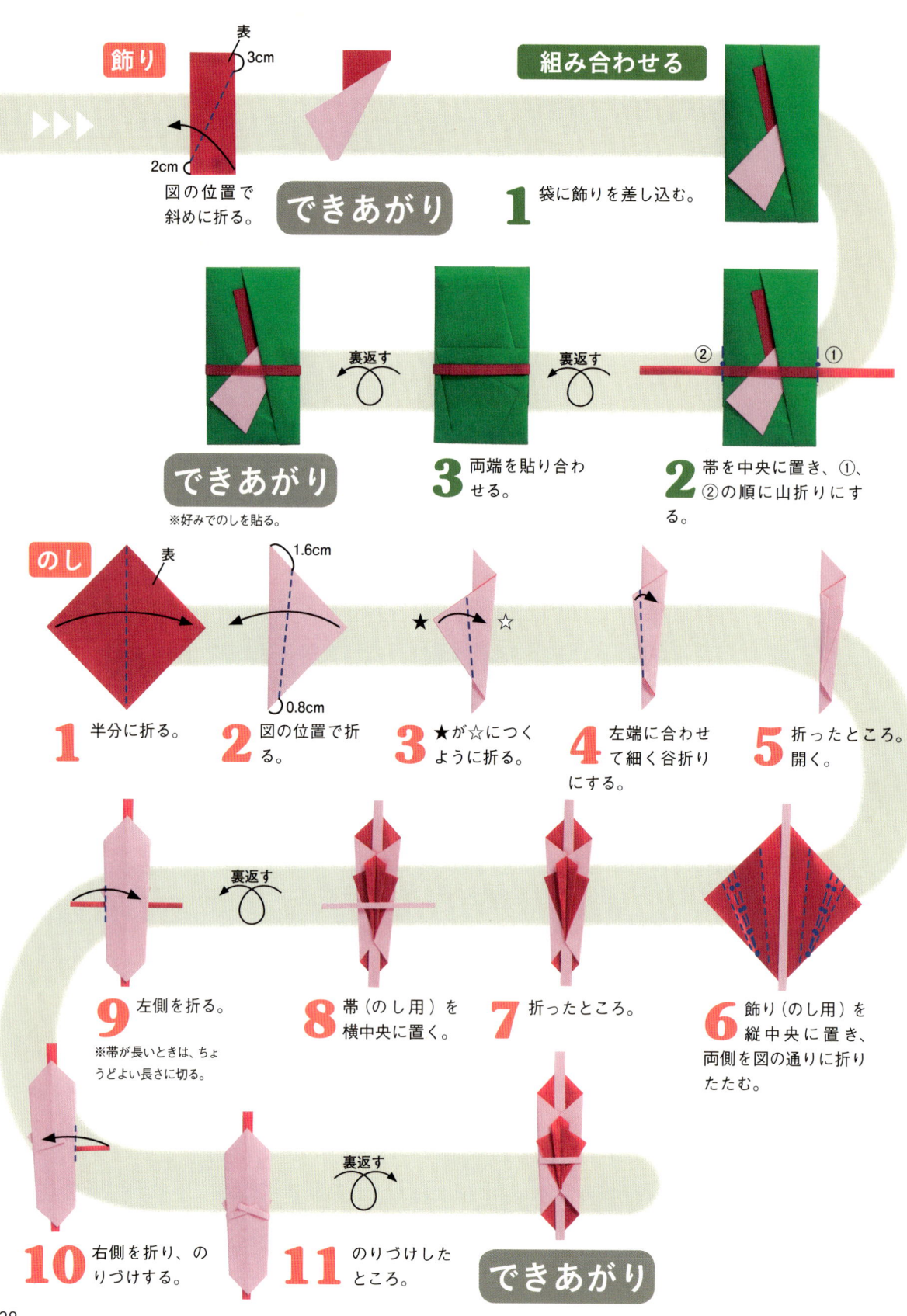

祝儀袋(B)

【材料】
53 × 40cm …… 1 枚

【できあがりサイズ】
11 × 18cm

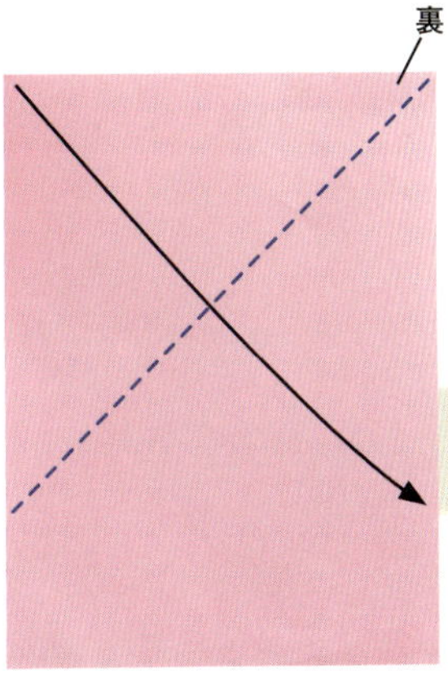

1 図の位置で折る。

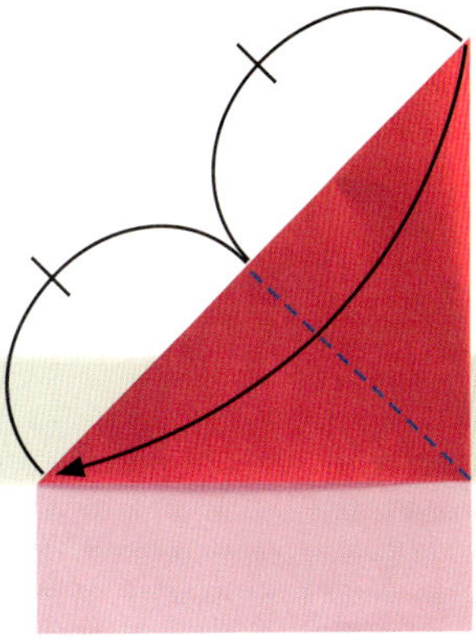

2 図の位置で折る。

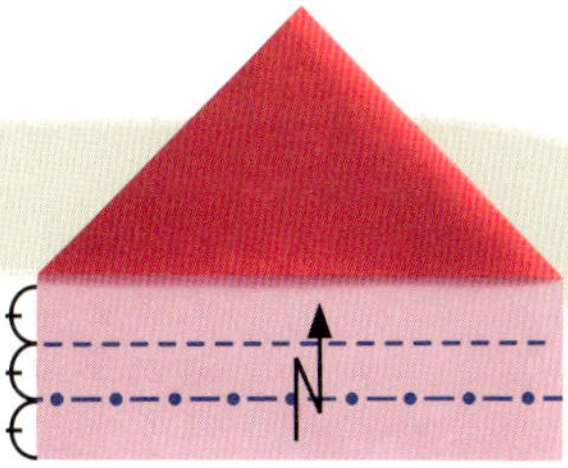

3 図の位置で段折り（P.8）にする。

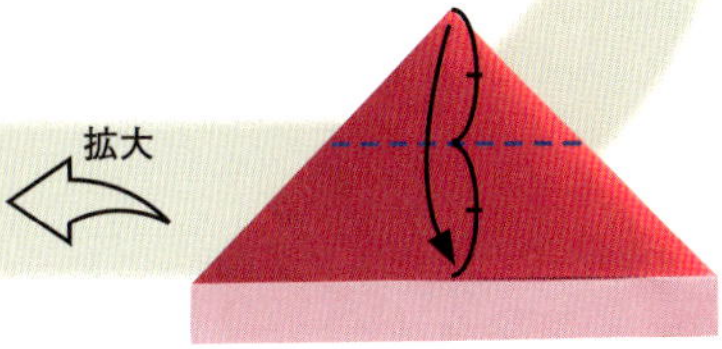

4 図の位置で折る。

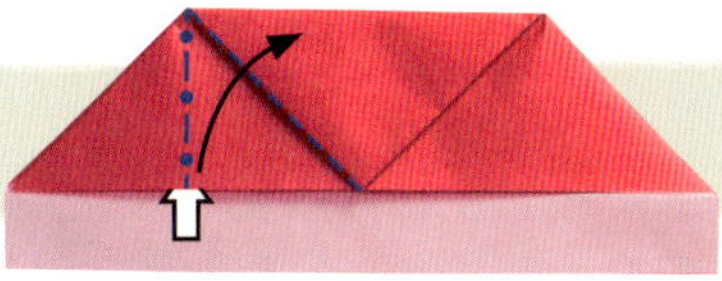

5 上の1枚を図の位置で折りたたむ。

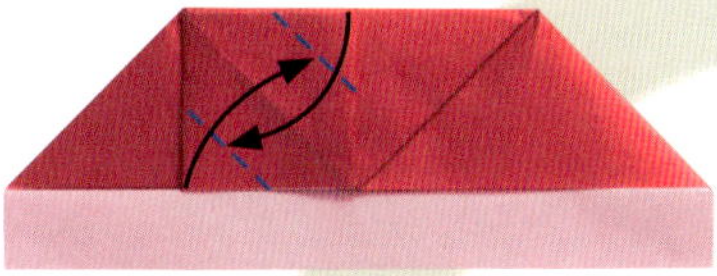

6 図の位置で折って重ねる。

7 上の1枚を図の位置で折り、下1枚も反対向きに同様にする。

8 図の位置で折って重ねる。

9 両側を山折りにし、★に☆を差し込む。

裏側のようす。

できあがり

祝儀袋(C)

【材料】
30 × 30㎝ …… 1 枚

【できあがりサイズ】
18 × 9㎝

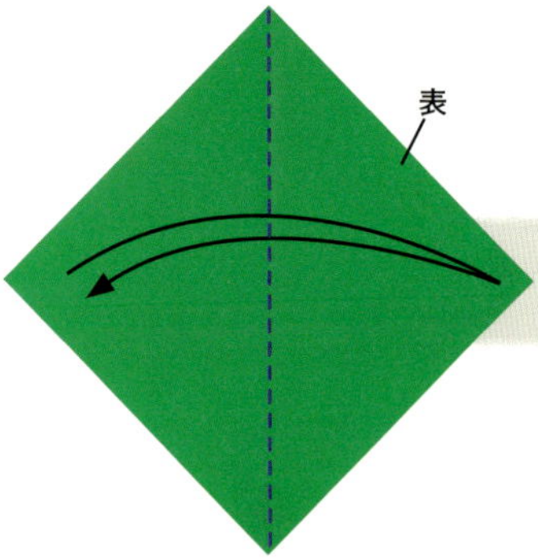

1 図の位置に折り筋をつける。

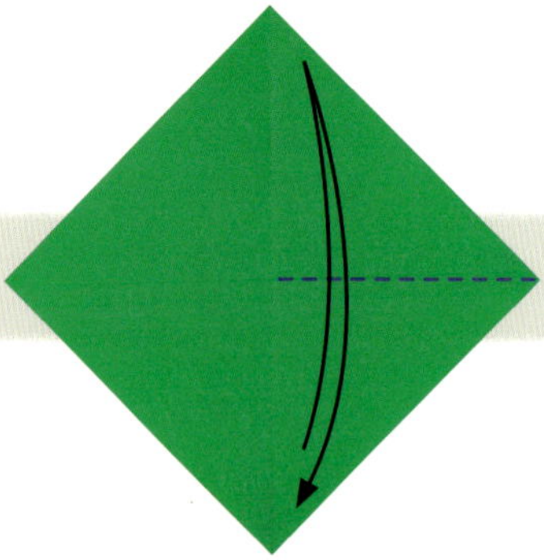

2 図の位置に折り筋をつける。

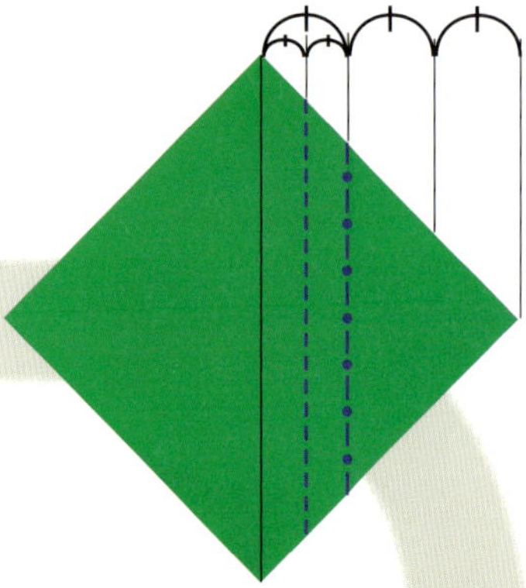

3 図の位置に折り筋をつける。

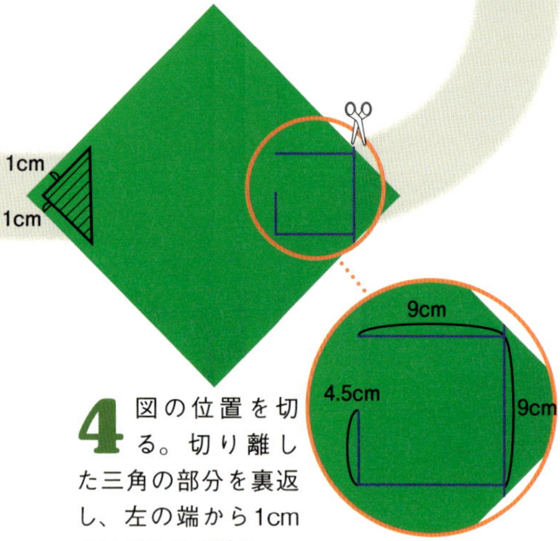

4 図の位置を切る。切り離した三角の部分を裏返し、左の端から1cmあけてのりで貼る。

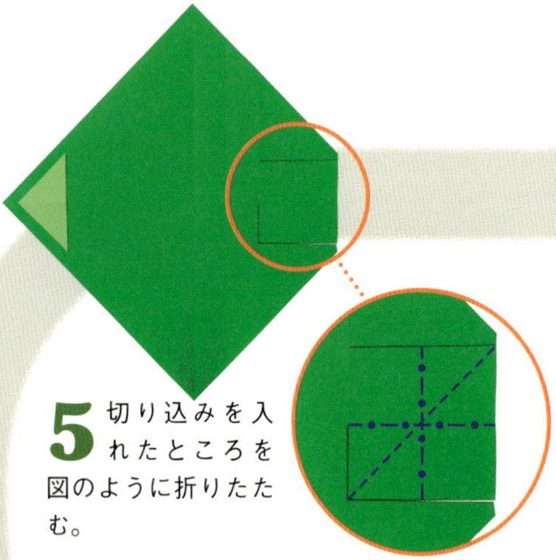

5 切り込みを入れたところを図のように折りたたむ。

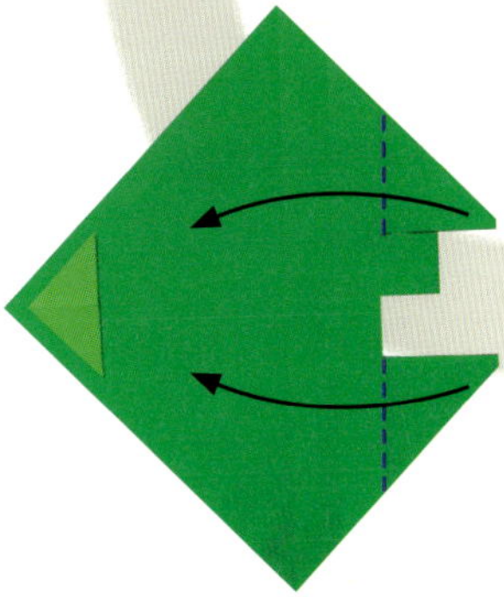

6 図の位置で折る。

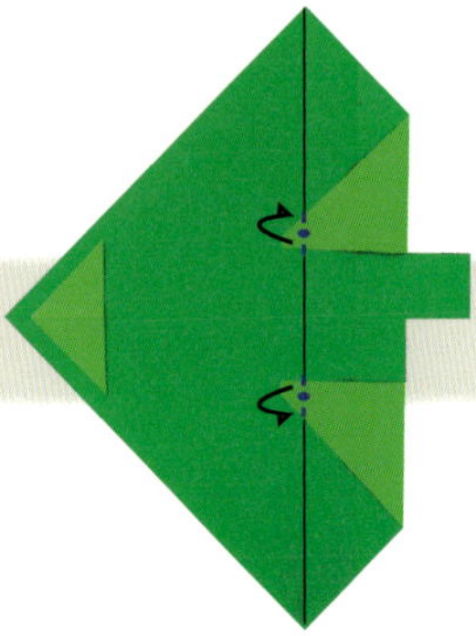

7 折ったところの先を中央の折り線に合わせて山折りする。

8 折ったところ。

次のページへ

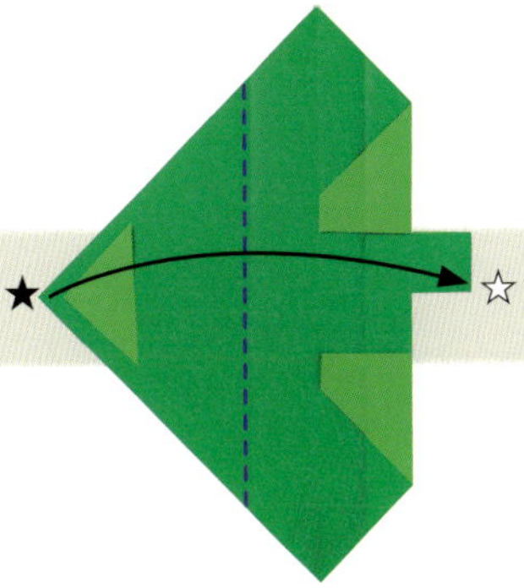

9 ★と☆が合うように折る。

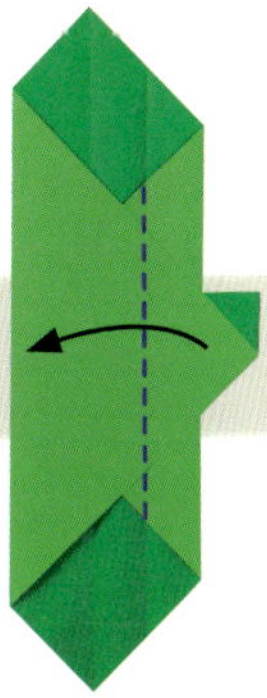

10 上の1枚を図の位置で折る。

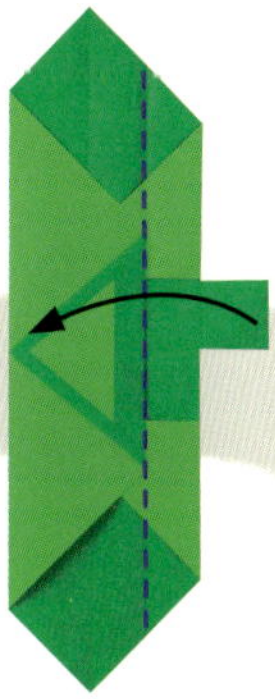

11 図の位置で折る。

12 折ったところ。

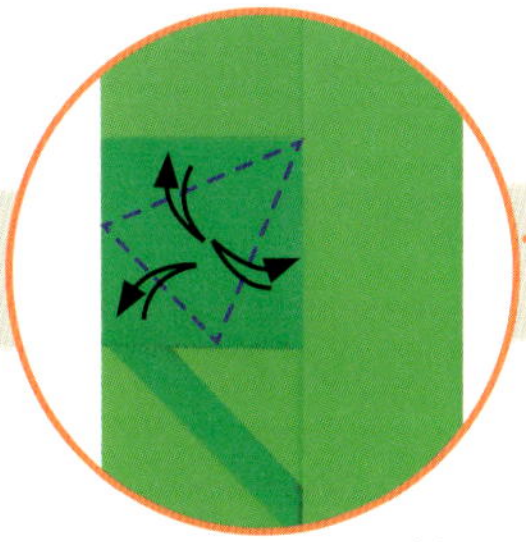

13 図の位置に折り筋をつける。

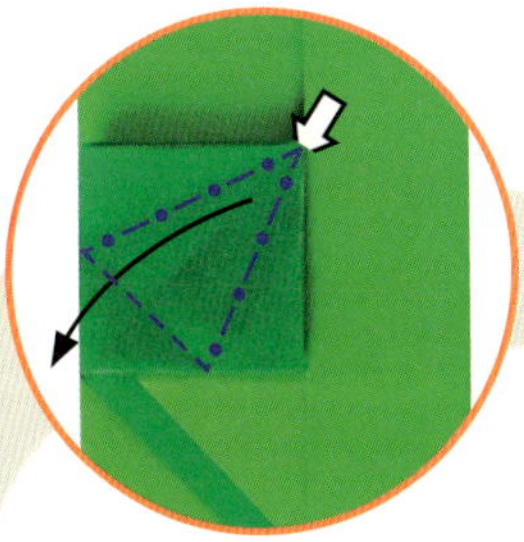

14 上の1枚を開いてたたむ。

15 折ったところ。

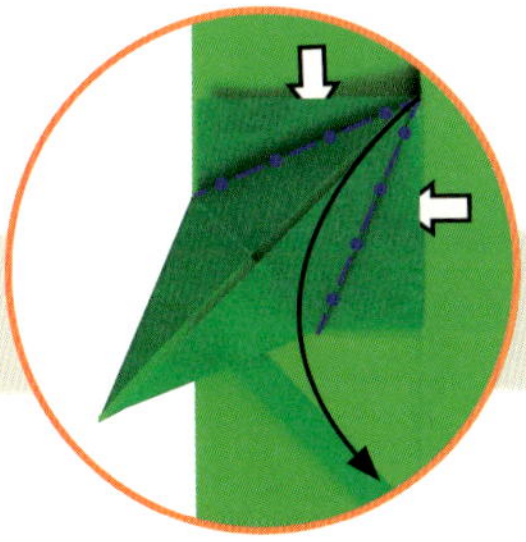

16 間を開いてたたむ。

たたんでいるところ。

17 たたんだところ。寿鶴Arrange（P.84）と同様にして、鶴を折る。

18 折ったところ。

次のページへ

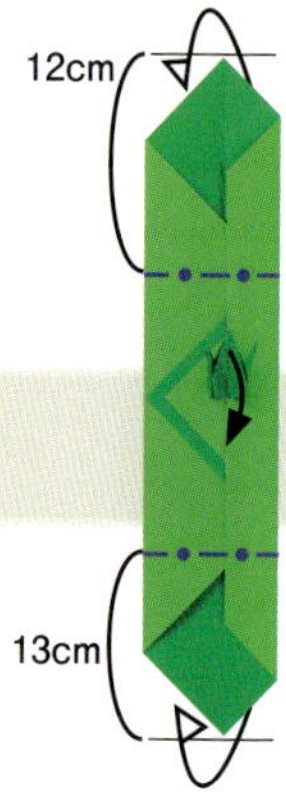

差し込んでいるところ。

裏返す

拡大

19 鶴の羽を広げる。図の位置で山折りし、下を上に差し込む。

20 差し込んだところ。

裏返す

できあがり

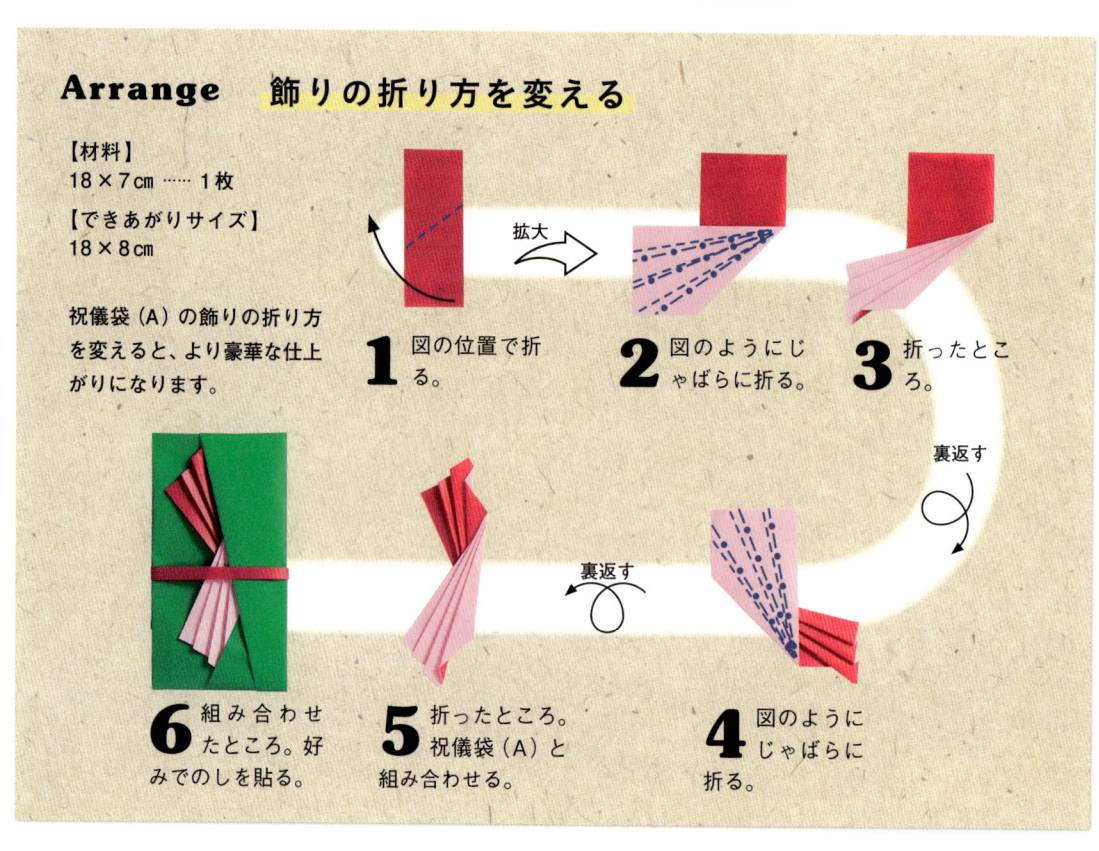

豆知識

祝儀袋にお金を入れるときは、封筒や中包みに現金を包んでから入れるようにしましょう。中包みは、慶事と弔事で包み方が異なるので注意が必要です。慶事の場合は新しいお札を使います。弔事の場合はあらかじめ用意していた印象にならないよう、新札に折り目を入れてから使うとよいでしょう。

Arrange 飾りの折り方を変える

【材料】
18×7cm …… 1枚

【できあがりサイズ】
18×8cm

祝儀袋（A）の飾りの折り方を変えると、より豪華な仕上がりになります。

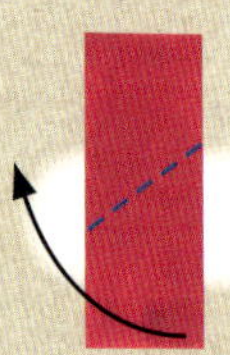

1 図の位置で折る。

拡大

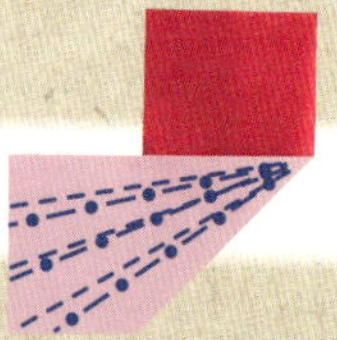

2 図のようにじゃばらに折る。

3 折ったところ。

裏返す

4 図のようにじゃばらに折る。

裏返す

5 折ったところ。祝儀袋（A）と組み合わせる。

6 組み合わせたところ。好みでのしを貼る。

COLUMN

祝儀袋の基本

武家の礼法として発展した「折形」のなかには、折り紙や祝儀袋の原点とされるものも。
きちんとマナーを守れば、折り紙の祝儀袋も格の高いものになります。

お祝いの種類に合わせて祝儀袋を選ぶ

祝儀袋は、包む金額や贈る相手との関係、贈る目的に応じて選びます。奉書紙など格の高い紙を使えば、「折形」をアレンジした祝儀袋（A）・（B）は結婚祝いや出産祝いに使えます。のしがない祝儀袋（C）は、ややカジュアルなので、新築祝いや長寿のお祝いなど、内輪のお祝い向きです。

表書き

「御祝」「御結婚祝い」など、贈る目的を表す言葉を書きます。できるだけ水引にかからないように書くのがポイント。

のし

悲しみごと以外のお祝いには、のしがつきます。これは昔お祝いごとの贈り物に「のしあわび」を添えた名残といわれます。

贈り主の氏名

贈り主の氏名は、毛筆や筆ペンで書くのが正式です。万年筆やサインペンは、お年玉などささやかなお祝い以外は使いません。

水引

結び方は大きく分けて2種類。繰り返してもよいお祝いには「蝶結び」、一度切りのほうがよいお祝いには「結び切り」を使います。本書で紹介する祝儀袋はどれも水引なしで使えますが、祝儀袋（A）に市販の水引を組み合わせてもよいでしょう。

蝶結び

結び切り

あわじ結び（結び切りの一種）

裏側

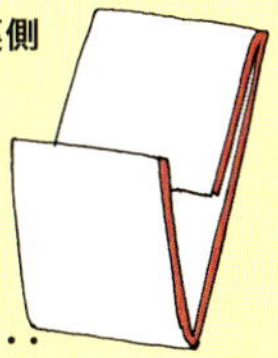
祝儀袋では、下側の折り返しを上に重ねます。

不祝儀の場合

宗教・宗派に合わせて不祝儀袋を選ぶ

慶事に使う祝儀袋に対して、弔事に使うのが不祝儀袋。のしがない、表書きや氏名を薄墨で書くなどの違いがあります。また水引や表書きの種類は宗教・宗派によって異なるので、贈る相手の宗教に合わせる必要があります。

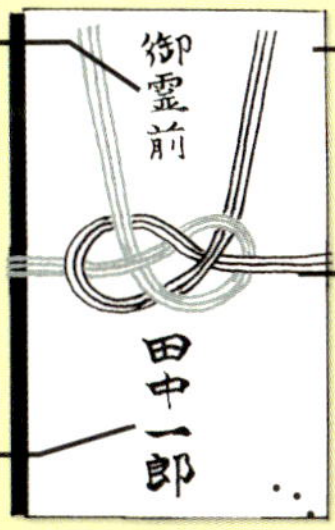

表書き

相手の宗教や宗派に合わせて書きますが、「御霊前」なら宗派を問わずに使えます。

贈り主の氏名

表書きと合わせて、毛筆または筆ペンの薄墨で書くのが正式ですが、最近は墨で書くことも増えてきました。サインペン等はマナー違反です。

のし

祝いごとではないので、のしはつきません。

水引

黒白や双銀のあわじ結びが一般的ですが、双白や双黒、黄白などを使う場合も。

裏側

祝儀袋では、上側の折り返しを上に重ねます。

ぽち袋（3種）

心づけやお年玉など、お金を包んで渡すときに使います。
借りたお金をお返しするときなどに使うと、お礼の気持ちが伝わります。

アレンジ（太ストレートラインタイプ・斜めラインひねりタイプ） 湯浅信江

ぽち袋
（太ストレートラインタイプ）

【材料】
20 × 18cm …… 1 枚
【できあがりサイズ】
9.5 × 6.5cm

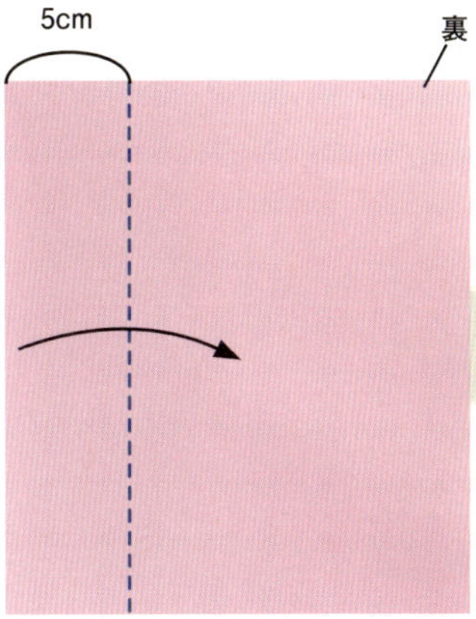

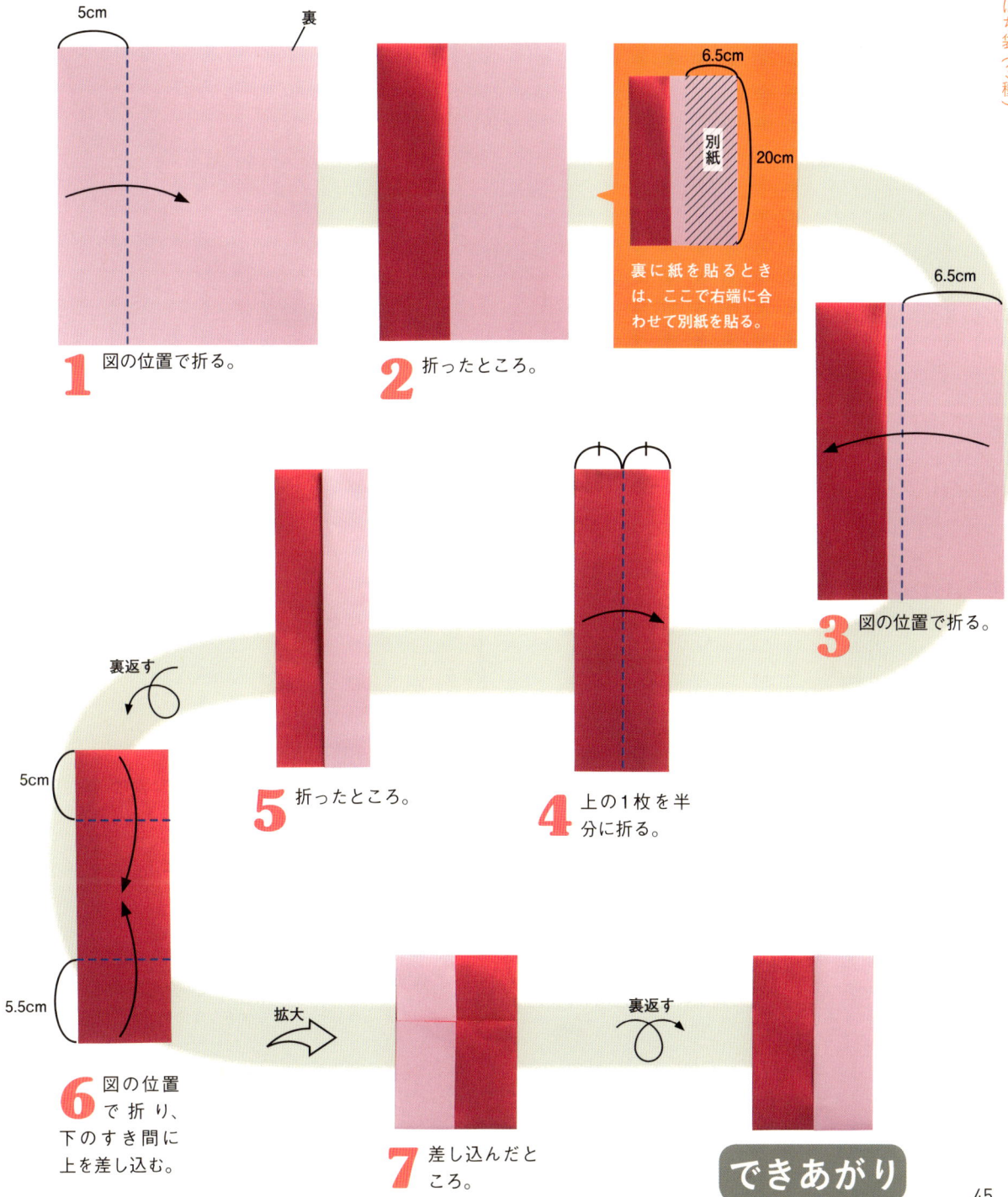

1 図の位置で折る。

2 折ったところ。

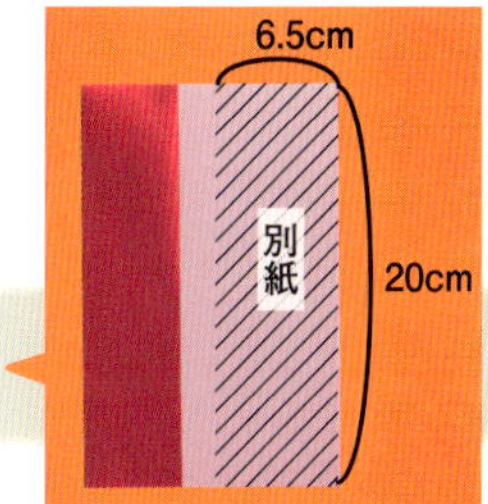

裏に紙を貼るときは、ここで右端に合わせて別紙を貼る。

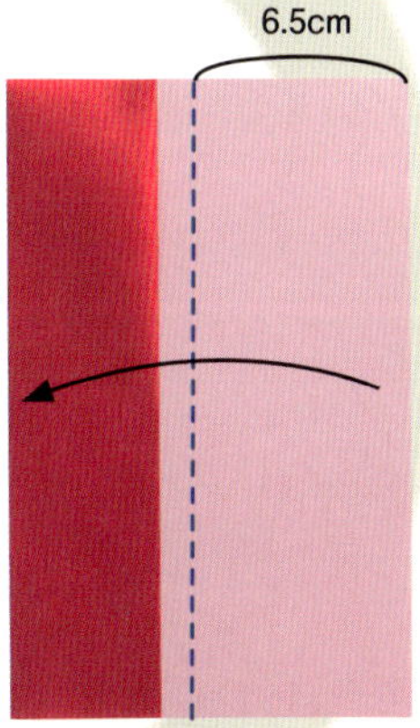

3 図の位置で折る。

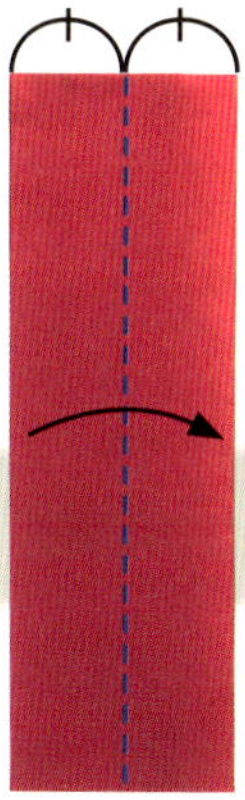

4 上の1枚を半分に折る。

5 折ったところ。

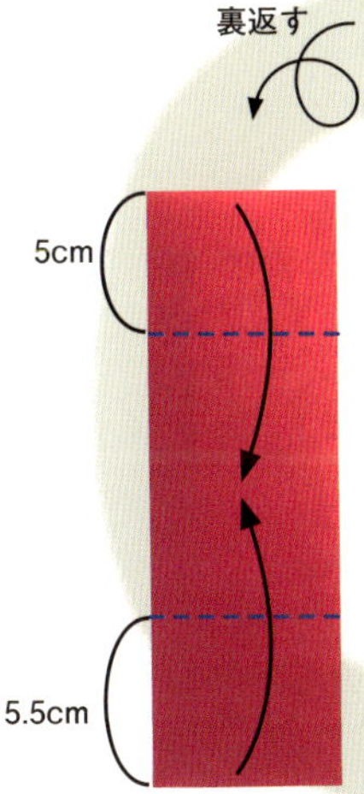

6 図の位置で折り、下のすき間に上を差し込む。

拡大

7 差し込んだところ。

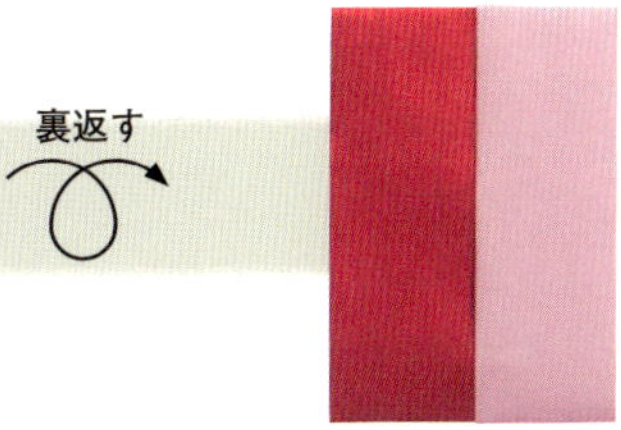

できあがり

ぽち袋

(斜めラインタイプ)

【材料】

20 × 18cm …… 1 枚

【できあがりサイズ】

9.5 × 6.5cm

折り方のコツ

折り返した部分が表面に出るので、表の柄が裏面にあまり写っていない紙がおすすめです。

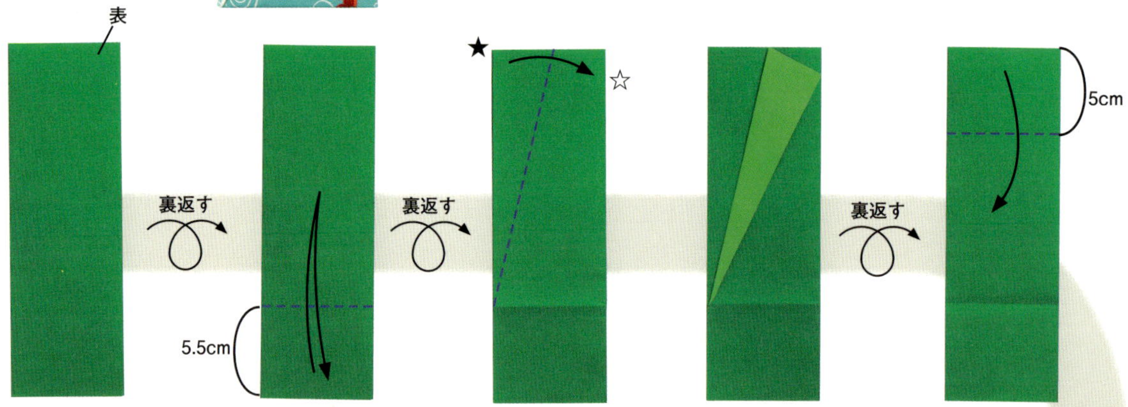

1 ぽち袋(太ストレートラインタイプ)の **1** ～ **3** と同様にする。

2 図の位置に折り筋をつける。

3 上の1枚を、★と☆が合うように折る。

4 折ったところ。

5 図の位置で折る。

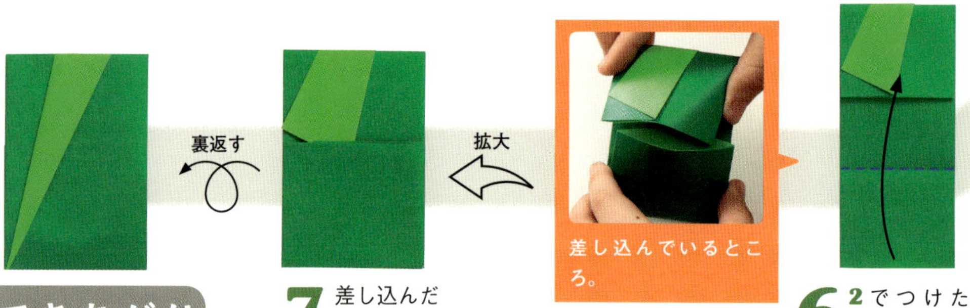

差し込んでいるところ。

6 **2** でつけた折り筋通りに下を折り、下のすき間に上を差し込む。

7 差し込んだところ。

できあがり

豆知識

ぽち袋は元々芸妓さんなどに渡す祝儀を包むためのものであったとされています。「ぽち」とは、関西の方言で「わずかばかりの」という意味で使う「ぽちっと」や、関東弁の「これっぽっち」からそう呼ばれるようになったという説もあります。中に入れる金額は、渡す相手に合わせて1000円～1万円程度が相場です。

心くばりのコツ

お札の入れ方

お年玉を渡すときに使用することが多いぽち袋ですが、お金の入れ方にも注意が必要です。表向きのお札を左→右の順で三つ折りにし、袋を開けたときに表向きになるようにして入れます。

ぽち袋
（斜めラインひねりタイプ）

【材料】
20 × 18cm …… 1 枚

【できあがりサイズ】
9.5 × 6.5cm

1 ぽち袋（斜めラインタイプ）の**1**〜**4**と同様にする。

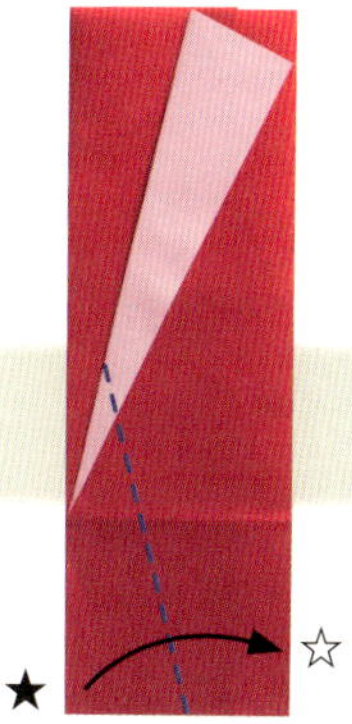

2 上の1枚を、★と☆が合うように折る。

3 折ったところ。

裏返す

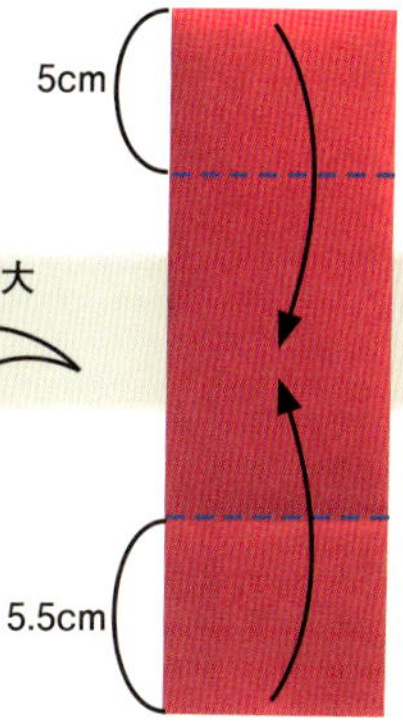

4 図の位置で折り、下のすき間に上を差し込む。

拡大

5 差し込んだところ。

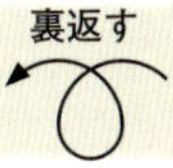

裏返す

できあがり

Arrange　裏に紙を貼って折る

【材料】
20 × 6.5cm …… 1枚

【できあがりサイズ】
9.5 × 6.5cm

【作り方】
P.45の**2**で、紙を貼りつけてから折ります（ぽち袋3種類すべて同様です）。

使用する紙を色違いや柄違いにすると、写真のようにバリエーション豊かに楽しめます。色の濃淡を出す、素材の違う紙で折るなど、組み合わせ次第でセンスの光る作品になります。平安時代のかさねの色目のように、表と裏の色の組み合わせを自然や季節になぞらえて考えてみてもよいでしょう。

たとう（2種）

薄くて小さなものなら、開いて中に入れられます。
子どものシールなどを入れてもよいですし、小銭入れにも使えます。

たとう（A）

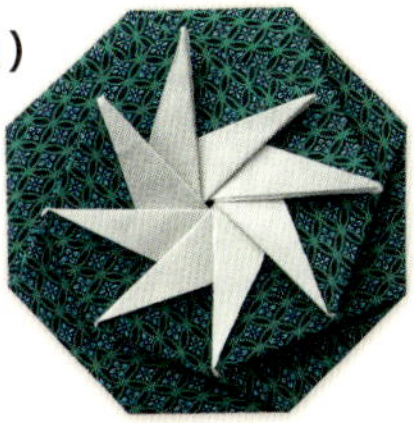

【材料】
20 × 20㎝ …… 1 枚

【できあがりサイズ】
10 × 10㎝

折り方のコツ

折りたたむときは、中心がずれないように注意。中心に合わせる折り筋はしっかりつけるように意識しましょう。

1 正八角形（P.15）を作る。

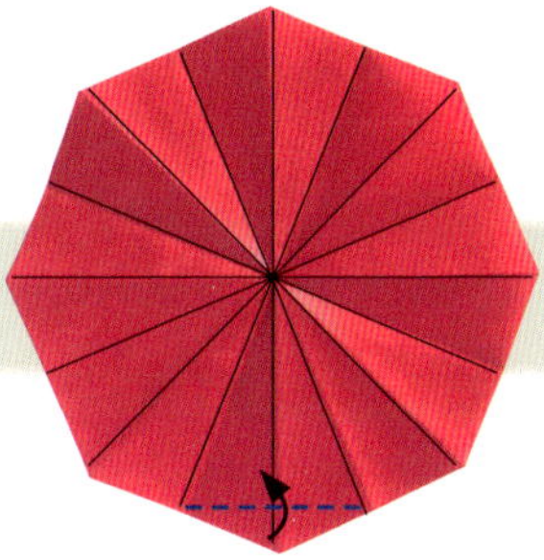

2 角を折る。

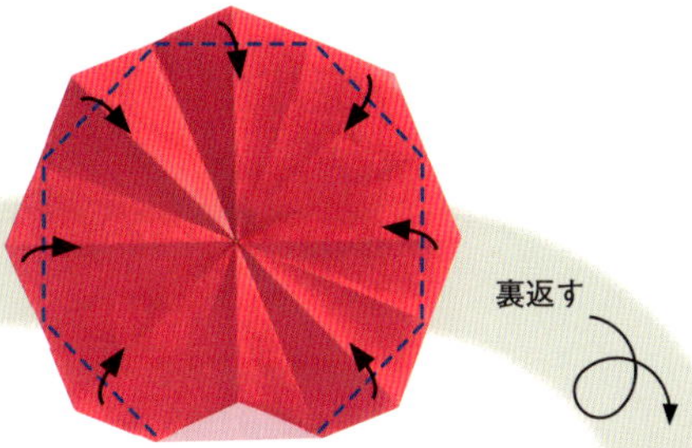

3 残りの角も同様にする。

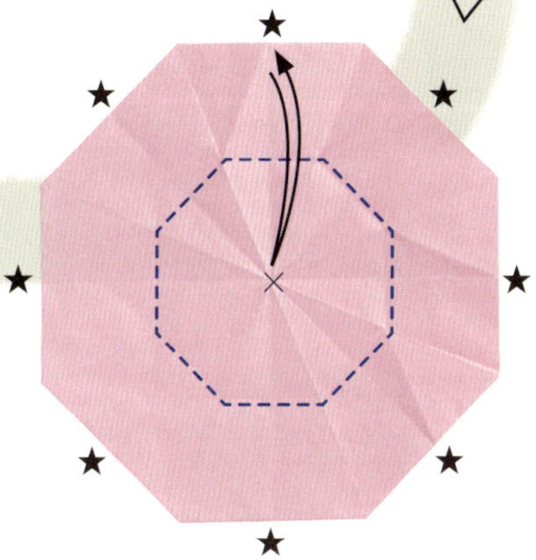

4 ★を中心に合わせて折り、図の通りに折り筋をつける。

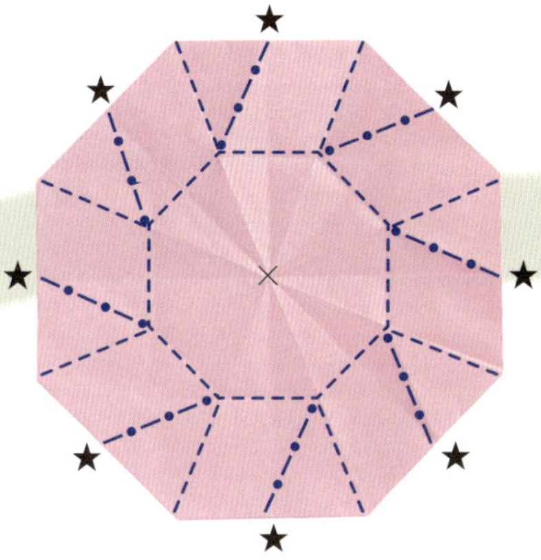

5 ★を中心に合わせながら、図の通りに左回りにたたんでいく。

6 たたんでいるところ。●と○を合わせてたたむ。

7 左回りに、**6** と同様にしてたたんでいく。

8 最後の部分は最初にたたんだ部分を少し開いて、押し込むようにしてたたむ。

できあがり

たとう（B）

【材料】
20 × 20㎝ …… 1 枚

【できあがりサイズ】
10 × 10㎝

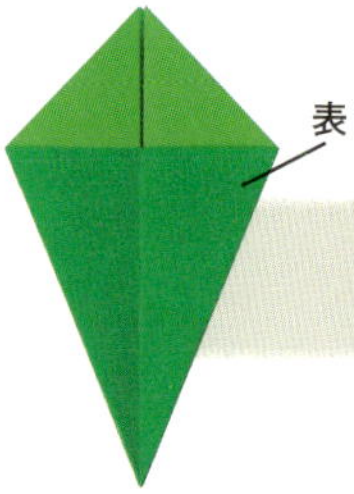

1 花の基本形（P.12）を作る。

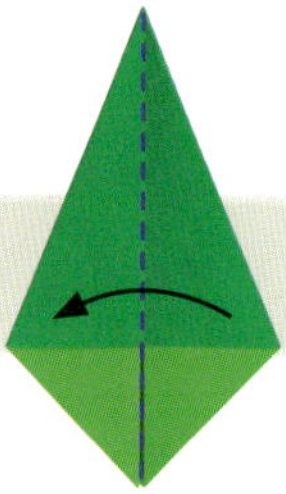

2 上の1枚をめくる。

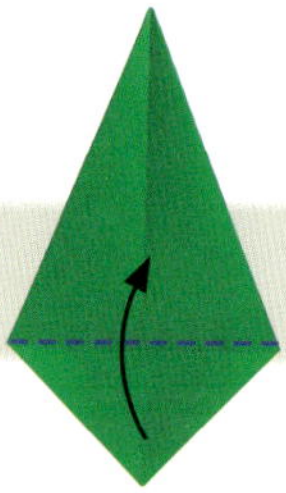

3 図の位置で折る。残り3カ所も同様に折る。

4 折ったところ。開く。

5 図のように角を折る。

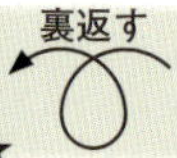

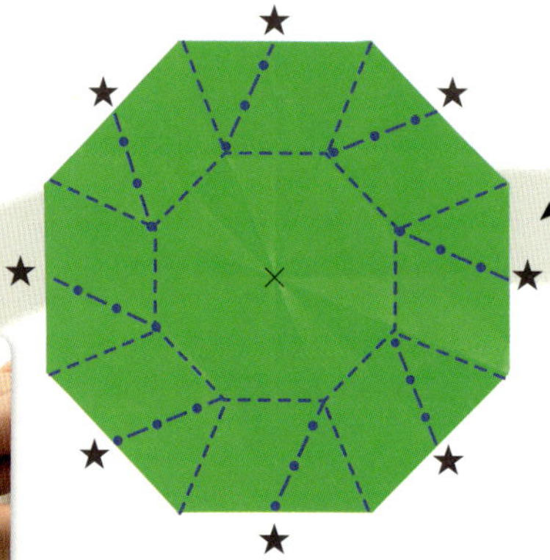

6 図の通りに折り筋をつけて、★を中心に合わせながら左回りにたたんでいく。（たとう（A）の **4**・**5** 参照）

7 たたんでいるところ。●と○を合わせてたたむ。

8 左回りに、**7** と同様にしてたたんでいく。

9 最後の部分は最初にたたんだ部分を少し開いて、押し込むようにしてたたむ。

できあがり

COLUMN

紙の種類と紙選びのコツ

本書では、作品に合わせてさまざまな紙を使い分けています。
主な紙の特徴を押さえ、作品作りにお役立てください。

和紙

楮紙（こうぞし）

楮を原料とした和紙で、和傘や障子紙などにも使われる。洋紙よりシワが目立たない反面、折り線がつきにくい。

友禅紙（千代紙）

友禅模様をあしらった和紙。千代紙とも呼ばれる。華やかな柄が特徴で、人形制作などでもよく使われる。

レース紙

薄紙にシャワー状の水滴をあてて穴をあけて文様を作った、和紙版レースペーパー。卍包みのArrange（P.54）で使用。

奉書紙

細かな折りにはあまり向きませんが、厚く丈夫で、格の高い紙。祝儀袋（A）（P.36）で使用。

洋紙

クラフト紙

一般的な包装紙より、やや厚手でかため。プレゼントボックス（P.18）や花形ボックス（P.29）など。

包装紙

薄手のものから厚手でエンボス加工されたものまで多彩。バッグ（P.66）や折り紙ラッピング（箱）（P.72）など。

トレーシングペーパー

複写するための紙だが、半透明で中が透ける性質を利用して折るとおもしろい。薬包み（P.52）で使用。

レースペーパー

一輪挿し（P.98）のArrangeや花の器（P.142）のほかに、たとう（P.48）や卍包み（P.52）にもおすすめ。

薬包みと卍包み

粉末を入れても中身がこぼれにくい薬包にハーブを入れたり、
卍包みは内側にメッセージを書いてカード代わりに贈り物に添えても。

Arrange (P.54)

薬包み

【材料】
11 × 11cm …… 1枚

【できあがりサイズ】
5 × 6cm

折り方のコツ

3 で折る部分を大きくしたり、小さくしたりすると、口の大きさを変えられます。入れるものに合わせて折ってもよいでしょう。

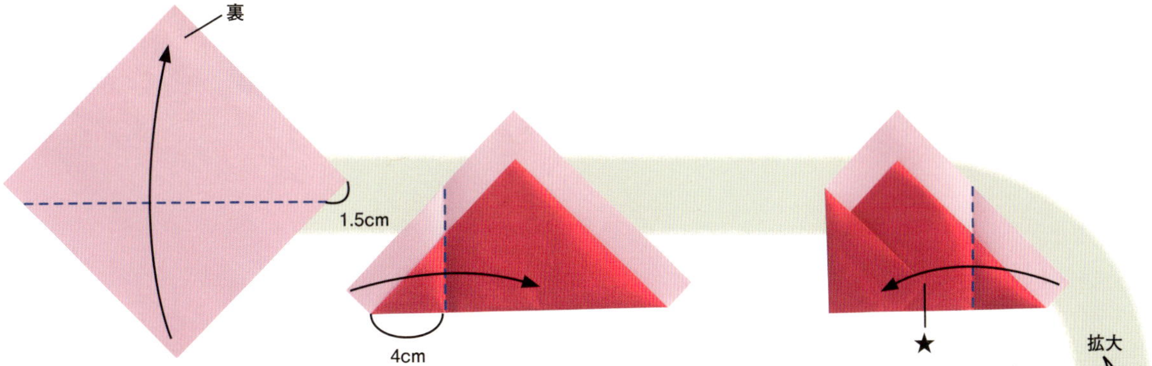

1 角から少しずらして折る。

2 左から4cmくらい折る。

3 右の角が左の角（★）に重なるように折る。

4 図の位置で折る。

5 図の位置で折る。

6 すき間に差し込むように折る。

できあがり

豆知識

昔から薬を包むために使われてきた、伝統的な折り方です。最近は目にする機会が減りましたが、今でも薬局などでは、「薬包紙」という専用の紙を使って薬を包むことがあります。その場合、紙の色が白は内服薬、赤は外用薬、青は頓服薬というルールがあります。

心くばりのコツ

贈り物に添えて

華やかな和紙や千代紙で折り、ゴマ塩を入れて、お赤飯に添えてもよいでしょう。金平糖や小さな飴などを包み、何かのお礼の品に添えても。また贈り物だけでなく、ビーズや植物の種など細かなものを分けて包み、整理しておくのにも便利です。

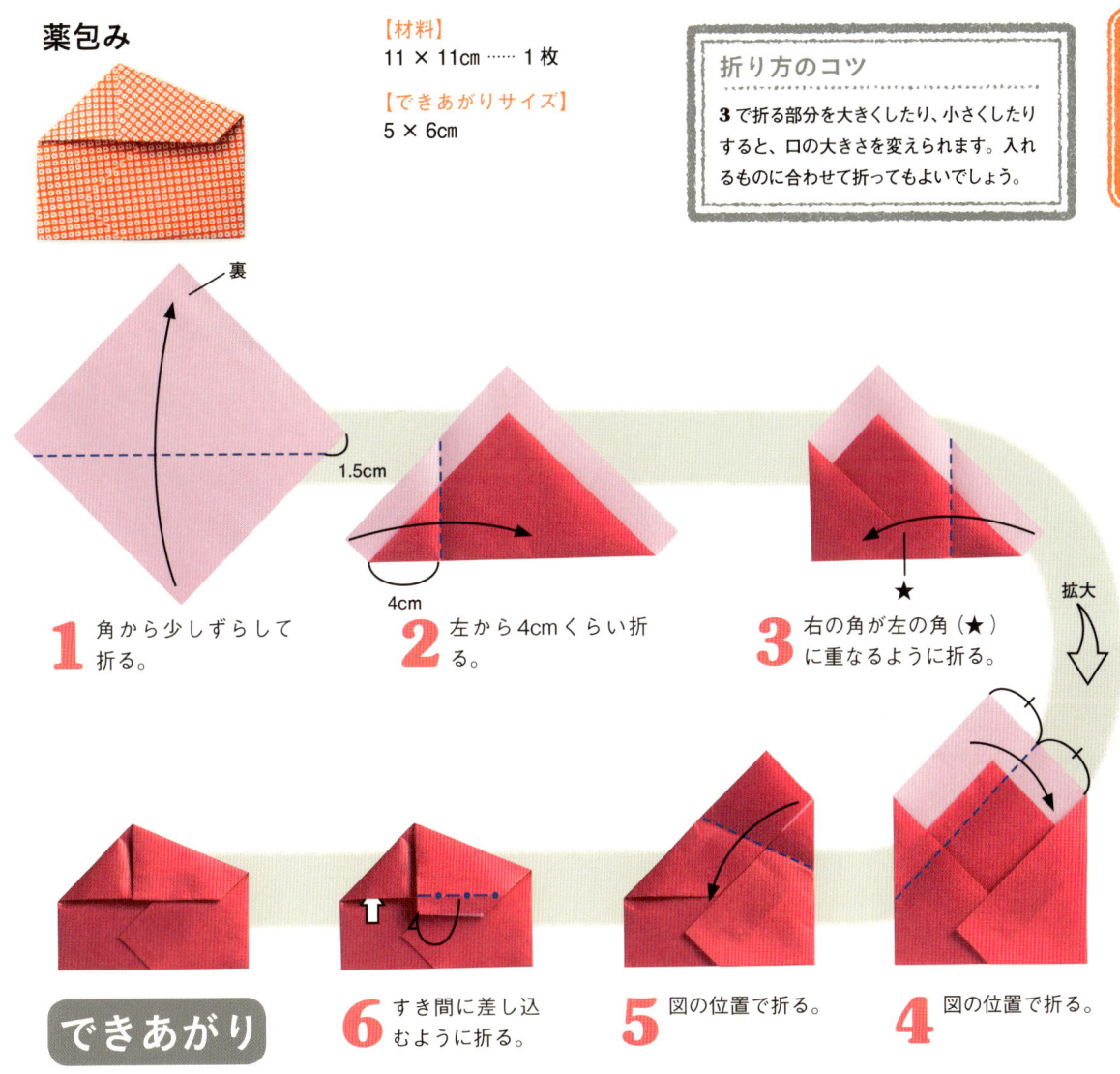

卍包み

【材料】
11 × 11㎝ …… 1 枚
12 × 12㎝ …… 1 枚

【できあがりサイズ】
7 × 7㎝

1 2枚の紙の中心を合わせて、のりで貼る。

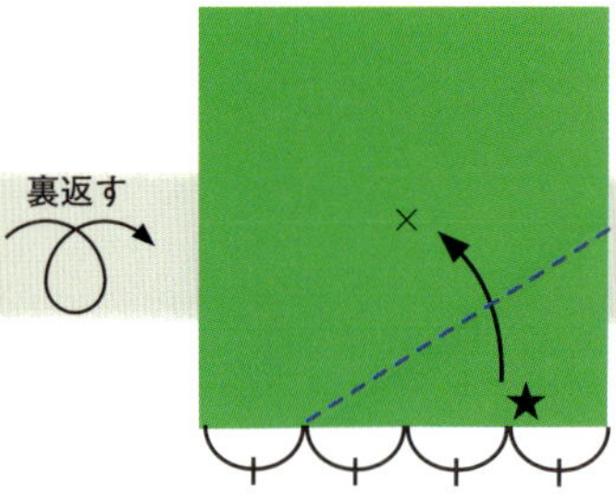

2 ★を中心に合わせて折る。

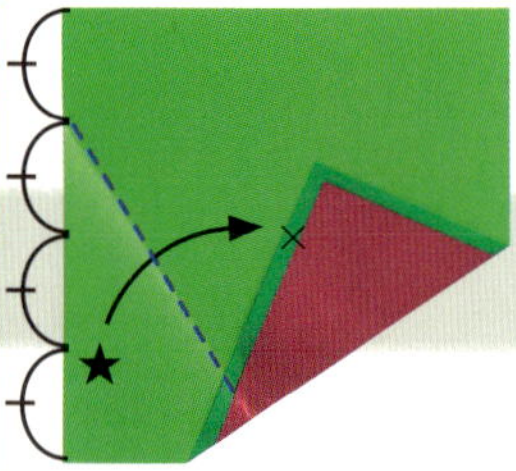

3 2と同様に折る。

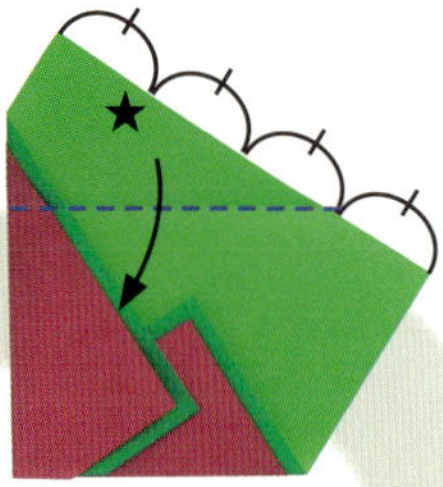

4 3と同様に折る。

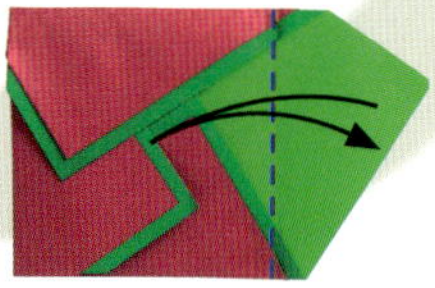

5 図の位置に折り筋をつける。

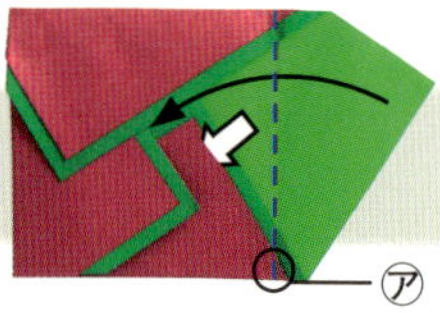

6 間を開いて中に入れる。㋐の部分は中割り折り（P.8）の要領で折る。

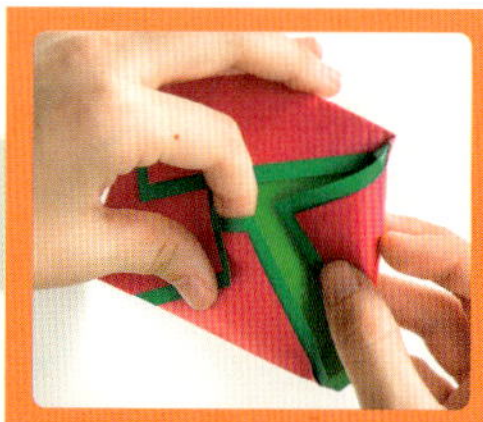

中に入れているところ。

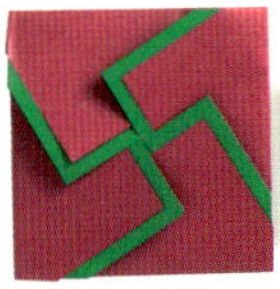

できあがり

Arrange　質感の違う紙を組み合わせる

【材料】
11 × 11㎝ …… 1 枚
12 × 12㎝ …… 1 枚

【できあがりサイズ】
7 × 7㎝

【作り方】
紙を貼り合わせるとき、のりの量は控えめに。折り方は基本の卍包みと同じです。

卍包みは2枚の紙を重ねて折るので、組み合わせる紙の質感や色によって表情が変わります。写真のように同じ紙の組み合わせでも、色を変えるだけで、かわいらしくもシックにもなります。紙の組み合わせによるアレンジを楽しみましょう。日本古来のかさねの色目を意識して、季節感を演出するのも素敵です。

封筒（2種）

急に必要になったとき、お気に入りの紙で手紙を送りたいとき、
さっと折れる封筒です。便せんで折って渡してもよいでしょう。

封筒(A)

【材料】
21 × 29.5㎝ …… 1 枚

【できあがりサイズ】
9 × 15㎝

折り方のコツ

シンプルな折り方なので、あまり紙を選びませんが、やわらかな紙のほうが、**2** で紙を差し込むとき楽にできます。

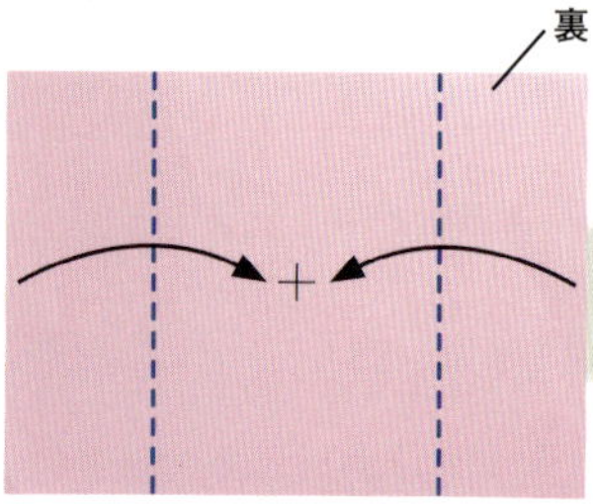

1 左右を中心に合わせて折る。

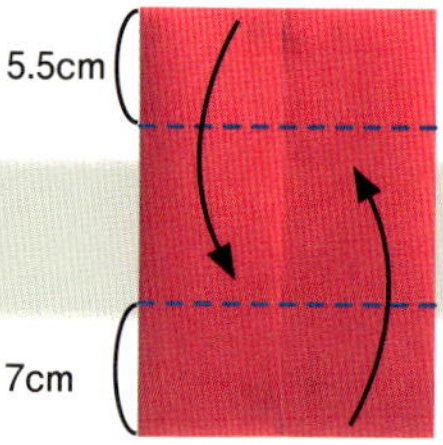

2 図の位置で折り、上のすき間に下を差し込む。

差し込んでいるところ。

できあがり

封筒(B)

【材料】
20.6 × 28.2㎝ …… 1 枚

【できあがりサイズ】
9 × 14㎝

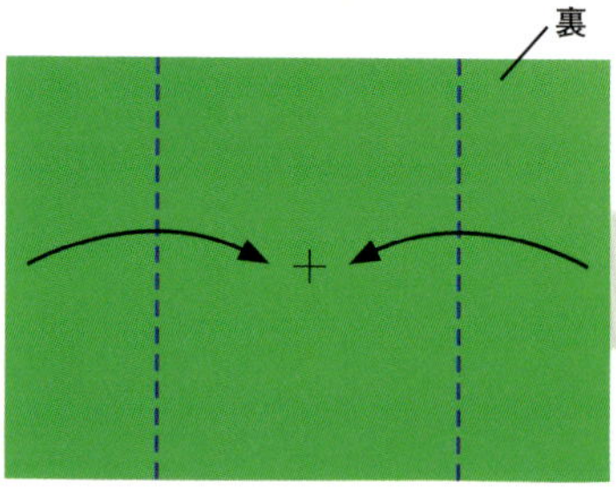

1 左右を中心に合わせて折る。

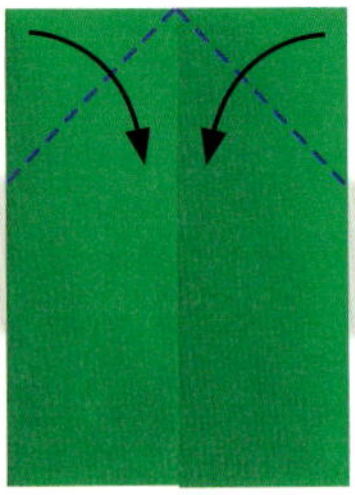

2 図の位置で折る。

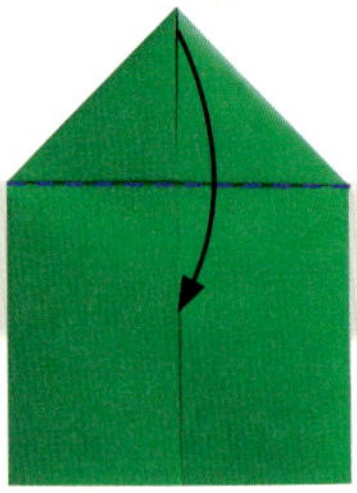

3 図の位置で折る。

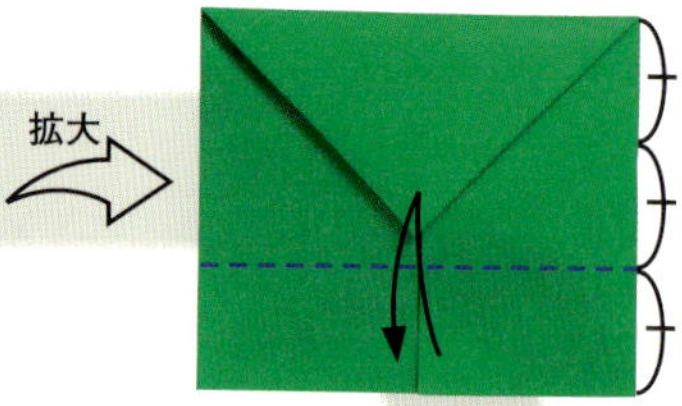

4 図の位置に折り筋をつける。

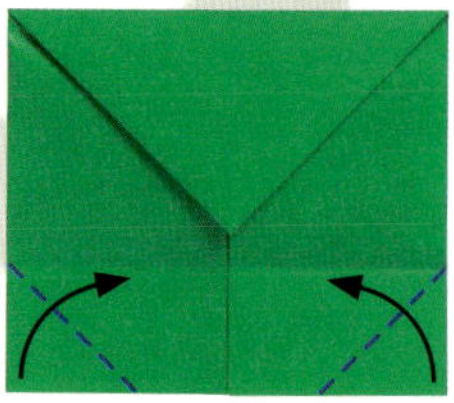

5 図の位置で折る。

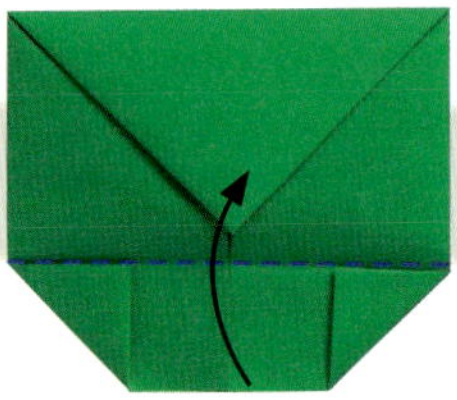

6 **4** の折り筋で折り、下のすき間に上を差し込む。

差し込んでいるところ。

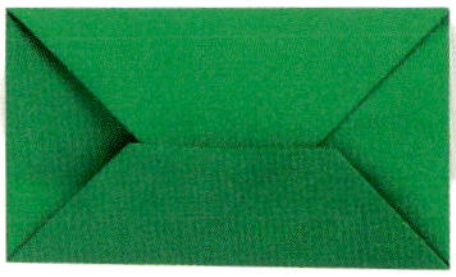

できあがり

豆知識

◆定形郵便と定形外郵便

手作りの封筒を郵便で出すときは、サイズなどに注意しましょう。
【定形郵便】
短辺9～12cm×長辺14～23.5cm以内
厚さ：1cm以内　重量：50g以内
上記に当てはまらない場合、定形外郵便となります。
封筒のサイズと重さをはかってから、必要な金額の切手を貼って出しましょう。

◆切手の貼り方

縦長の封筒は左上、横長の封筒は右上に貼るのが正式です。

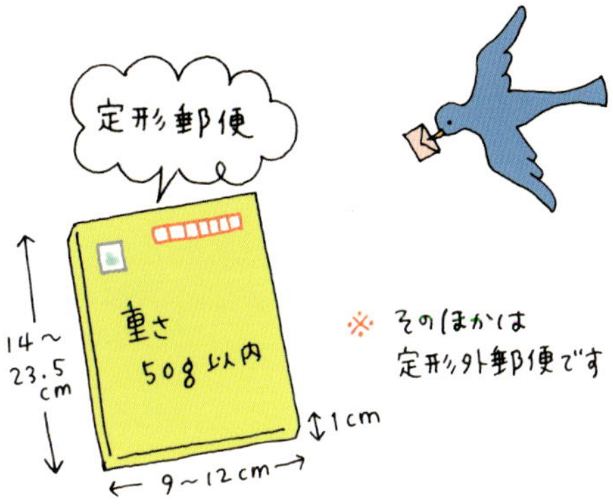

心くばりのコツ　便せんの折り方

封筒に便せんを入れるときは、折り方と入れる向きに気をつけましょう。

洋封筒

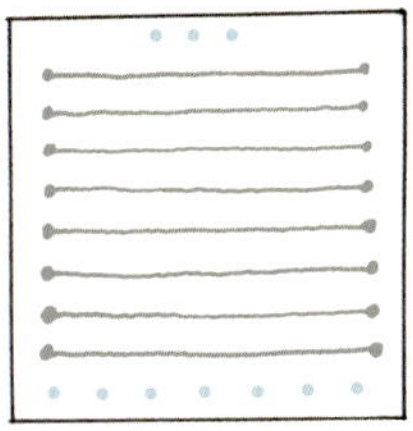

1 手紙の書き出しが左上にくるように置く。

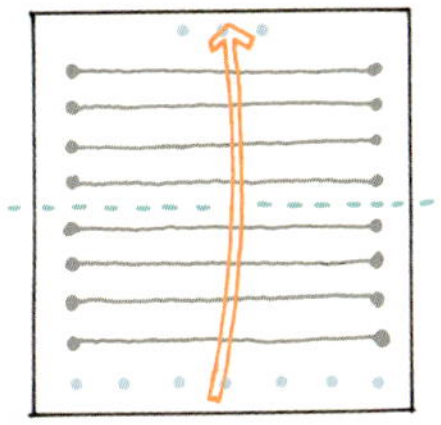

2 下から上へ半分に折る。

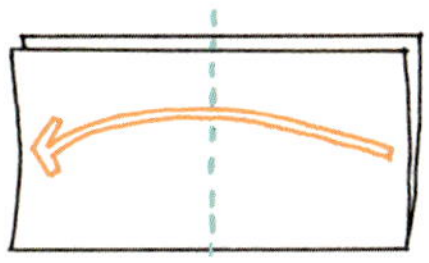

3 さらに右から左へ半分に折る。

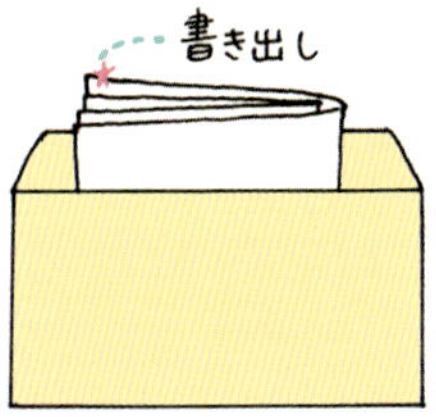

4 手紙の書き出しが左上になるように入れる。

和封筒

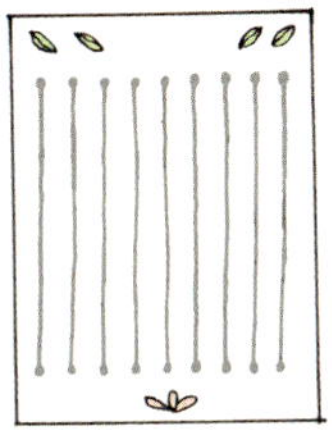

1 手紙の書き出しが右上にくるように置く。

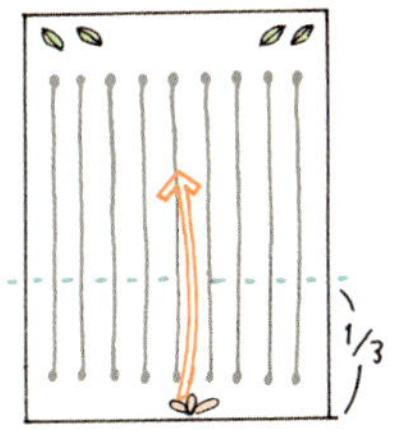

2 下から上へ3分の1折る。

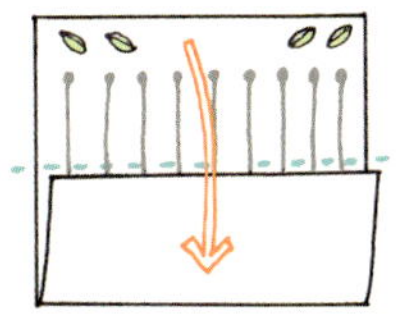

3 3分の1を上から下に折り重ねる。

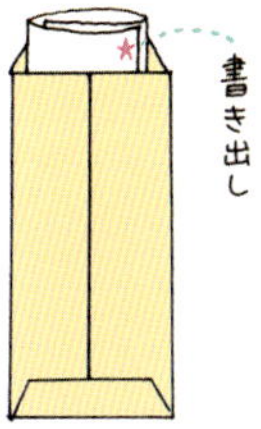

4 手紙の書き出しが右上になるように入れる。

カードケース（2種）

ふたつきタイプとふたなしタイプは用途によって使い分けましょう。定期入れや名刺入れとしても使えます。

原案（ふたつき） 冨田登志江、原案（ふたなし） 藤田文章、アレンジ（ふたなし） 中島進

カードケース（ふたつき）

【材料】
中：21 × 28.4cm …… 1 枚
外：21 × 28.4cm …… 1 枚

【できあがりサイズ】
7 × 11cm

折り方のコツ

しっかりした厚めの紙で折ると、耐久性があり長く使用できます。コーティング加工された紙なら水や汚れにも強いです。

中

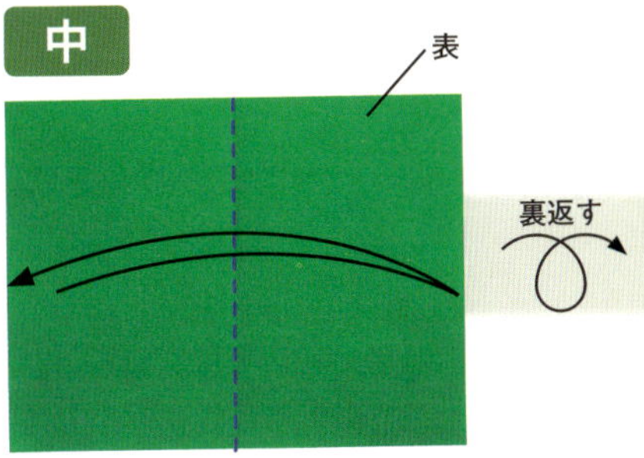

1 半分に折り筋をつける。

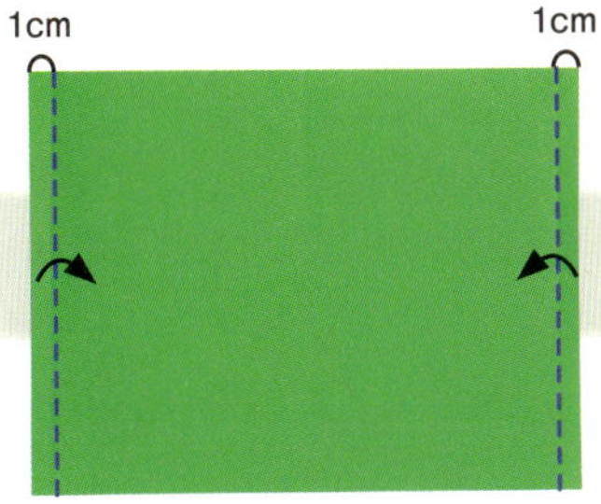

2 両端を折る。

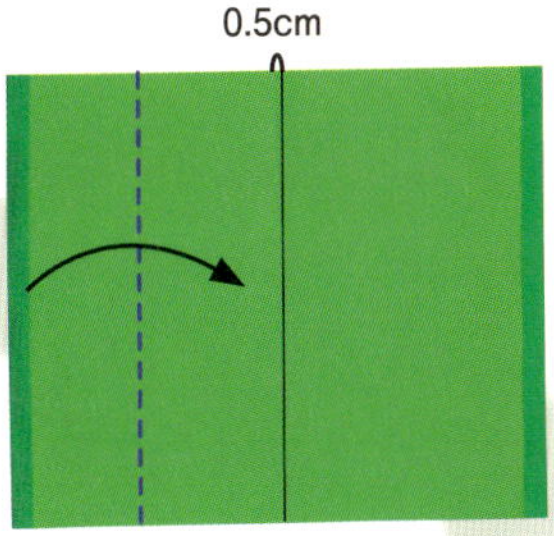

3 中央から0.5cm離して折る。

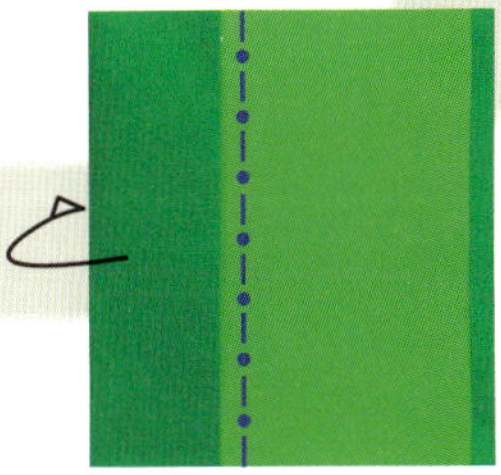

4 1の折り筋の位置で折る。

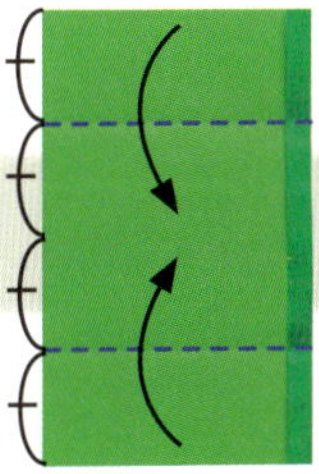

5 図の位置で折る。

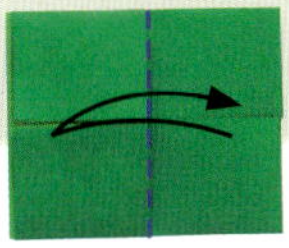

6 図の位置に折り筋をつける。

できあがり

外

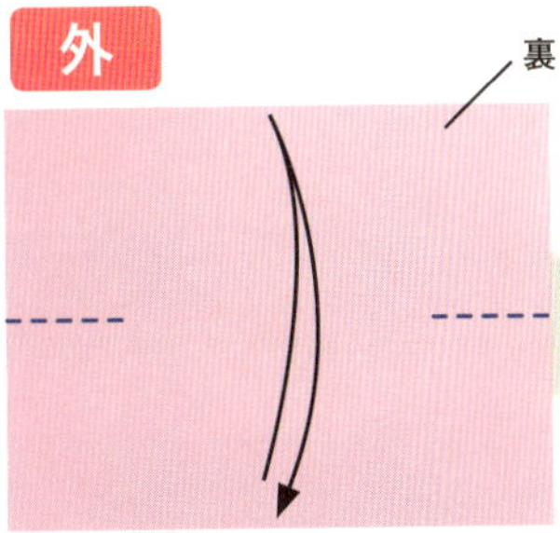

1 図の位置に軽く折り筋をつける。

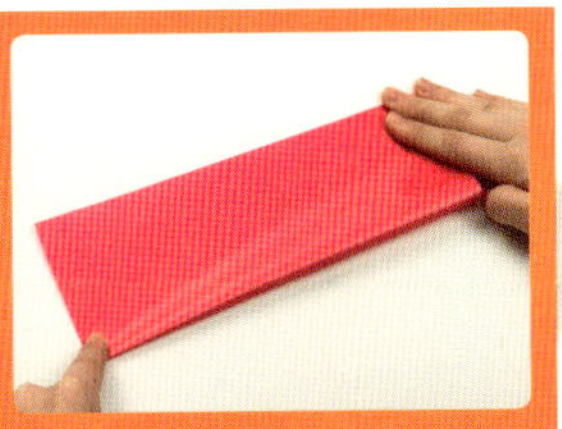

折り筋をつけているところ。

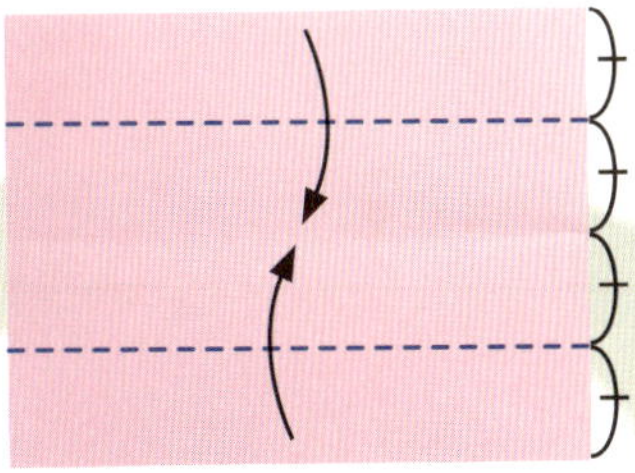

2 中心に合わせて折る。

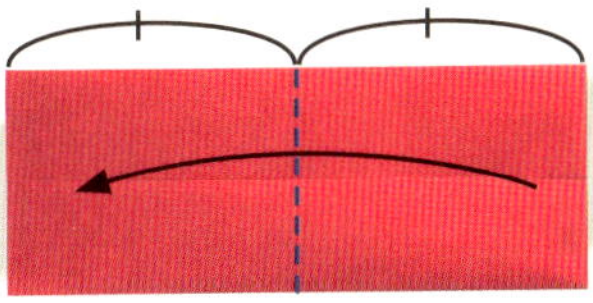

3 半分に折る。

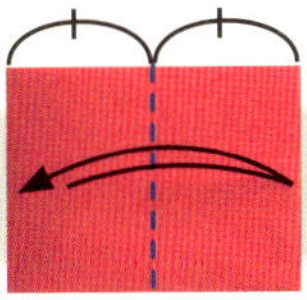

4 さらに半分に折ってから、2の状態に戻す。

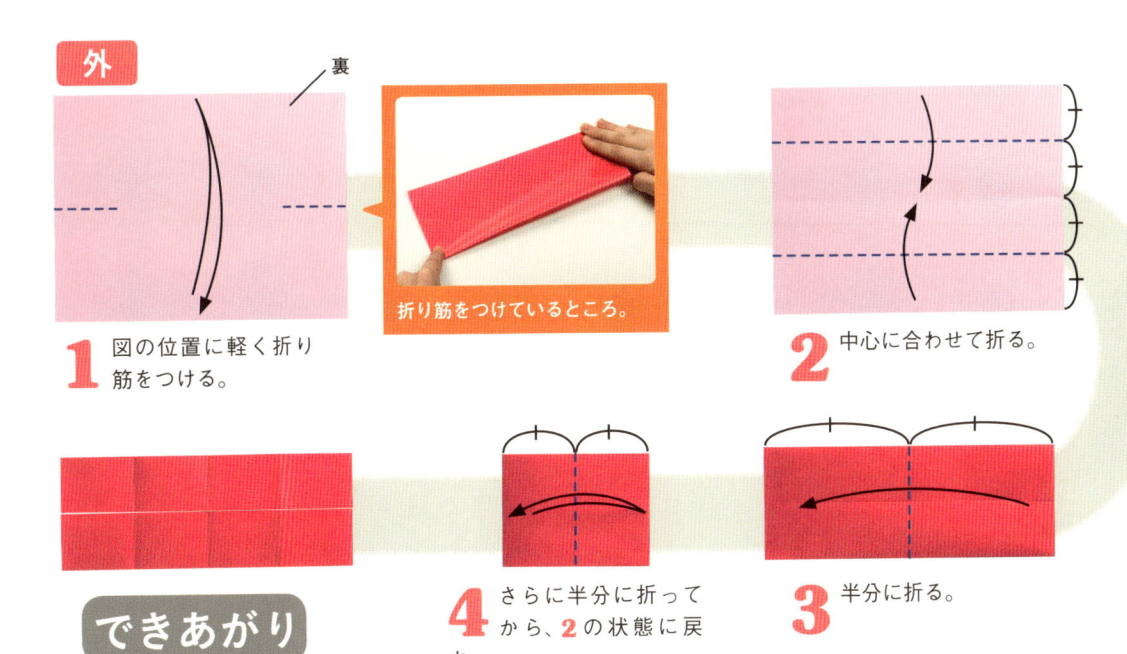

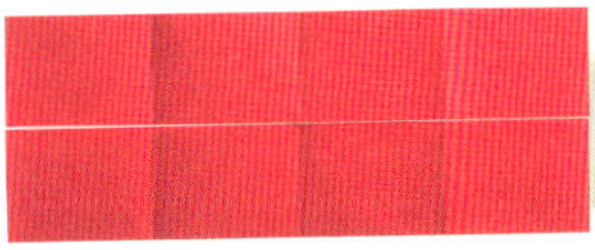

できあがり

組み立て

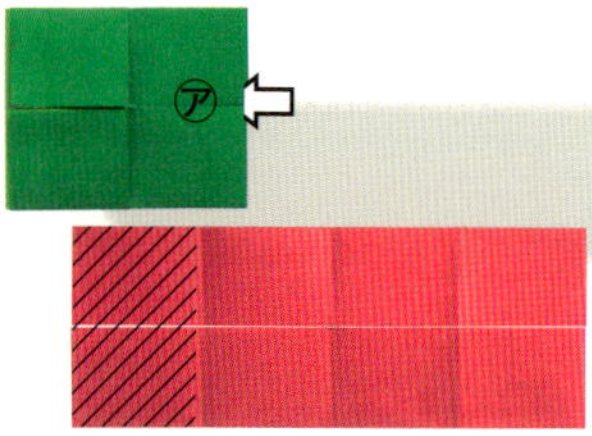

1 斜線部分を㋐のすき間に差し込む。

2 差し込んでいるところ。

3 反対側も同様に上から2枚目の間を開いて差し込む。

拡大

4 差し込んだところ。

できあがり

カードケース（ふたなし）

【材料】
22.8 × 28.6cm …… 1 枚

【できあがりサイズ】
7 × 10cm

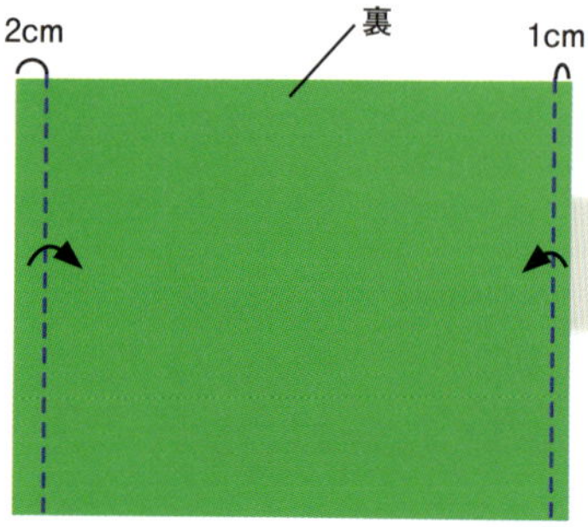

1 両端を図の位置で折る。

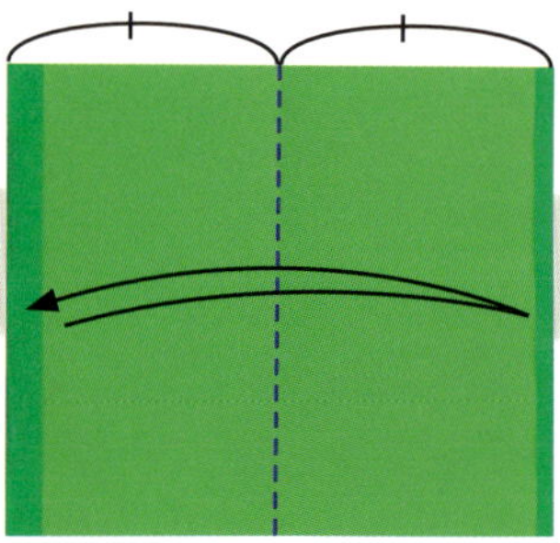

2 半分に折り筋をつける。

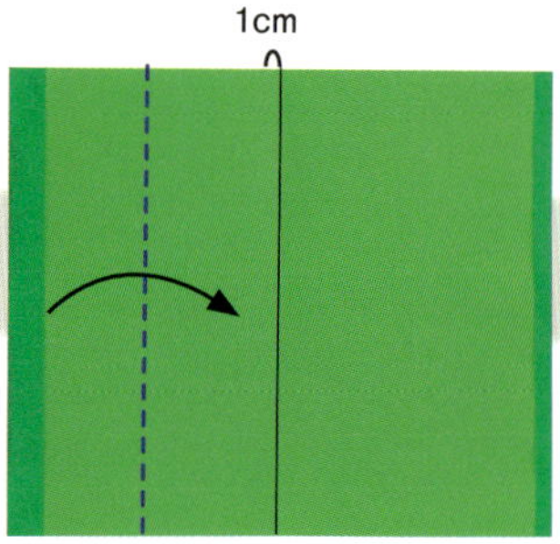

3 中央から1cm離して折る。

次のページへ

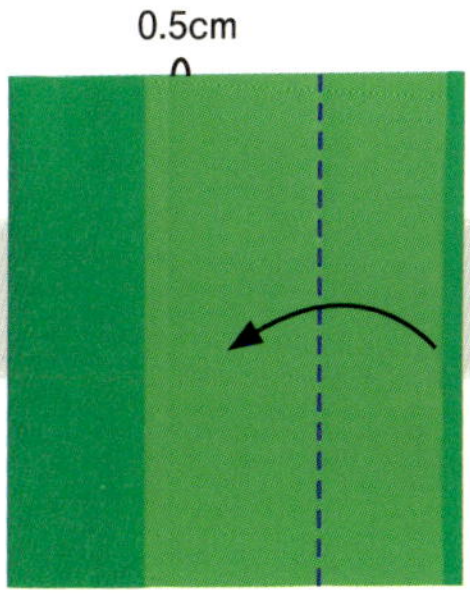

4 中央から0.5cm離して折る。

5 開く。

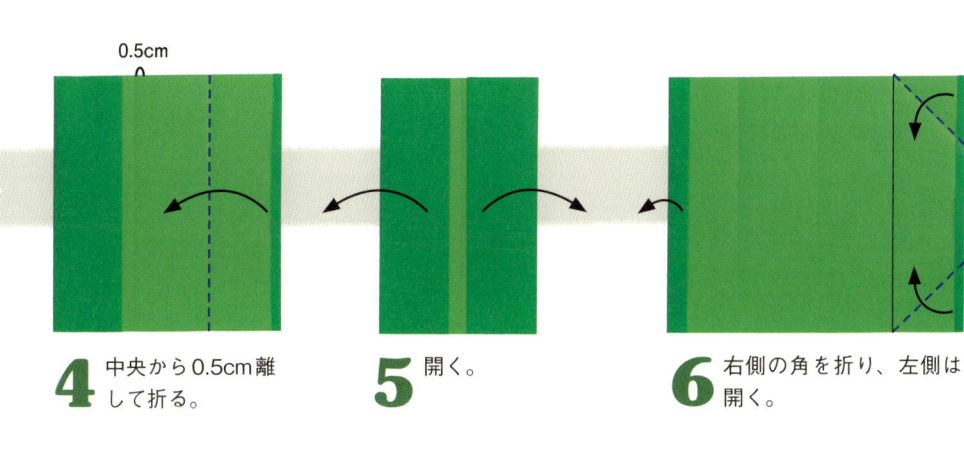

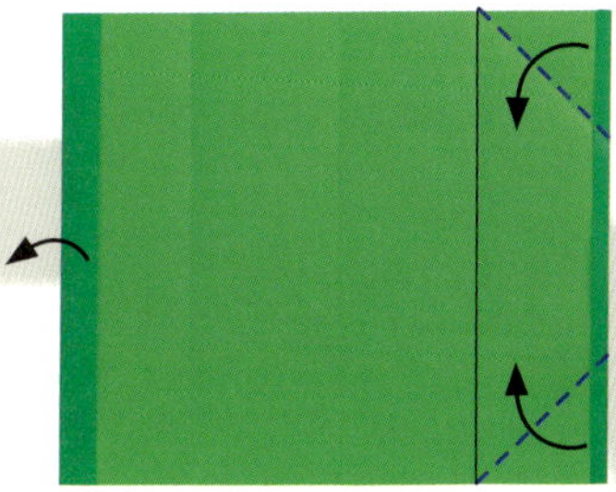

6 右側の角を折り、左側は開く。

7 角を折って、左側を開いたところ。

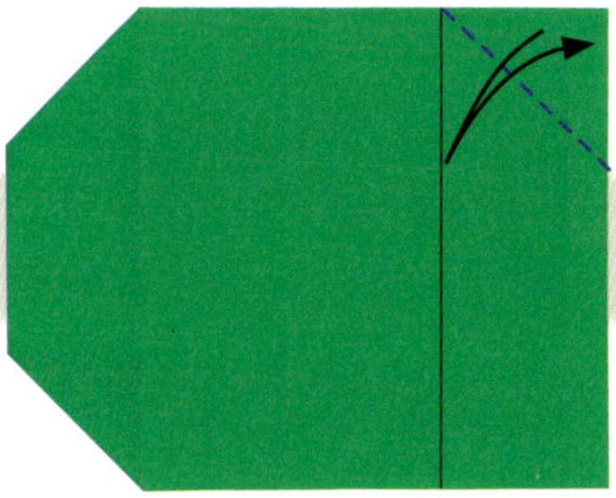

8 図の位置に折り筋をつける。

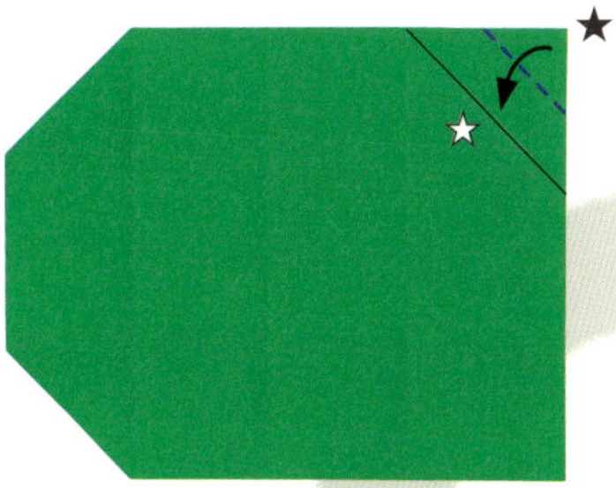

9 ★と☆が合うように折る。

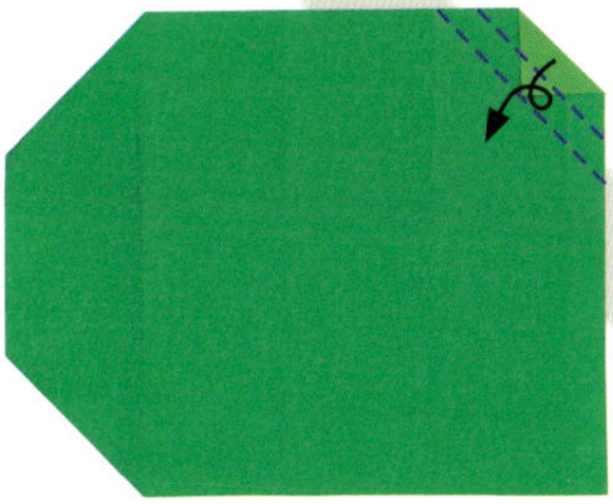

10 図のように巻き折り（P.8）する。

11 巻き折りしたところ。

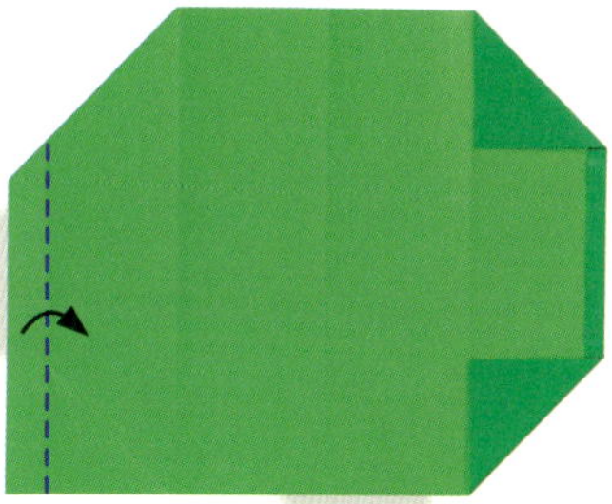

12 1でつけた折り筋で折る。

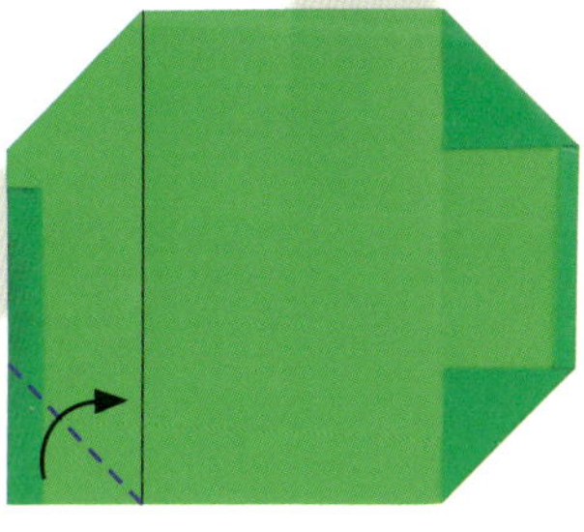

13 角を折る。

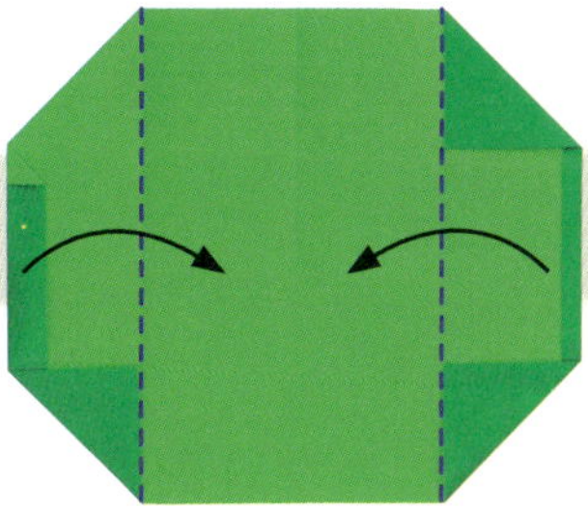

14 左右を折る。

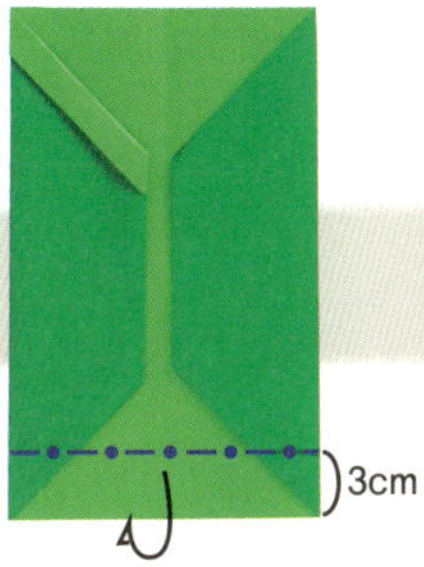

15 図の位置で山折りにする。

次のページへ

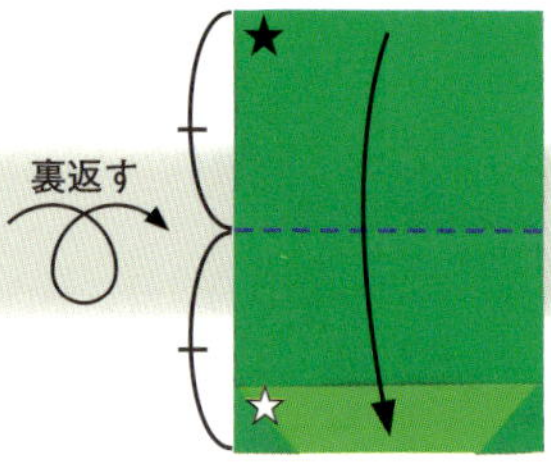
裏返す

16 半分に折り、☆に★を差し込む。

差し込んでいるところ。

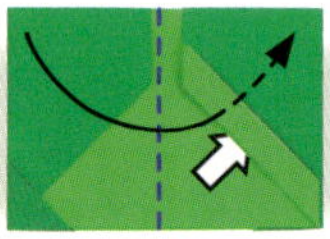

開いているところ。

17 さらに**2**でつけた折り筋で折り、間を開いて差し込む。

向きを変える

拡大

18 差し込んだところ。

19 もうひとつの角に端を差し込む。

向きを変える

できあがり

心くばりのコツ

小林です。
よろしくお願い
いたします。

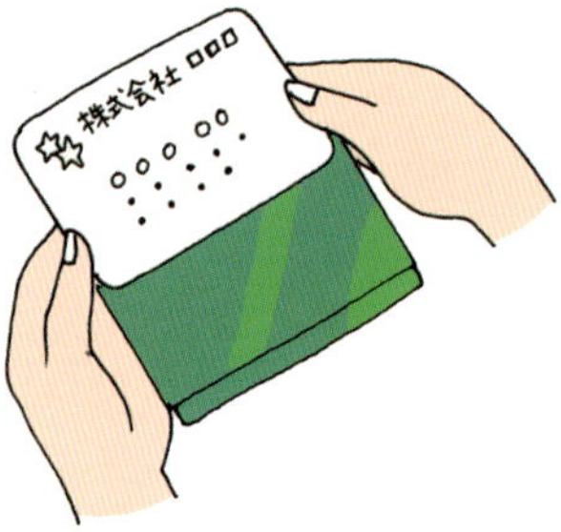
株式会社

名刺を渡す

名刺を渡すときは、次のように渡すと好印象になります。
文字がよく見えるように両手で名刺を持ち、「○○です。よろしくお願いいたします」と名乗って差し出します。目上の相手から先に名刺を差し出されたら、「お先にいただきます」と言って受けとり、急いで自分も名刺を差し出しましょう。

名刺を受けとる

相手から名刺を受けとるときは、次のことに気をつけましょう。
相手が名刺を差し出したら、相手の名前や会社名に指をかけないようにして両手で受けとります。名刺を持ったまま手を胸より下げないよう注意して、名前を確認して読めないときは、あとで聞くことにならないよう尋ねておくとよいでしょう。

ティッシュケース（2種）

ポケットティッシュをそのまま持ち歩くのは味気ないものですが、
折り紙なら、その日の気分やハンカチと合わせることができます。

ティッシュケース(A)

【材料】
25.5 × 25.5㎝ …… 1 枚

【できあがりサイズ】
8 × 13㎝

折り方のコツ

9 で折る位置は、正確に測らずに、中に入れるポケットティッシュを紙の上に置き、それに合わせて決めてもよいです。

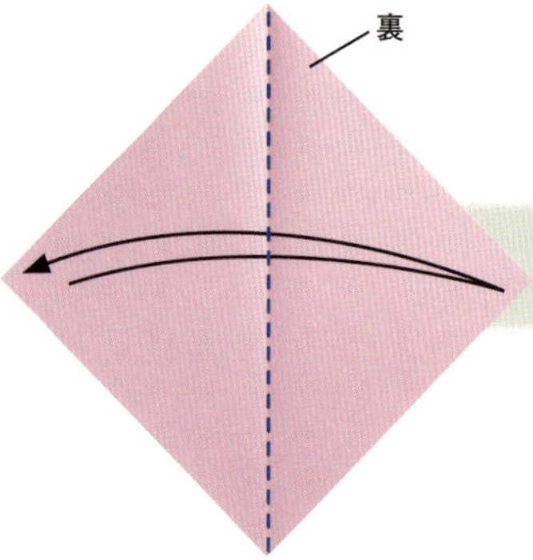

1 半分に折り筋をつける。

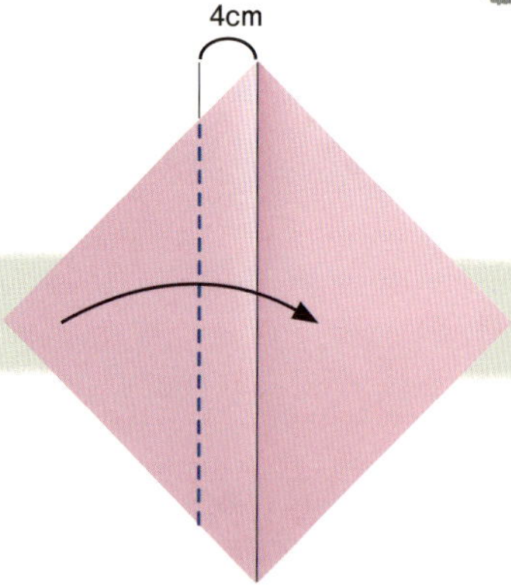

2 図の位置で折る。

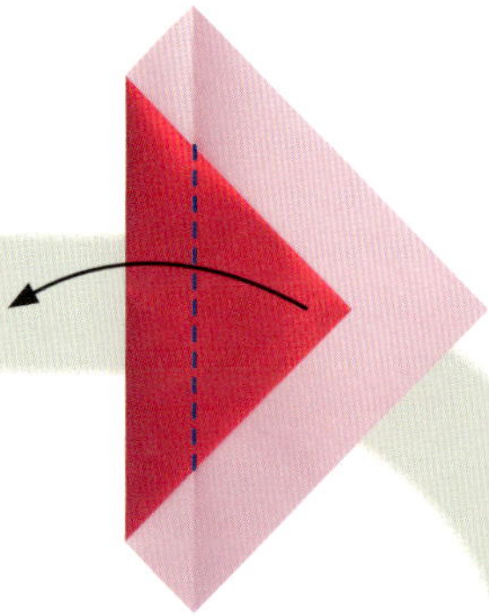

3 上の1枚を図の位置で折る。

4 折ったところ。反対側も同様にする。

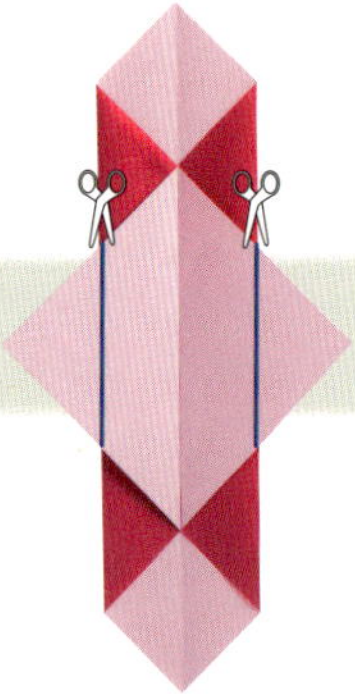

5 折ったところ。端を切る。

6 上の1枚を左にたおす。

7 上の1枚を巻き折り（P.8）する。

8 反対側も同様にする。

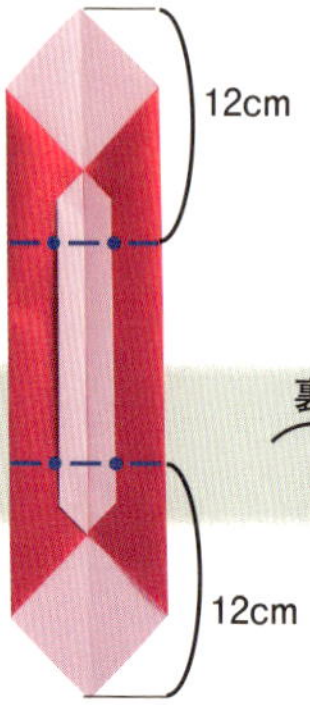

9 図の位置で山折りし、下のすき間に上を差し込む。

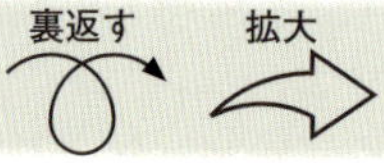

10 差し込んだところ。

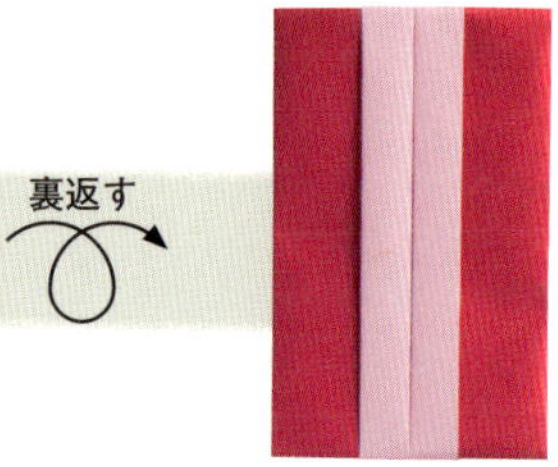

できあがり

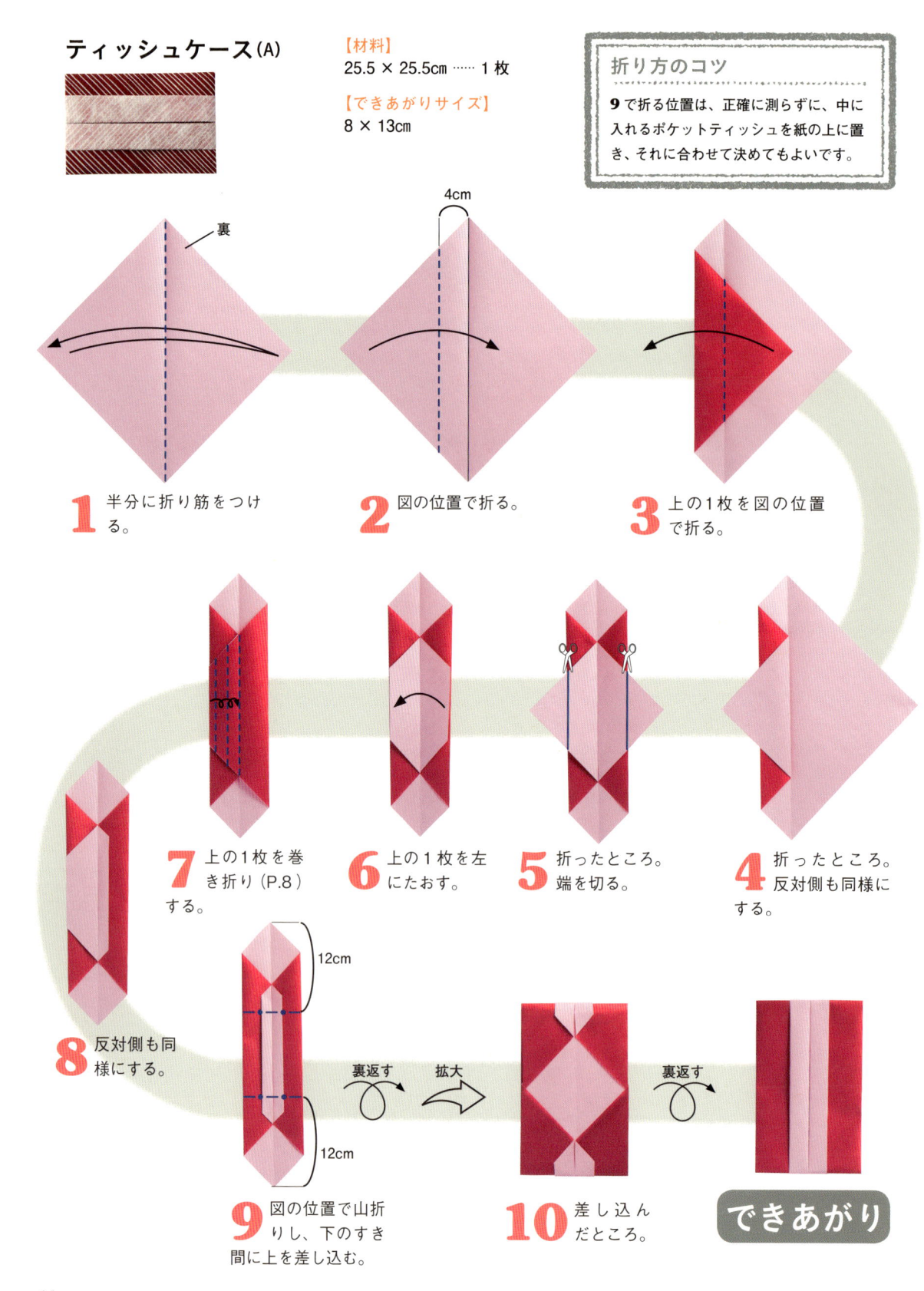

ティッシュケース(B)

【材料】
25.5 × 25.5cm …… 1 枚

【できあがりサイズ】
8 × 13cm

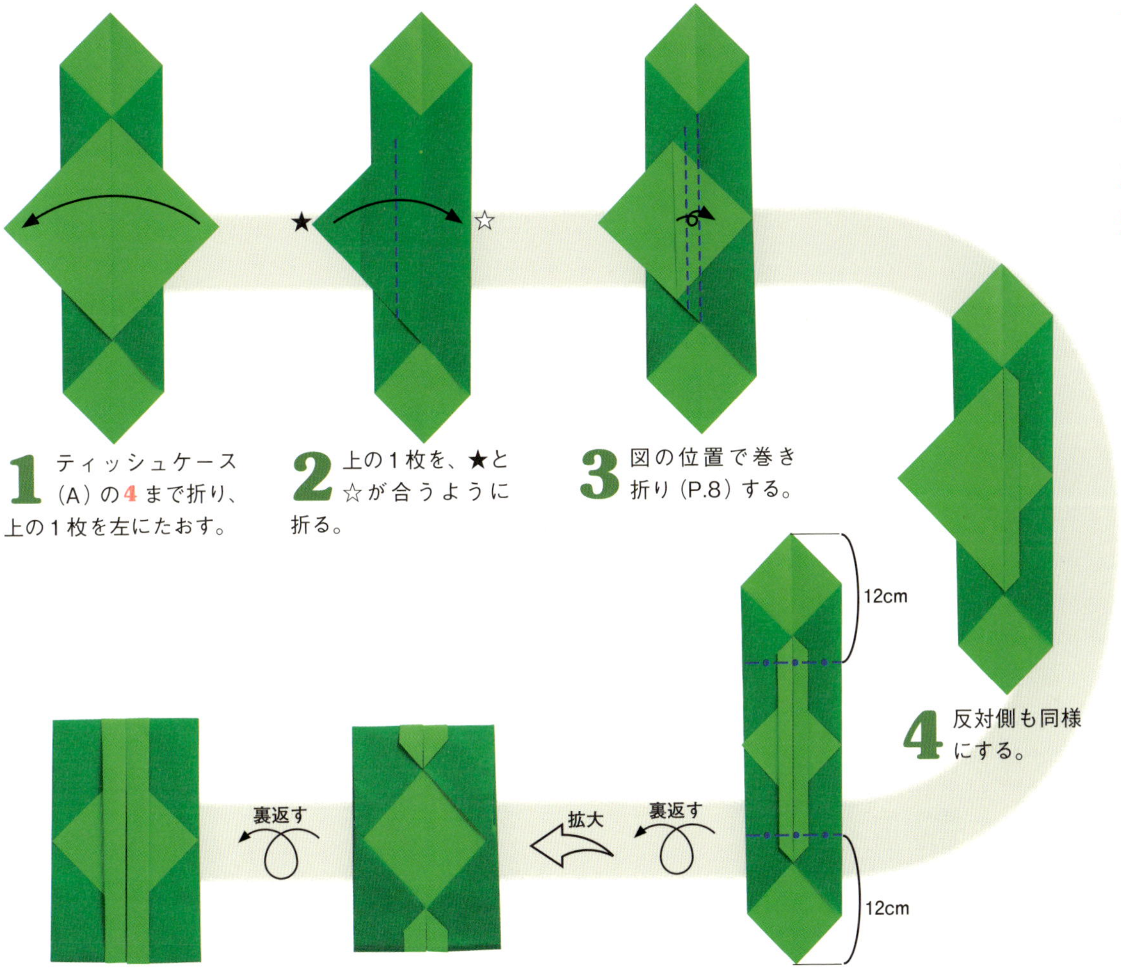

1 ティッシュケース（A）の**4**まで折り、上の1枚を左にたおす。

2 上の1枚を、★と☆が合うように折る。

3 図の位置で巻き折り（P.8）する。

4 反対側も同様にする。

5 図の位置で山折りし、下のすき間に上を差し込む。

6 差し込んだところ。

できあがり

豆知識

ティッシュペーパーには実は表裏があり、なめらかな面が表、ざらっとした面が裏です。裏面と裏面を合わせて2枚重ねて、裏表両方とも肌触りがよくなるように工夫されています。2枚重ねでより丈夫になり、また間に空気が入ることでふんわりとした仕上がりになっています。

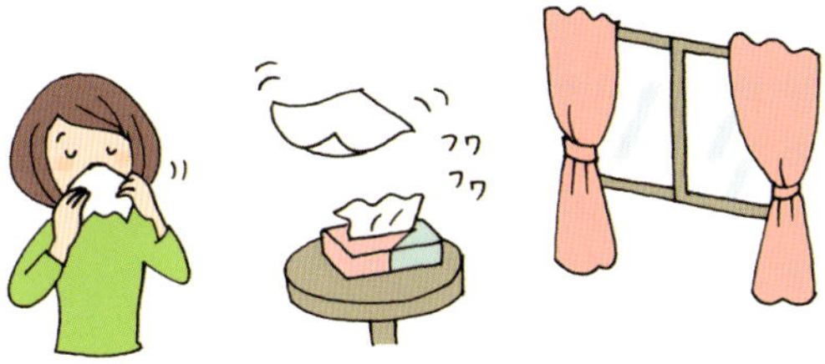

バッグ

底の部分が広くまちもあるので、お菓子の箱なども入れられます。
リボンのかけ方を変えれば、手提げにもなるので持ち運びにも便利。

Arrange [P.67]

 原案　湯浅信江

バッグ

【材料】
49 × 30.4cm …… 1 枚
リボン：幅 1.6 × 55cm …… 1 本

【できあがりサイズ】
（10 × 13） × 20cm

折り方のコツ

中に物を入れて持ち運ぶので、重さに耐えられるように厚めで丈夫な紙で折りましょう。

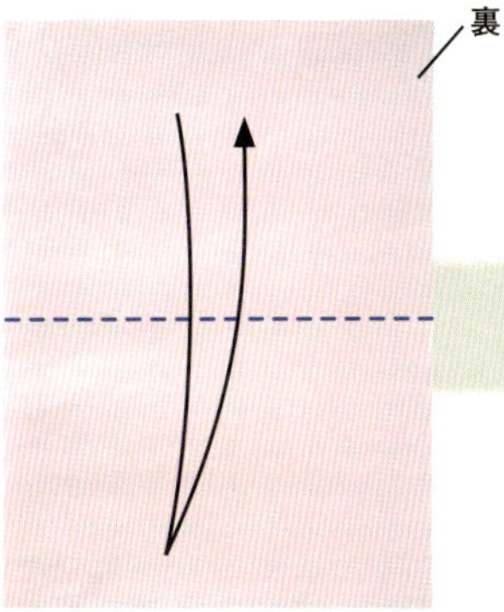

1 半分に折り筋をつける。

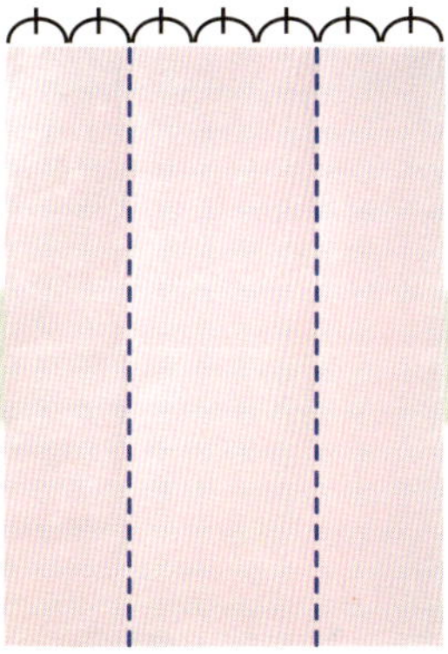

2 図の位置に折り筋をつける。

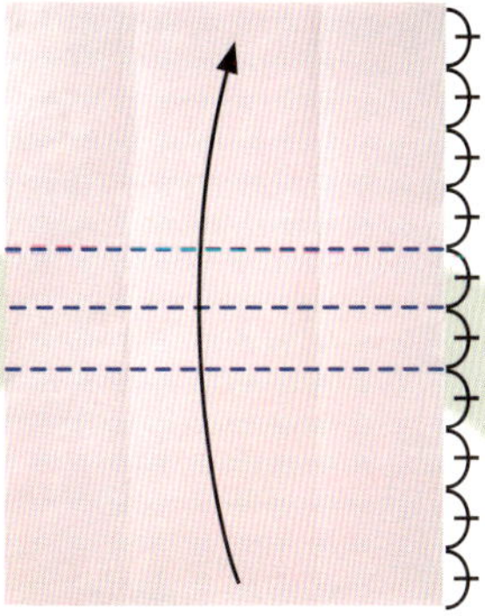

3 図の位置に折り筋をつけ、半分に折る。

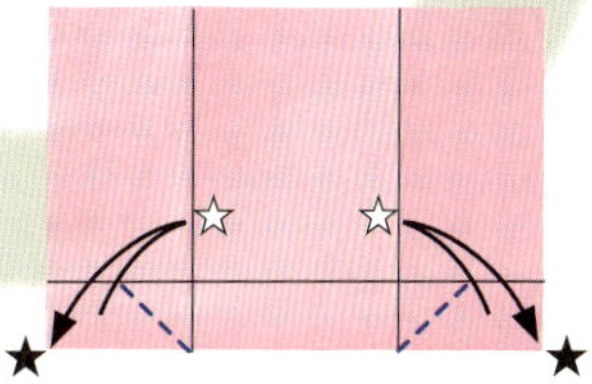

4 ★と☆が合うように半分だけ折り筋をつける。

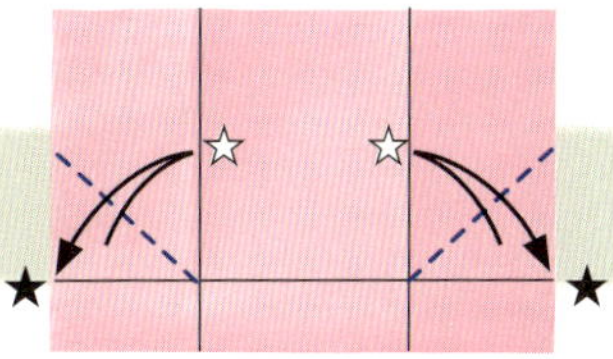

5 ★と☆が合うように折り筋をつけて、開く。

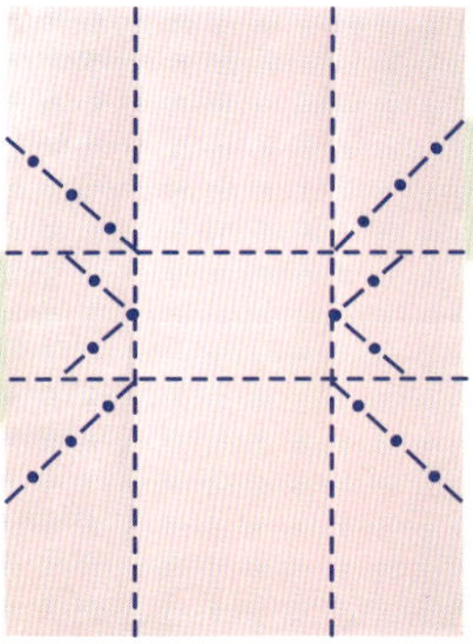

6 図のように折り筋をつけ直し、折り筋を使ってたたむ。

端と端をたたむ。

たたんだ部分を持って合わせる。

※上の部分に2つ穴を開けてリボンを通し結ぶ。

できあがり

Arrange
手提げバッグに

【材料】
62 × 46.5 cm …… 1 枚
リボン：幅 1.6 × 210 cm …… 1 本

【できあがりサイズ】
（12 × 20） × 25 cm

【作り方】
上の部分を重ねて2つ穴を開けます。リボンの両端をそれぞれ穴に通し、持ち手になる分の長さを残してそのまま外側を1周させ、最初の穴に通して結んだら完成です。

花包み

自分で育てた花をおすそわけ……。やわらかな和紙を使うと
フリルのように華やかに、檀紙などを使えばきちんとした趣きが出ます。

花包み

【材料】
外側：26.5 × 40cm …… 1 枚
内側：25.5 × 39cm …… 1 枚

【できあがりサイズ】
27 × 22cm

折り方のコツ

6や8、9で折る位置は目安です。紙の材質や柄、包む花に合わせて、お好みの位置で折ってかまいません。

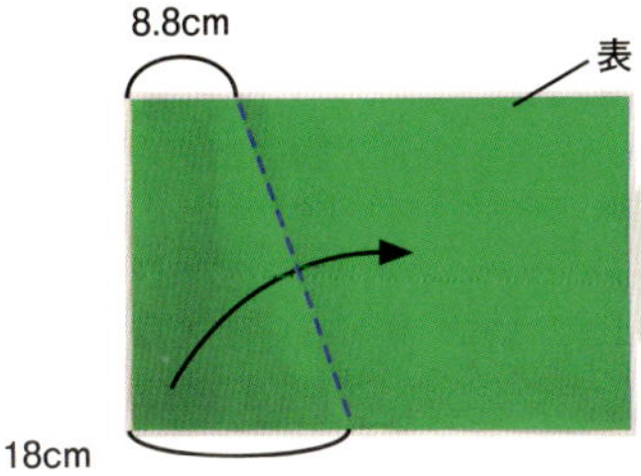

1 内側が重なるように紙を2枚重ねて貼り、図の位置で折る。

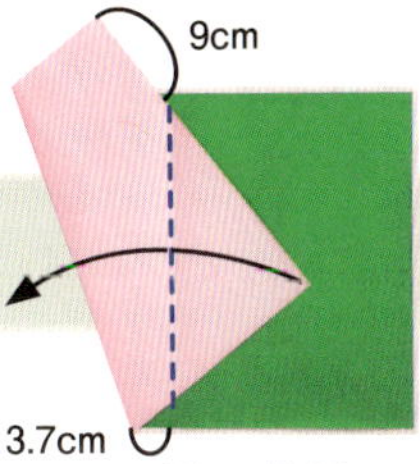

2 図の位置で折る。

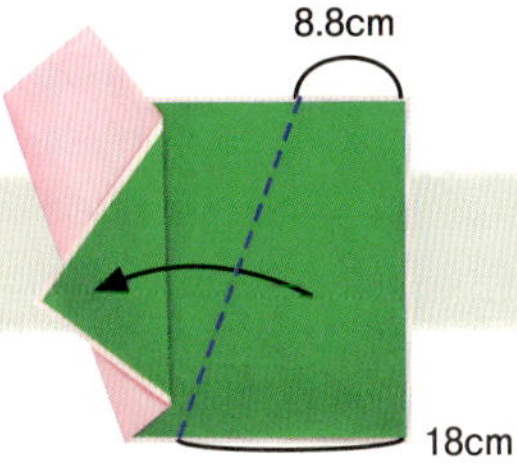

3 左側と同様に折る。

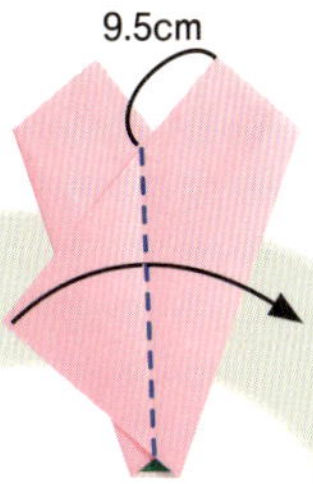

4 図の位置で折る。

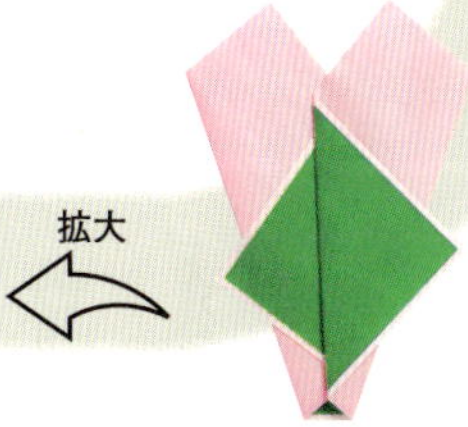

5 折ったところ。

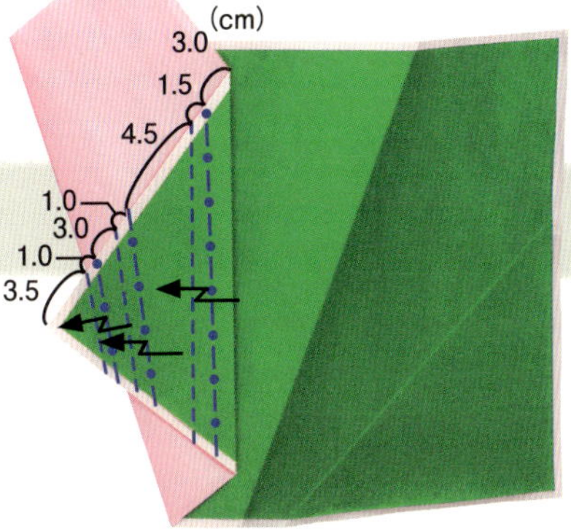

6 右側を開き、左側を図の位置で段折り（P.8）する。

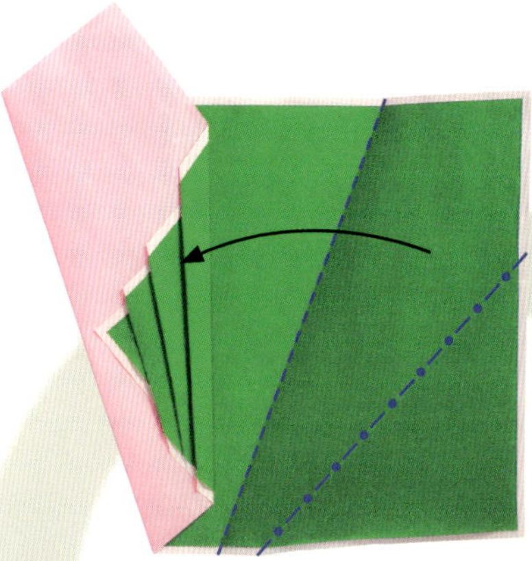

7 折ったところ。6で開いた右側を元に戻す。

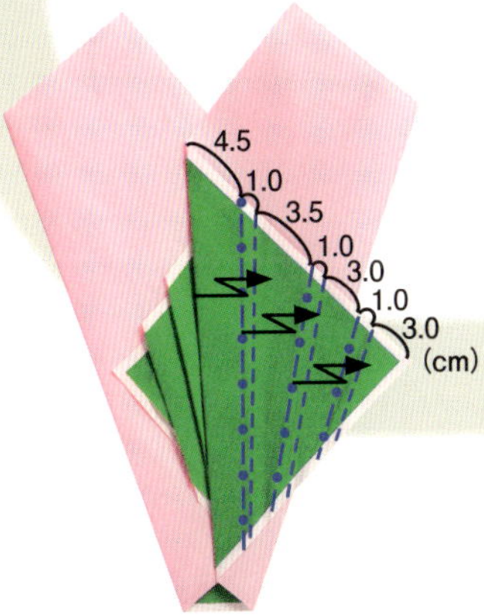

8 右側を図の位置で段折りする。

9 図の位置で山折りにする。包みたい花の長さを確認してから、位置を合わせて折るとよい。

できあがり

鶴の花包み

鶴のモチーフがポイントの花包みです。
茎を支える部分が浅いので、花の根元を束ねてから入れるときれいです。

鶴の花包み

【材料】
51 × 27㎝ …… 1 枚

【できあがりサイズ】
37 × 27㎝

折り方のコツ

ハリのある、ややかための紙が向いています。**4**で折り筋をしっかりつけると、以降の工程がきれいに仕上がります。

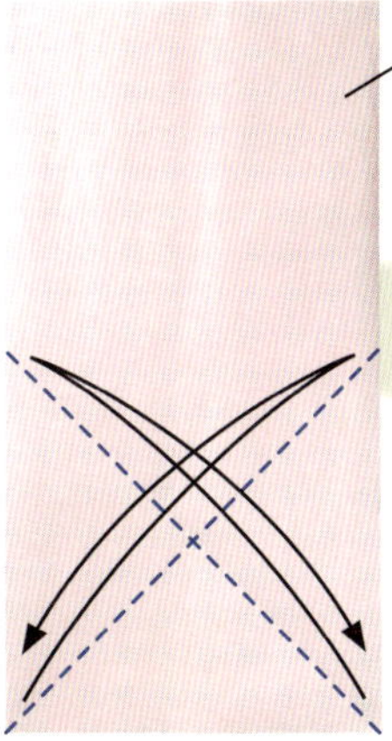

1 図の位置で折り筋をつける。

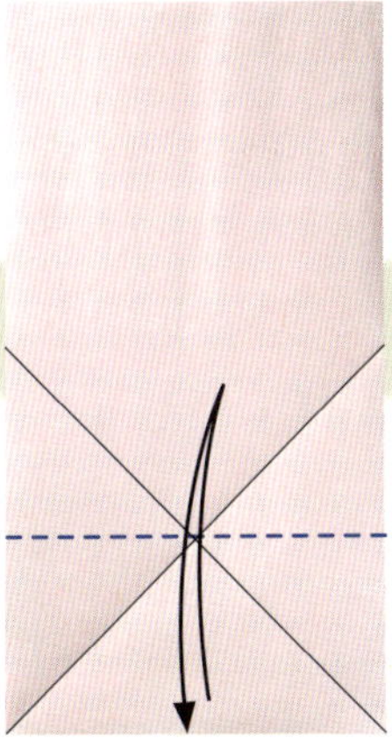

2 **1**の折り筋の交点で折り筋をつける。

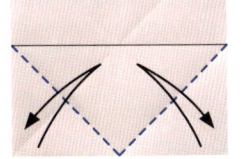

3 **2**の折り筋に合わせて折り筋をつける。

山折りに変えているところ。

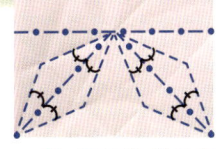

4 図の位置の折り筋を山折りに変えて、谷折りの折り筋もつける。

5 図の折り筋の通りにたたむ。

左右を合わせて倒す。

たたんでいるところ。

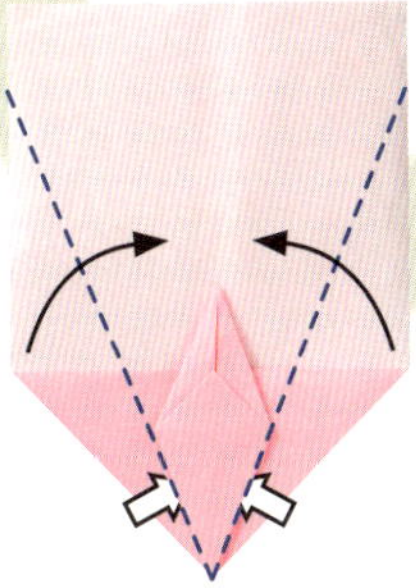

6 図の位置で折り、折った部分はすき間に入れる。

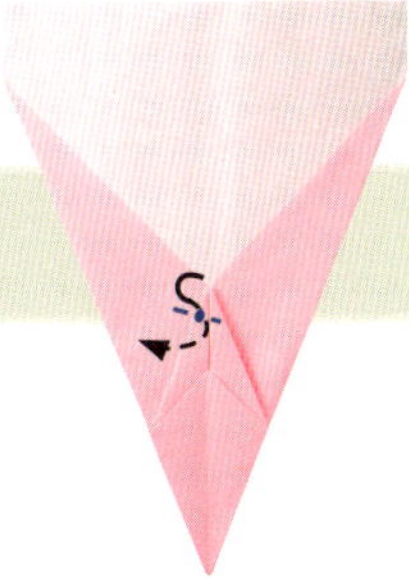

7 中割り折り（P.8）して、鶴の頭を作る。

できあがり

折り紙ラッピング（2種）

大切な人への贈り物は、心を込めてラッピングを。
折り紙の技法を応用したラッピングなら、贈り主の個性も引き立ちます。

アレンジ（ラッピング本：参考作品）　冨田登志江

ラッピング（箱）

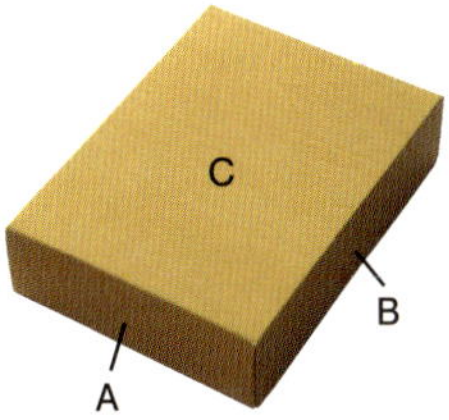

ラッピングする箱

【材料】

51 × 56cm …… 1 枚

※（23×15）×6cmの箱の場合

【できあがりサイズ】

（23.5 × 15.5） × 6.5cm

折り方のコツ

紙の大きさは、包みたいものに合わせて選びます。折り始める前に紙をあてて、サイズを確認しておきましょう。

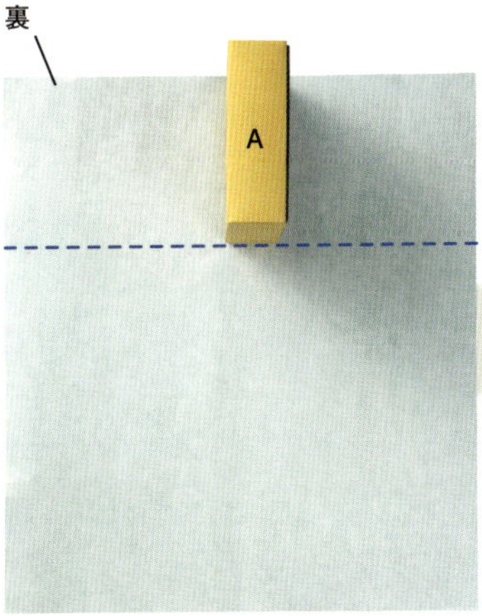

1 箱のA面を縦にして紙の端に合わせて置き、図の位置に折り筋をつける。

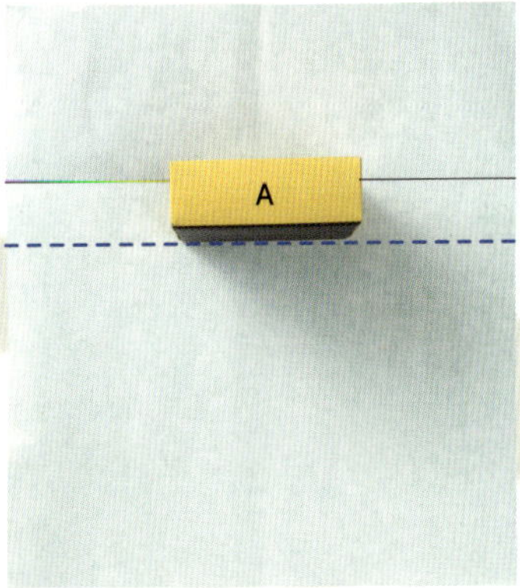

2 **1** の折り筋に合わせてA面を横に置き、図の位置に折り筋をつける。

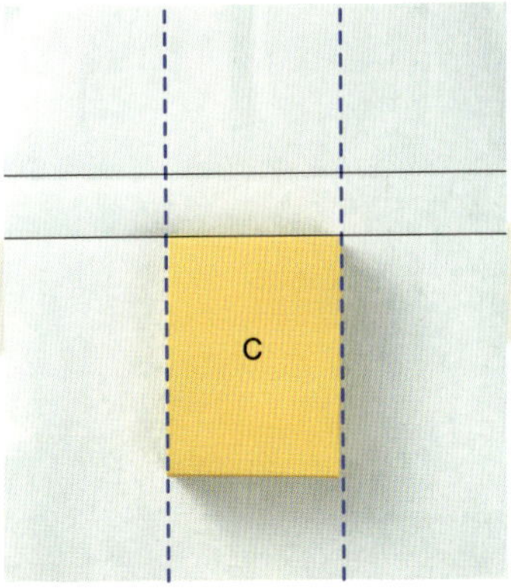

3 **2** の線に合わせて左右中央にC面を置き、図の位置に折り筋をつける。

4 紙を箱の上にかぶせる。

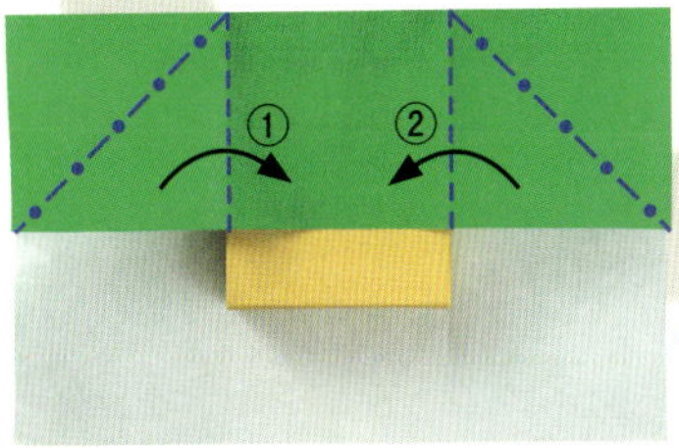

5 角が三角形になるように折り、上を①、②の順番で倒す。

三角形に折っているところ。

6 下も同様に①、②の順番で倒す。

次のページへ

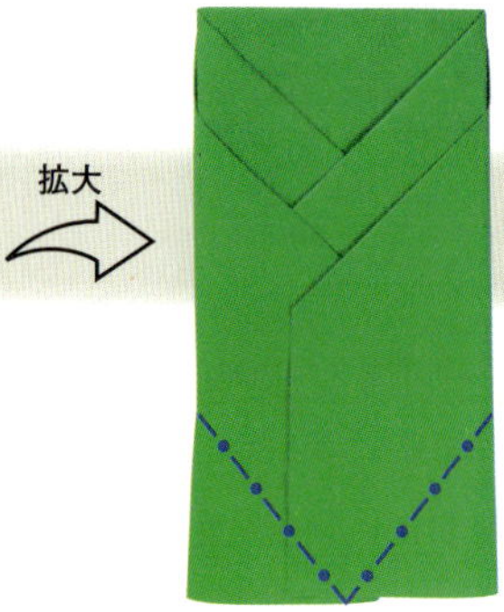

折っているところ。

7 箱の角に合わせて、横からつぶすようにして折る。

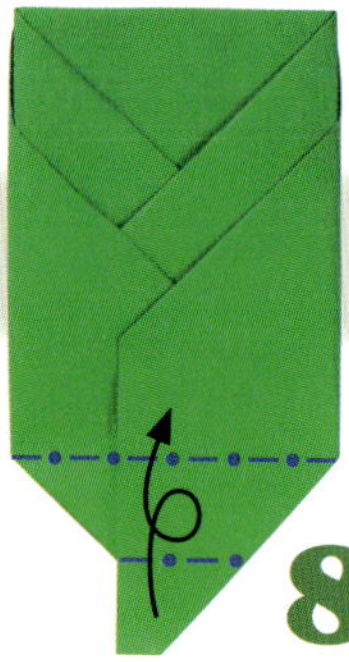

8 下側、上側の順番で巻き折り（P.8）にする。

9 下を巻き折りしたところ。上も同様にする。

10 最後はテープなどでとめる。

できあがり

ラッピング（本）

【材料】
30 × 30㎝ …… 1 枚
※（15×10）×1.5㎝の本の場合

【できあがりサイズ】
（15.5 × 10.5） × 1.5㎝

折り方のコツ

ラッピングペーパーなどの薄手の洋紙は、折りやすい反面、シワも目立ちます。和紙を使う場合は、ハリのあるものを。

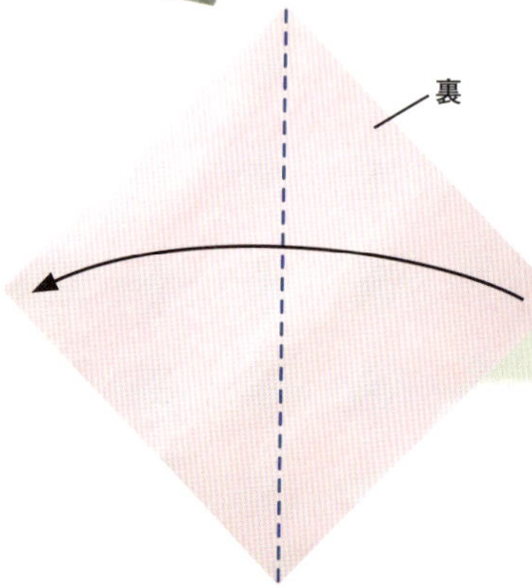

1 半分に折る。

折り筋をつけているところ。

2 図の位置に本を置き、本の形に合わせて折り筋をつけ、開く。

次のページへ

3 開いたところ。図の位置に本を置く。

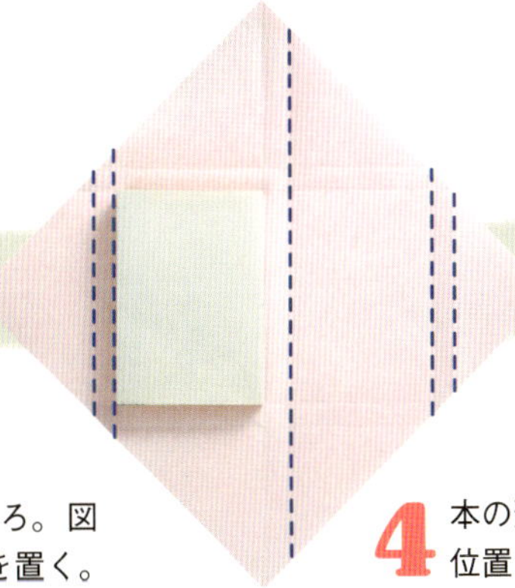

折り筋をつけているところ。

4 本の形に合わせて、図の位置に折り筋をつける。

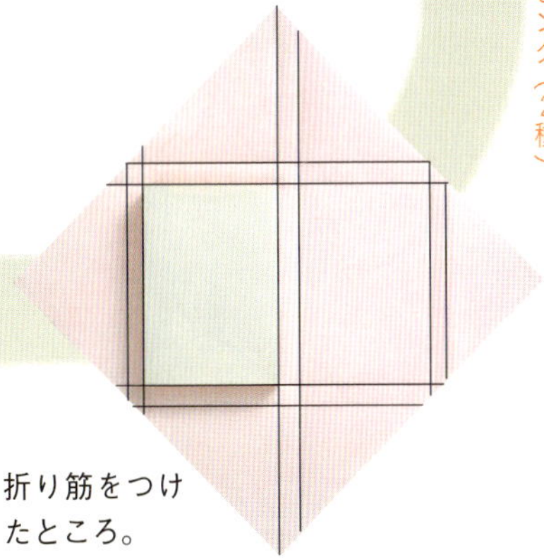

5 折り筋をつけたところ。

裏返す

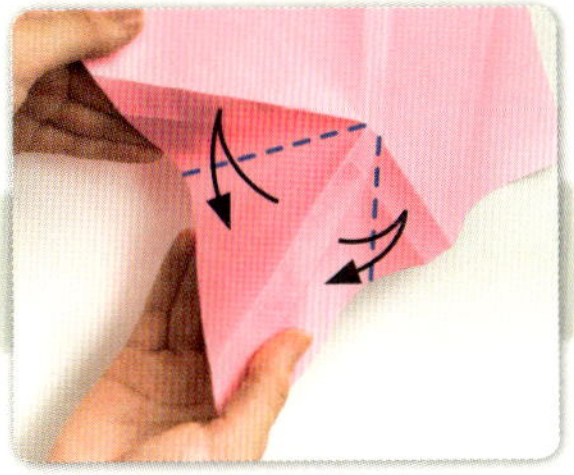

6 角に折り筋をつける。上も同様にする。

裏返す

7 本の角に合わせて印をつける。

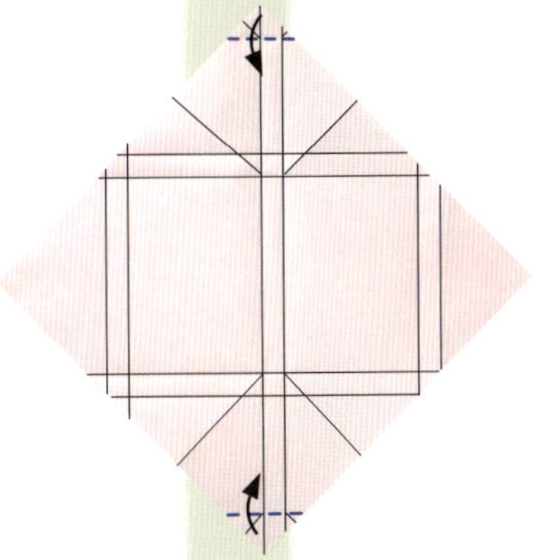

8 **7**で印をつけた位置で折る。

できあがり

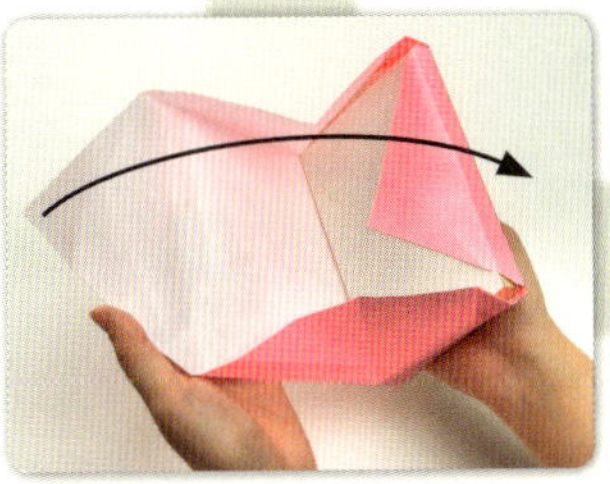

9 折り筋を使って本を包む。

裏返す

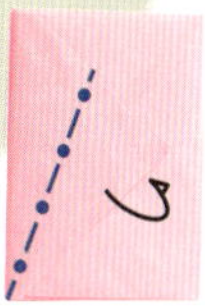

10 図の位置で山折りし、テープなどでとめる。

Arrange
ブックカバーにする

【材料】
30×30㎝ …… 1枚

【できあがりサイズ】
（15.5×10.5）×1.5㎝

【作り方】

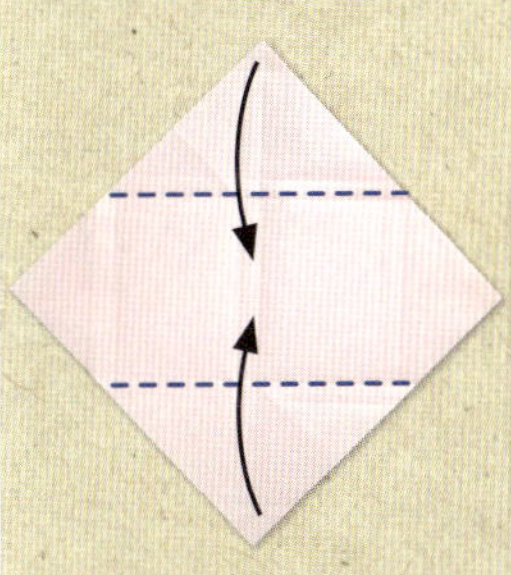

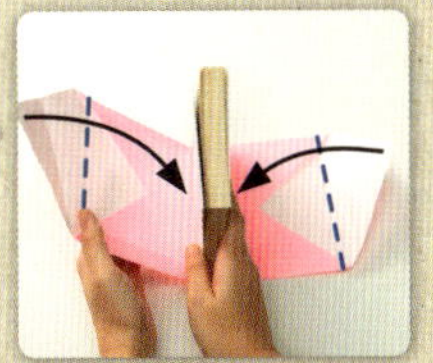

ラッピング（本）の**3**で、上の左図のように内側の折り筋を折る。上の右図のように本を中央に当て、両端を本の表紙をめくってはさむ。

COLUMN

年齢とお祝い

子どもの成長を祈って、長寿を祝って、節目の歳にはみんなでお祝いを。
比較的広く行われているお祝いを集めましたが、地域によって異なる場合もあります。

子どものお祝い

子どものお祝いは、その年齢まで成長できたことの感謝とこれからの無事の成長を願って行われます。子どもにとっても節目ですが、親にとっても記念日。どちらも喜ぶ贈り物をあげたいですね。

時期	名称	由来など
生後7日目	お七夜	赤ちゃんに名前をつけてお祝いします。昔は生後すぐの死亡率が高かったので、「7日経てば安心」という意味もあったそうです。
生後1カ月目	お宮参り	生まれて初めて、氏神様にお参りします。男の子は32日目、女の子は33日目に行うことが多いですが、地域によって違いがあります。
生後100日目 または120日目	お食《く》い初《ぞ》め	「百日（ももか）の祝い」「箸ぞろえ」とも。「一生食べものに困らないように」との願いを込めて行われます。
生後 初めての節句	初節句	生後初めて迎える節句。「一夜飾り」はよくないとされているので、兜などは節句の10～20日前に贈り、前もって飾れるようにしましょう。
満1歳	初誕生	無事に1歳を迎えられたことを感謝し、無病息災を祈願します。昔は満年齢で年齢を数えていたため、特に盛大に祝う傾向がありました。
3・5・7歳	七五三	3歳、5歳、7歳の子どもが、11月15日に氏神様にお参りします。特に「帯解けの儀」に由来する七歳は、きちんと着物を着せたいもの。
満10歳	十歳の祝い	近年、「二分の一成人式」などと呼ばれ祝うことが多くなりました。3月7日が「十歳（ととせ）の記念日」とされています。

長寿のお祝い

満60歳（数え年で61歳）の還暦から、長寿のお祝いははじまりますが、最近では還暦のお祝いは簡単に済ませ、古希や米寿から盛大に祝うことが増えています。また、還暦以外は贈る物が決まっていないので、その方の好みに合わせた折り紙作品をプレゼントするのも素敵です。

数え年	名称	由来など
61歳	還暦《かんれき》	干支（十干十二支の60通り）が一周し、生まれたときの干支に戻ることから。「赤子に還る」という意味で、赤いものを贈る風習もある。
70歳	古《こ》希《き》	「古稀」とも書く。中国の唐代の詩人、杜甫（とほ）の詩の一節「人生七十 古来稀也」から。紫色のものを贈る風習もある。
77歳	喜寿《きじゅ》	「喜」という字を草書体で書くと「七」を三つ並べた字となり、これが「七十七」と読めることから。
80歳	傘寿《さんじゅ》	「傘」を略した中国の文字が「八十」と読めることから。名称にちなんで傘を贈ることもある。
81歳	半寿《はんじゅ》、盤寿《ばんじゅ》	「半」の字が「八」「十」「一」に分けられることから「半寿」。盤寿は碁盤の目の数（81マス）にちなんで呼ばれている。
88歳	米寿《べいじゅ》	「米」の字が「八」「十」「八」に分けられることから。「米の祝い」ともいわれ、比較的盛大に行うことが多い。金色や黄色の物を贈る。
90歳	卒寿《そつじゅ》	「卒」の草書体「卆」が「九」「十」と読めることから。亀寿とも呼ばれる。
99歳	白寿《はくじゅ》	「百」の字から「一」をとる（100－1＝99）と「白」になることから。名称にちなんで白いものを贈ることが多い。
100歳	上寿《じょうじゅ》、紀寿《きじゅ》	もっとも上まで行き着いたという意味で「上寿」、一世紀生きたという意味で「紀寿」と呼ばれる。「百寿（ももじゅ）」「鶴寿」とも。
108歳	茶寿《ちゃじゅ》	「茶」の字が「十」「十」「八」「十」「八」に分けられ、すべてを足すと108になることから。名称にちなんでお茶を贈ることも。
111歳	皇寿《こうじゅ》	「白」は「白寿」と同じ理由で99、「王」は「十」「二」に分解できるので、すべてを足すと111になることから。

第2章

飾る折り紙

お正月やお節句などのお祝いに華を添える折り紙や、
つるし飾りなどお部屋を彩る作品を多彩にそろえました。
季節の便りに添えるのはもちろん、プチギフトとしても喜ばれます。

お正月　寿鶴（3種）

縁起ものの鶴で新しい年の訪れを祝いましょう。
紅白や金色など華やかな紙を選んで折れば、おめでたい演出に。

寿鶴（A）

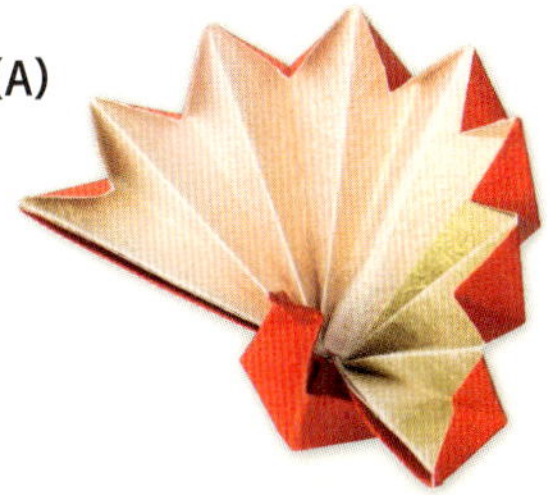

【材料】
17 × 17cm …… 1 枚

【できあがりサイズ】
（7 × 12） × 8cm

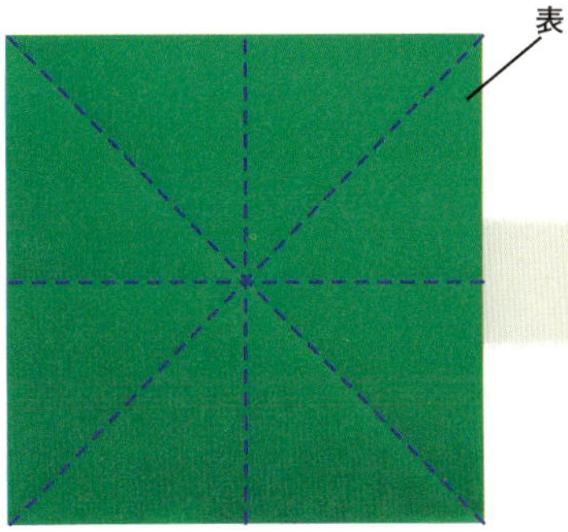

1 図の位置に折り筋をつける。

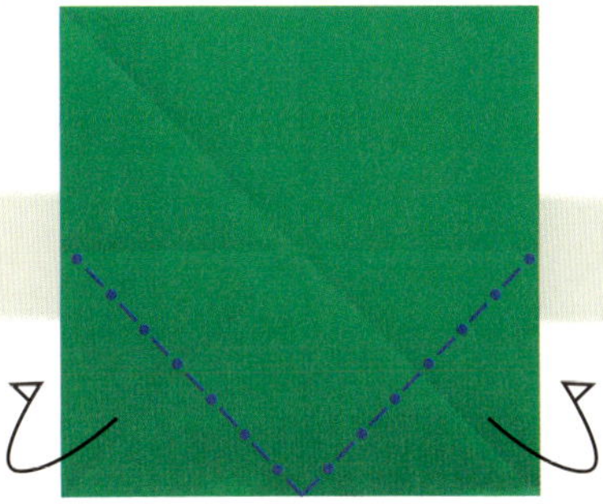

2 左右下の角が裏側で中心に合うように折る。

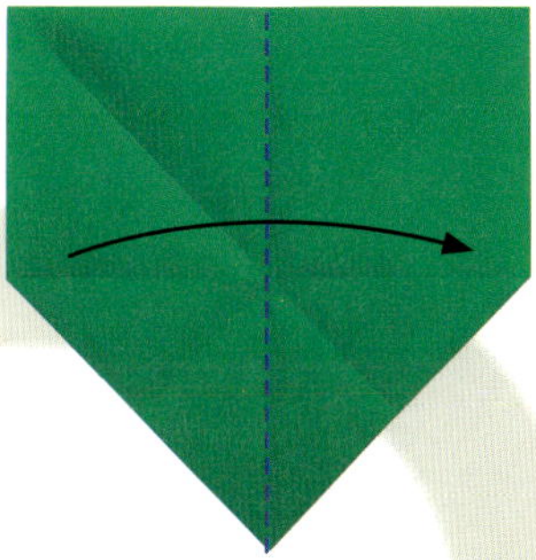

3 半分に折る。

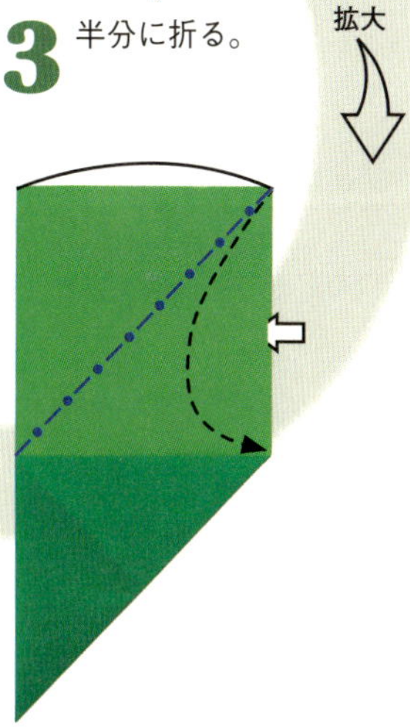

4 間を開いて、中割り折り（P.8）にする。

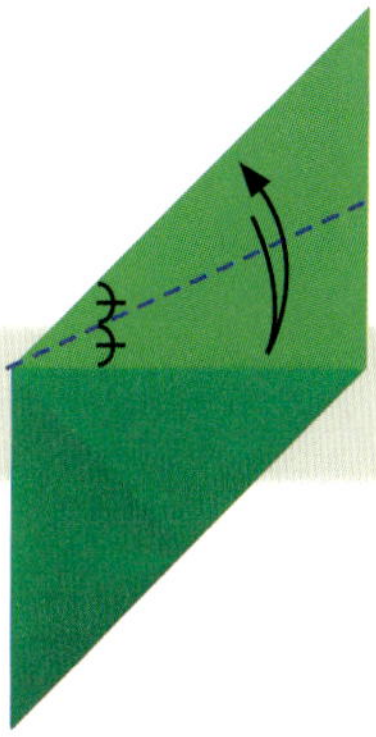

5 上の1枚を半分に折り、折り筋をつける。

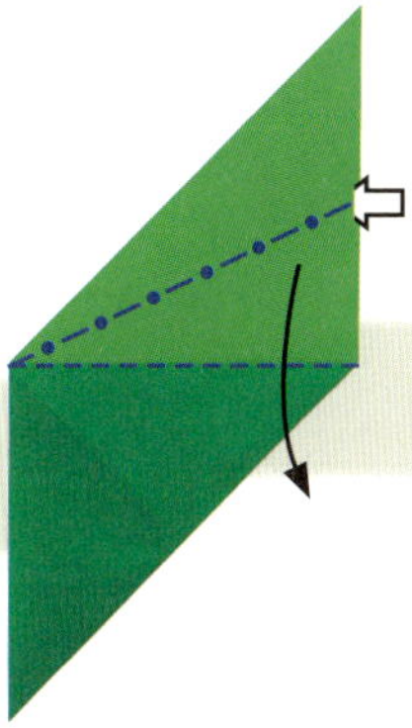

6 間を開いて、折り筋を使ってたたむ。

7 図の位置に折り筋をつける。裏も**5**～**7**同様にする。

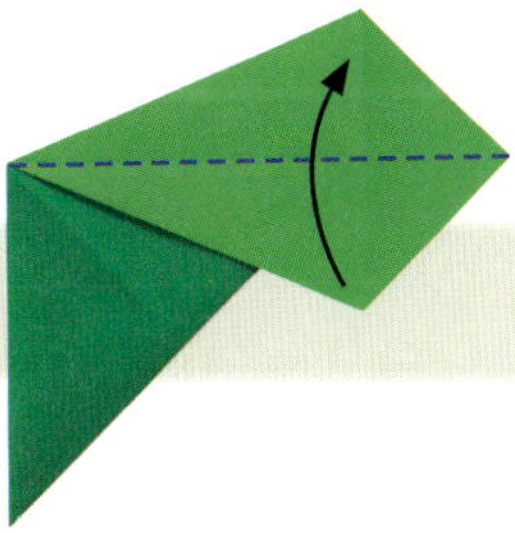

8 半分に折る。裏も同様にする。

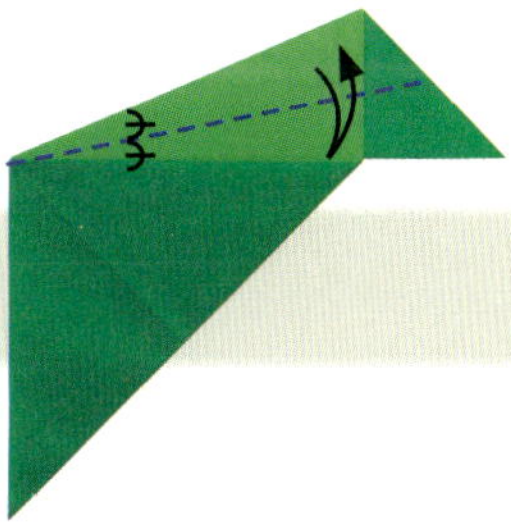

9 上の1枚を半分に折り、折り筋をつける。

次のページへ

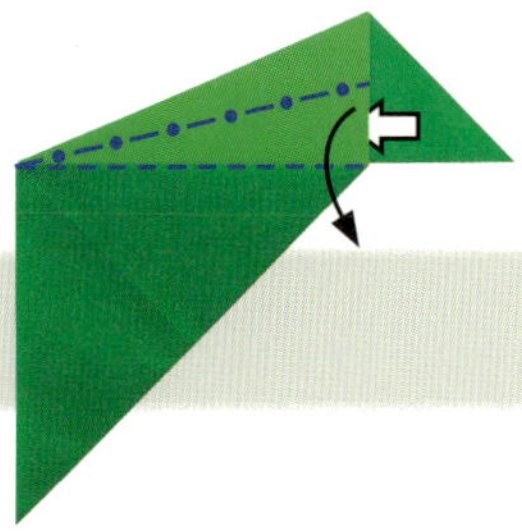

10 間を開いて、折り筋を使ってたたむ。

11 たたんだところ。残り3カ所も**9**、**10**と同様にする。

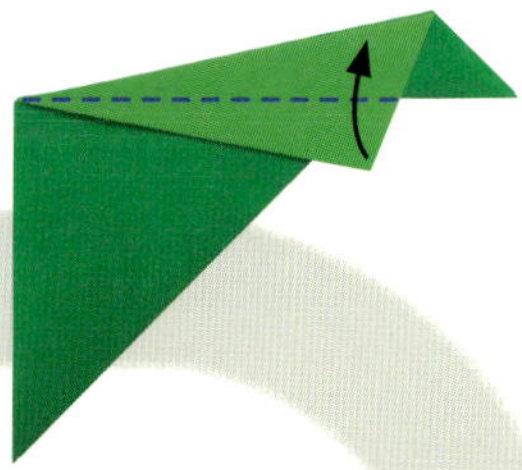

12 図の位置で半分に折る。裏も同様にする。

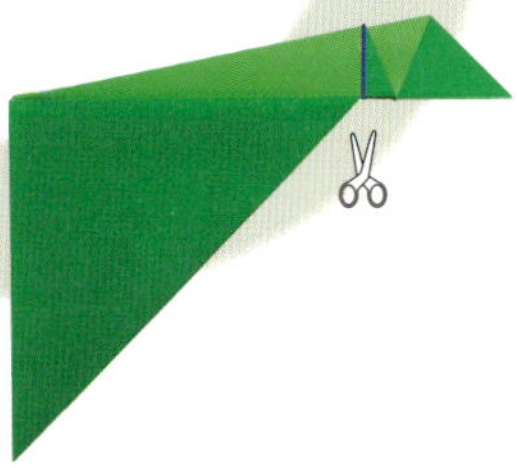

13 図の位置で切る。

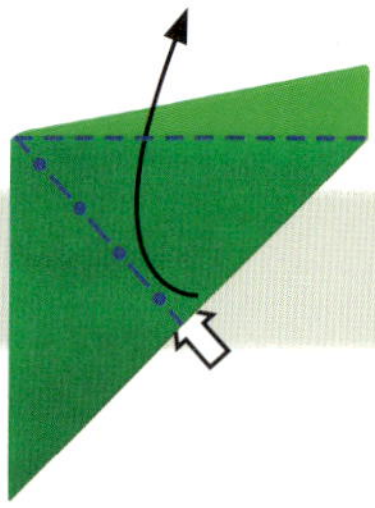

14 間を開いてたたむ。

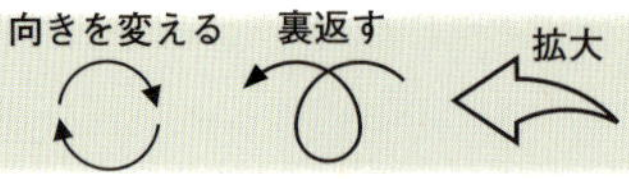

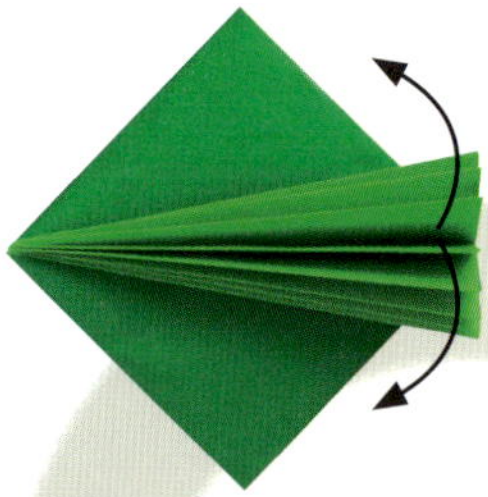

15 真ん中で開く。

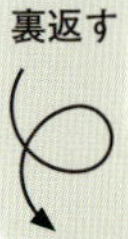

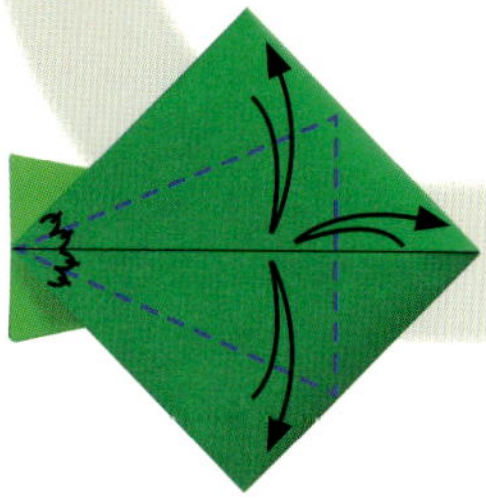

16 折り筋をつける。

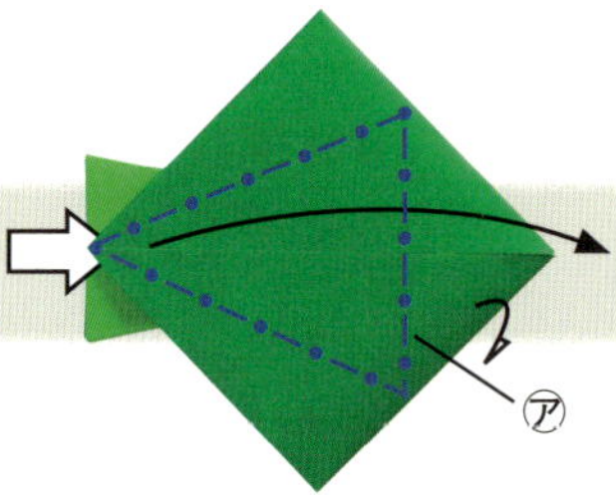

17 ㋐の折り筋を折ってから、図のように開いてたたむ。

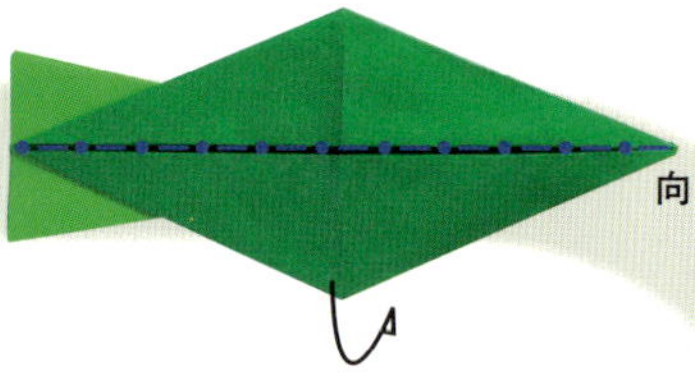

18 半分に折る。

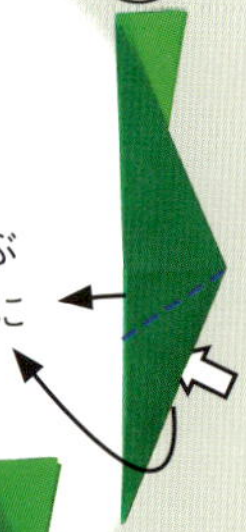

19 図の位置でかぶせ折り（P.8）にする。

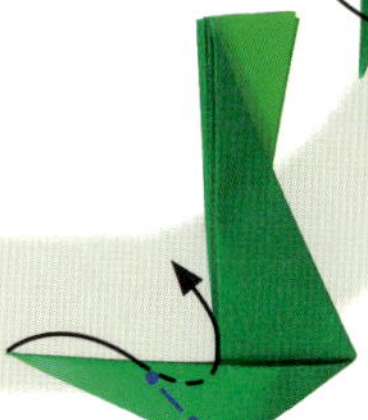

20 図の位置で中割り折りにする。

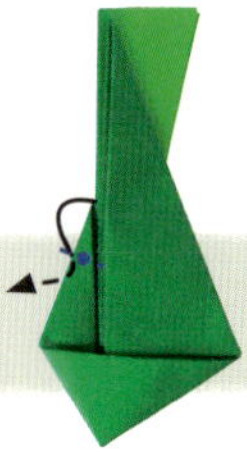

21 中割り折りにして頭を作る。

22 手前に折って折り筋をつける。残り7カ所も同様にする。

次のページへ

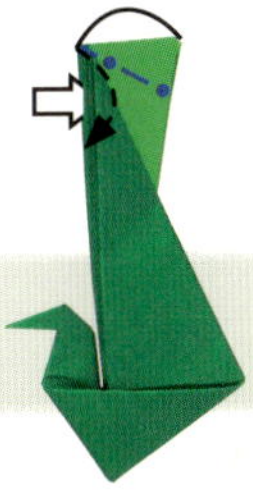

23 間を開いて中割り折りにする。羽を広げる。

折っているところ。残り7カ所も同様にする。

できあがり

寿鶴（B）

【材料】
17 × 17cm …… 1 枚

【できあがりサイズ】
（7 × 11）× 8cm

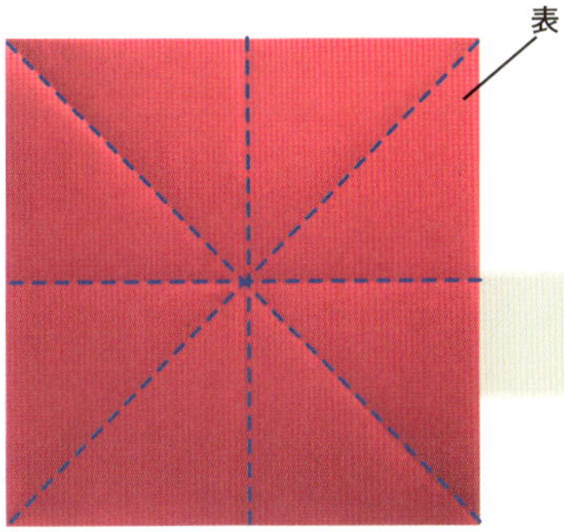

1 折り筋をつける。

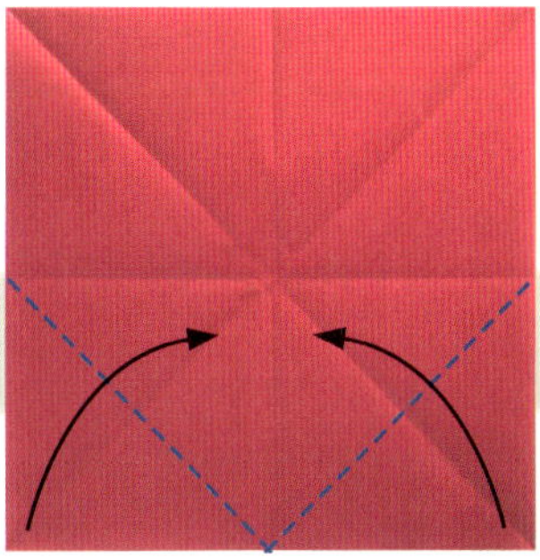

2 左右下の角が中心に合うように折る。

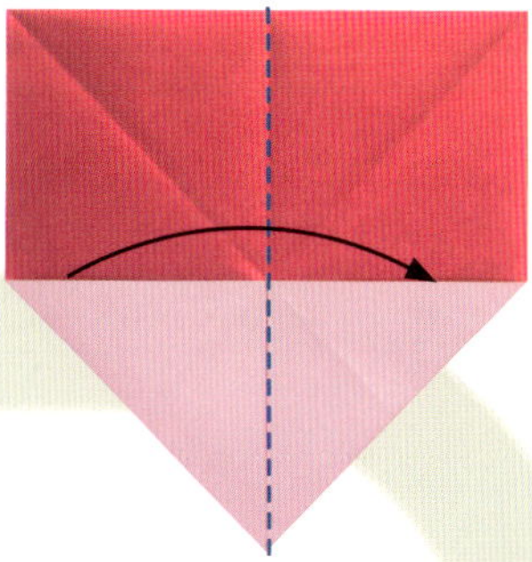

3 半分に折る。

拡大

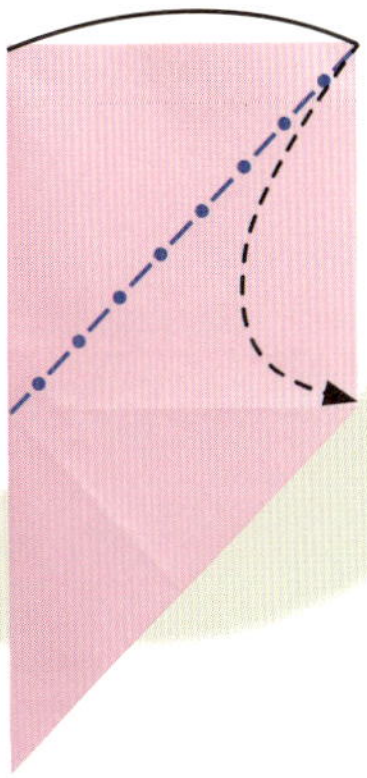

4 間を開き、中割り折り（P.8）にする。

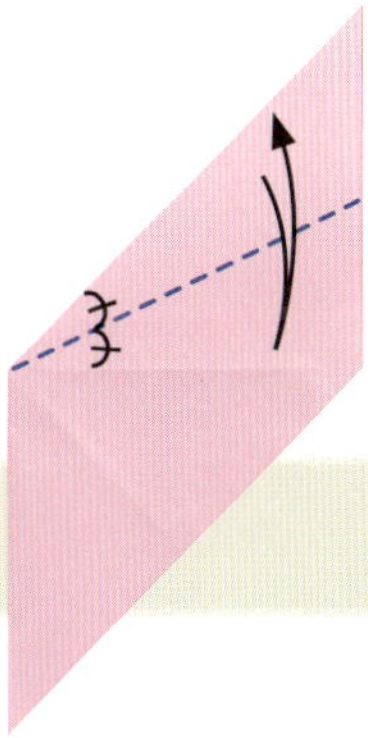

5 上の1枚を半分に折り、折り筋をつける。

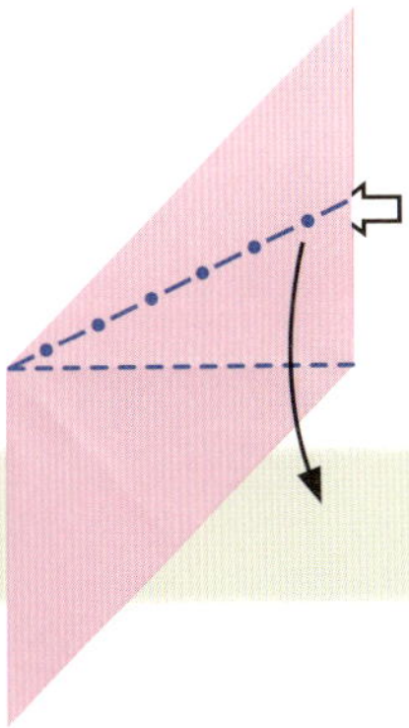

6 間を開いて、折り筋を使ってつぶす。

次のページへ

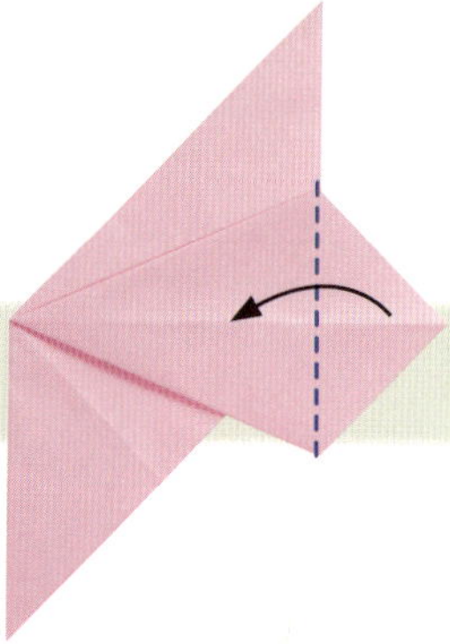

7 図の位置で折る。裏も**5**～**7**と同様にする。

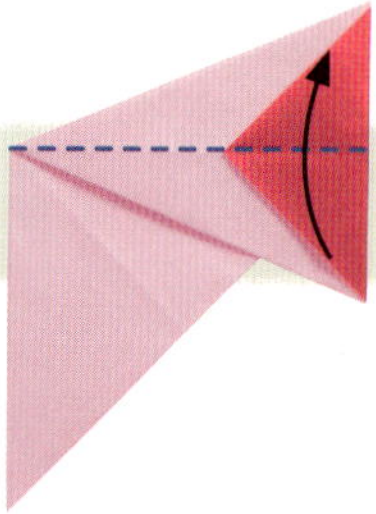

8 半分に折る。裏も同様にする。

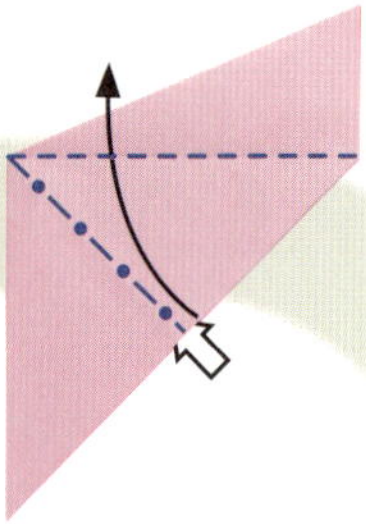

9 間を開いて、折り筋を使いたたむ。

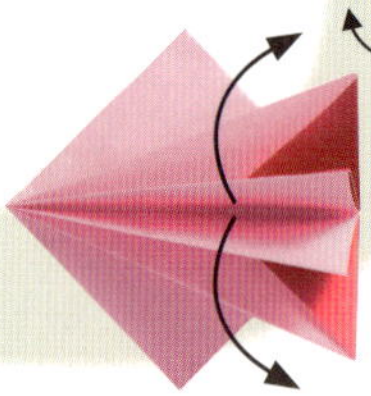

10 真ん中で開く。

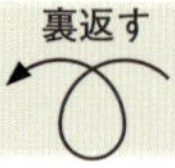

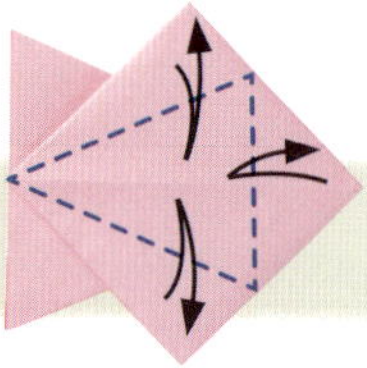

11 折り筋をつける。

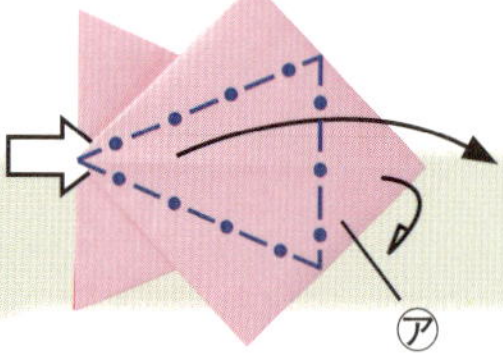

12 ㋐の折り筋を折ってから、図のように開いてたたむ。

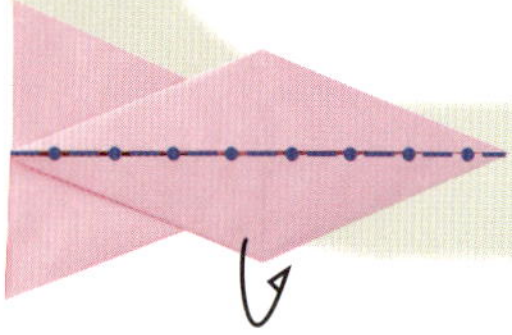

13 半分に折る。

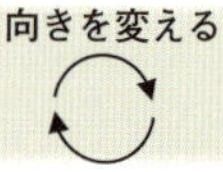

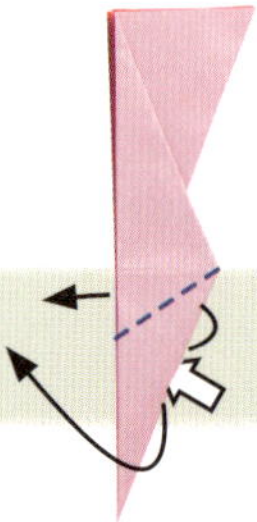

14 図の位置でかぶせ折り（P.8）にする。

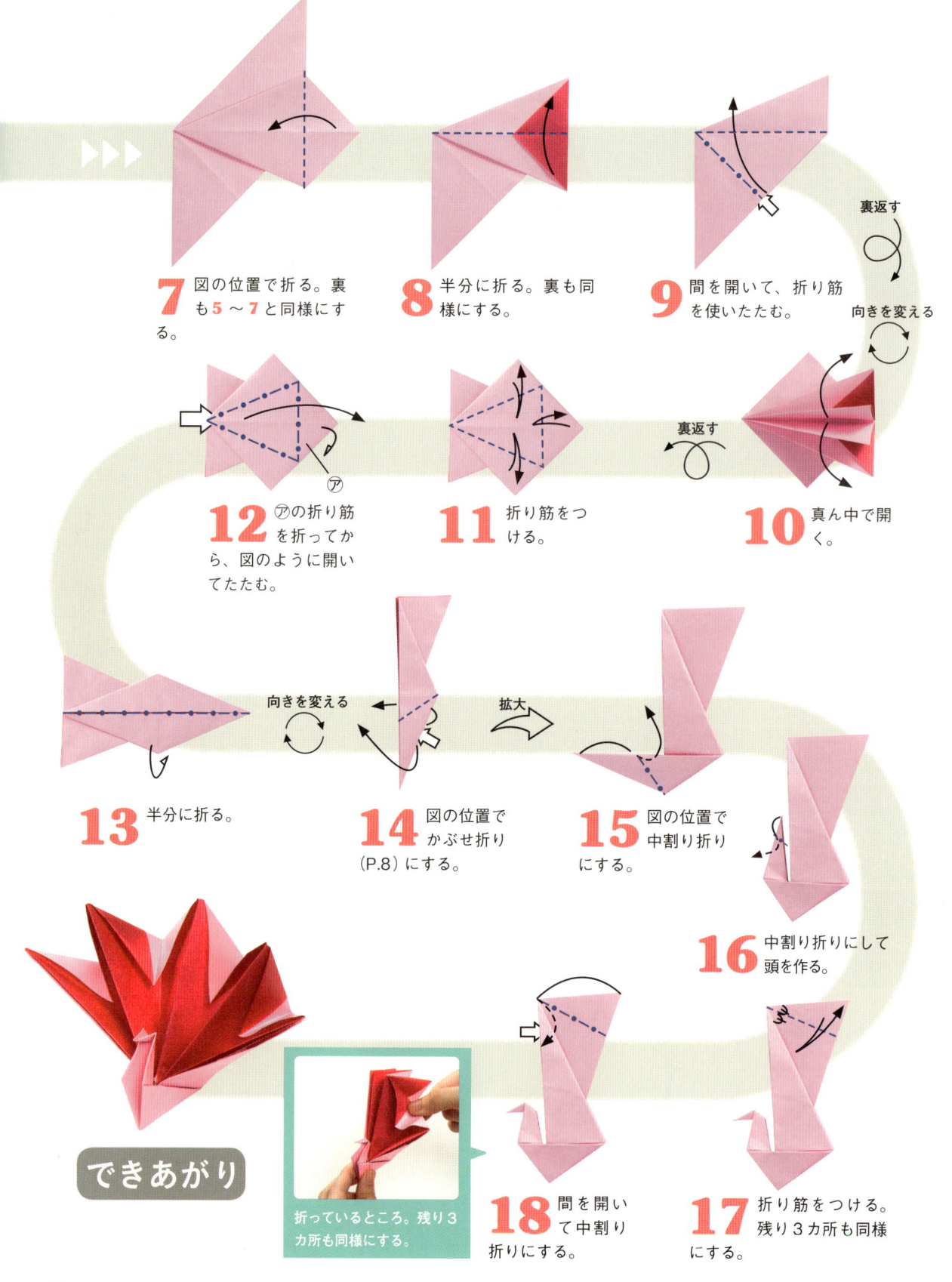

15 図の位置で中割り折りにする。

16 中割り折りにして頭を作る。

17 折り筋をつける。残り３カ所も同様にする。

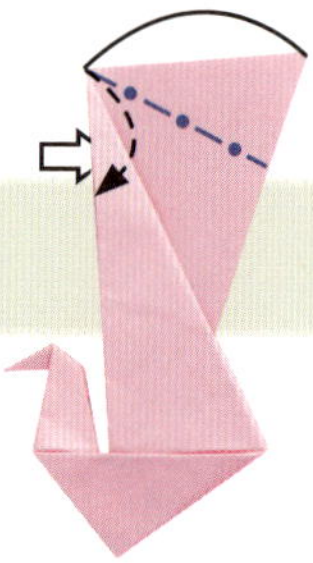

18 間を開いて中割り折りにする。

折っているところ。残り３カ所も同様にする。

できあがり

寿鶴（C）

【材料】
17 × 17㎝ …… 1 枚

【できあがりサイズ】
（7 × 9）× 8㎝

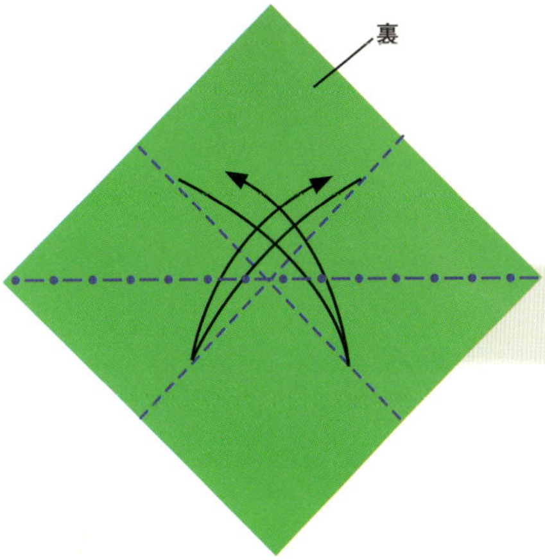

1 図の位置に折り筋をつける。

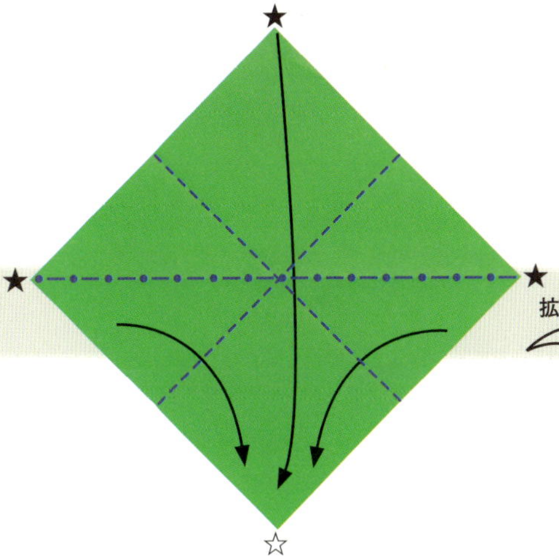

2 ★が☆につくようにたたむ。

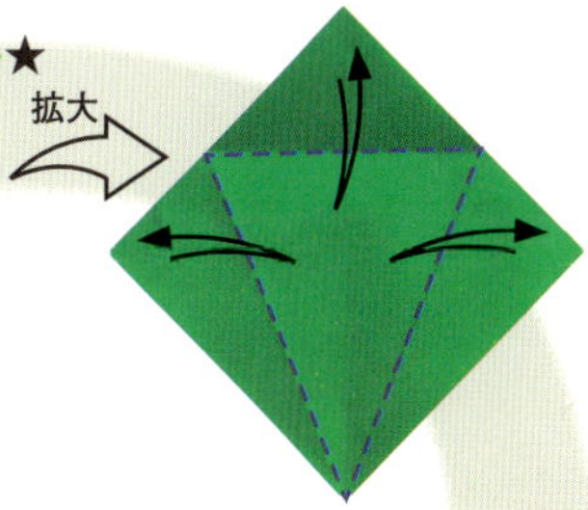

3 図の位置に折り筋をつける。裏も同様にする。

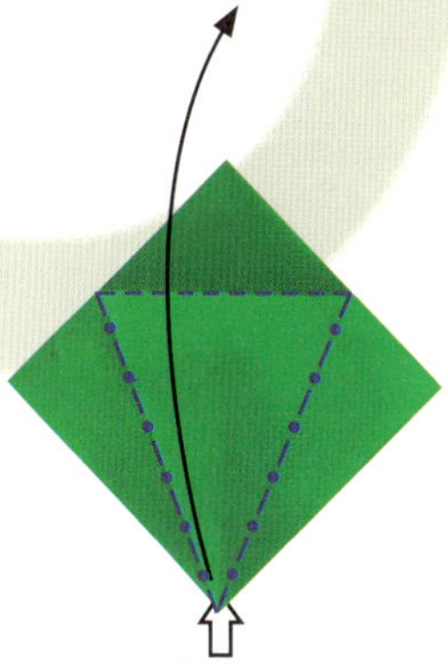

4 間を開いてたたむ。

5 たたんだところ。裏も同様にする。

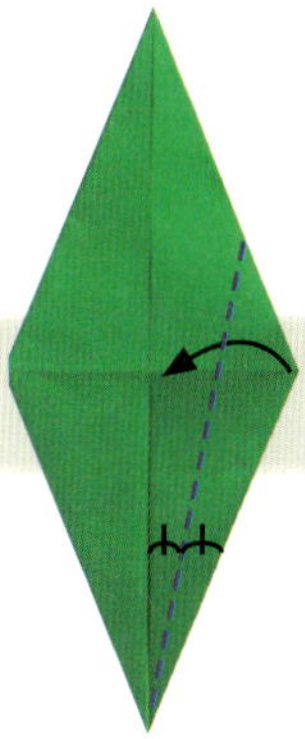

6 中央に合わせて折る。裏も同様にする。

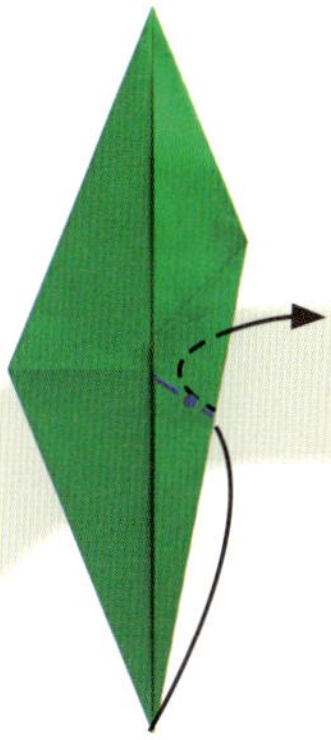

7 中割り折り（P.8）にする。

8 図の位置で折る。

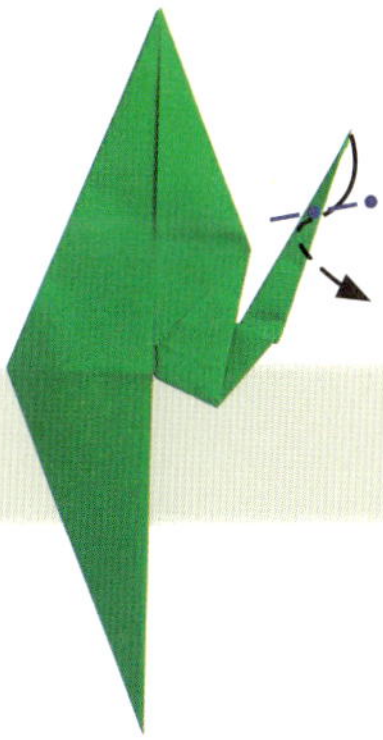

9 中割り折りにして頭を作る。

10 左側を中割り折りにする。

次のページへ

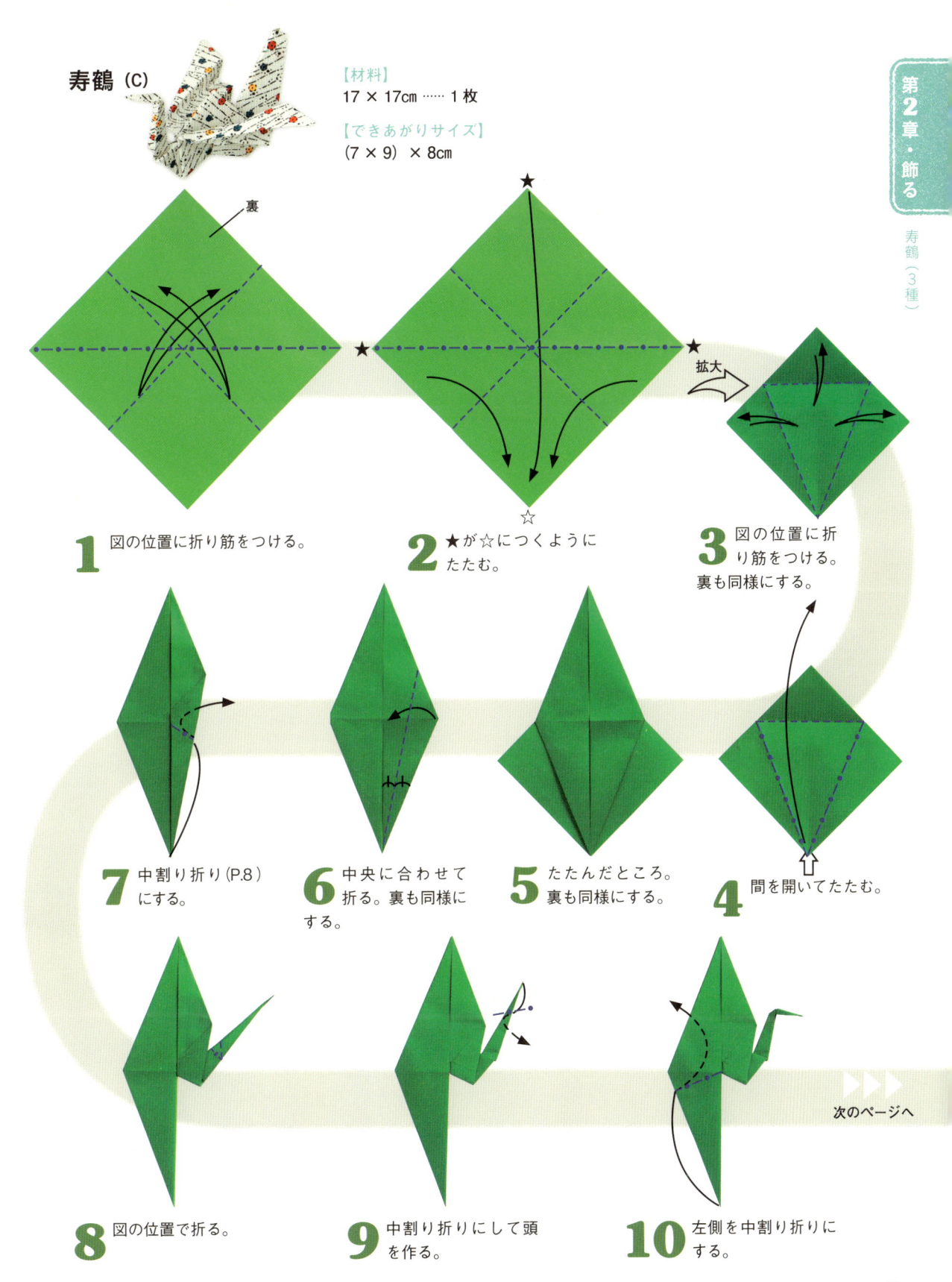

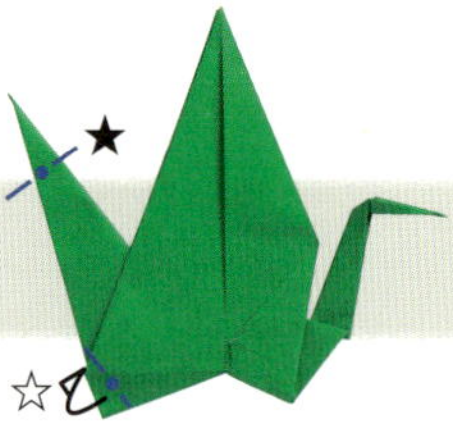

11 ★を中割り折りにする。☆を内側に山折りにし、裏も同様にする。

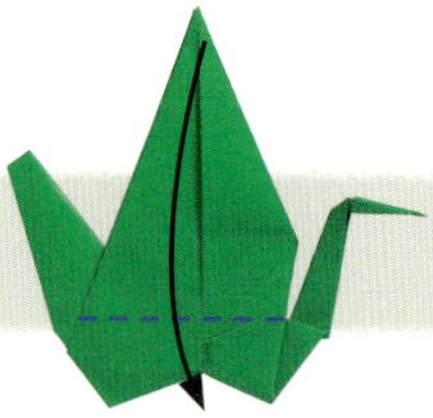

12 上の1枚を谷折りし、羽を広げる。

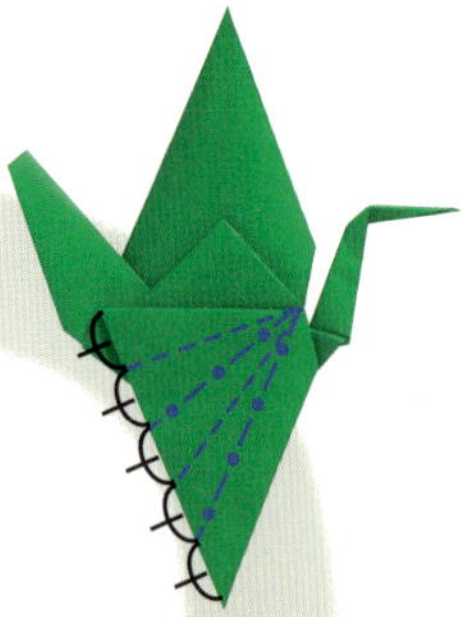

13 谷折り、山折りを交互にくり返す。裏も**12**、**13**と同様にする。

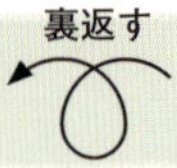

できあがり

Arrange　大きく折って祝い飾りに

見慣れた折り鶴も、紙のサイズを変えるだけで新鮮な印象に。ここでは大きな檀紙で折って玄関飾りにしました。

【材料】
75×75cm ……1枚

【できあがりサイズ】
(20×70)×35cm

【作り方】

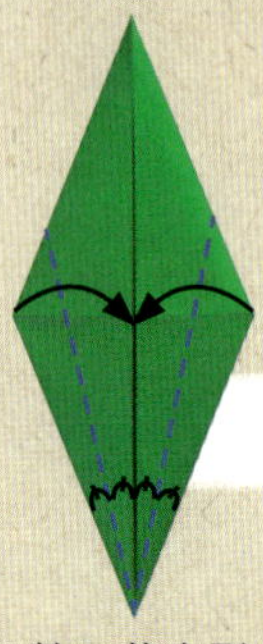

1 鶴の基本形（P.13）を折る。図の位置で折る。裏も同様に折る。

2 中割り折り（P.8）にする。

3 片方を中割り折りして頭を作り、羽を広げる。

できあがり

ひな祭り　ひな人形

ひな人形の和紙の柄を合わせて折り、一緒にかわいい小物を飾ってあでやかに。すこやかな成長を祈る女の子の節句を祝いましょう。

めびな

【材料】
めびな：30 × 30cm …… 1 枚
扇本体：4 × 9cm …… 1 枚
帯A：0.5 × 9cm …… 1 枚
帯B：0.3 × 9cm …… 1 枚
帯C：0.5 × 9cm …… 1 枚

【できあがりサイズ】
めびな：(6 × 13) × 10cm
扇：(0.5 × 5) × 5cm

1 鶴の基本形(P.13)を折る。上の1枚を中心から左右に向けて切る。裏も同様に切る。

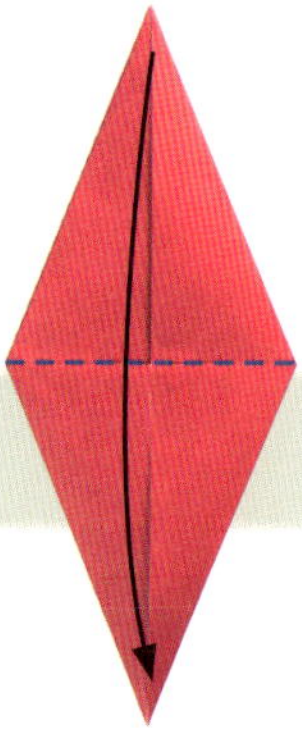

2 半分に折る。裏も同様にする。

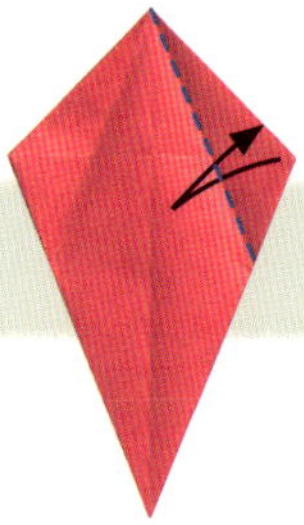

3 折り筋をつける。残り3カ所も同様にする。

4 間を開きながら、★をつぶすようにして折る。

5 折ったところ。残り3カ所も同様にする。

6 上の1枚を右に折る。裏も同様にする。

7 間を開いて図の位置で折る。

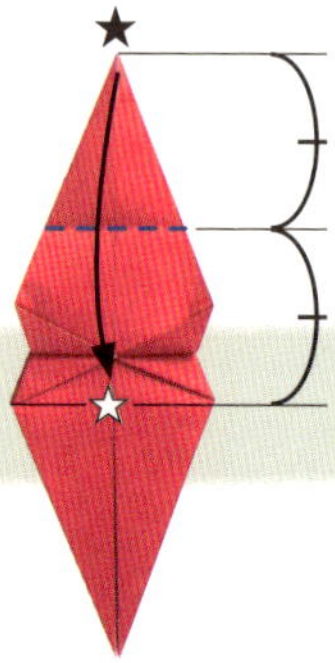

8 ★と☆が合うように折る。

9 戻す。

折っているところ。

10 上の1枚を山折りする。

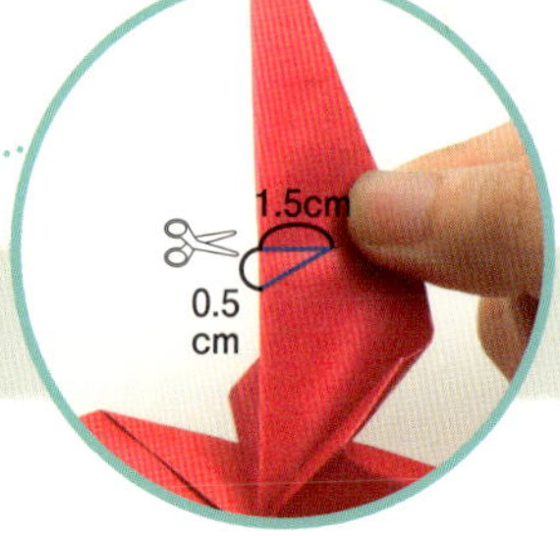

11 **8**でつけた折り筋のところを図のように切る。**10**の形に戻す。

次の
ページへ

12 下に戻す。

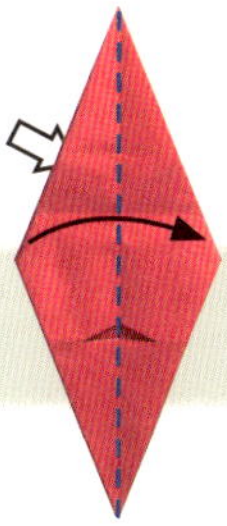

13 上の1枚を右に折る。裏も同様にする。

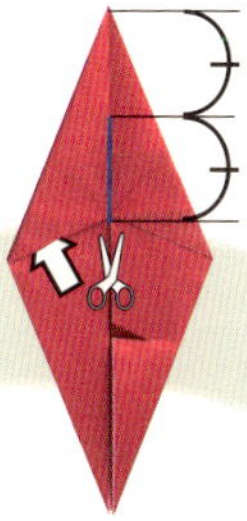

14 上の半分まで切り込みを入れる。残り3カ所も同様に切り、全体を開く。

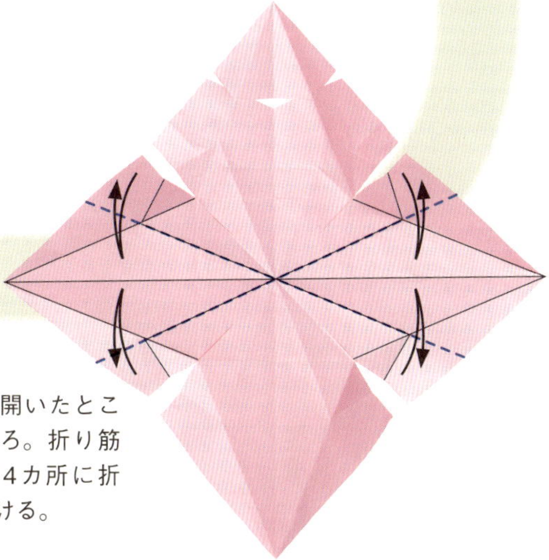

15 開いたところ。折り筋を使って4カ所に折り筋をつける。

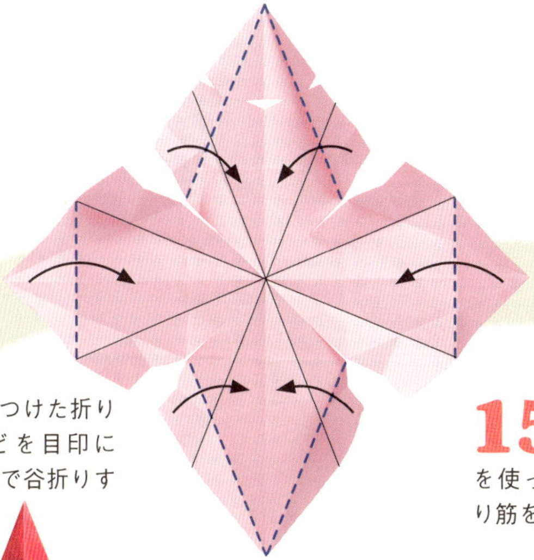

16 15でつけた折り筋などを目印にして、図の位置で谷折りする。

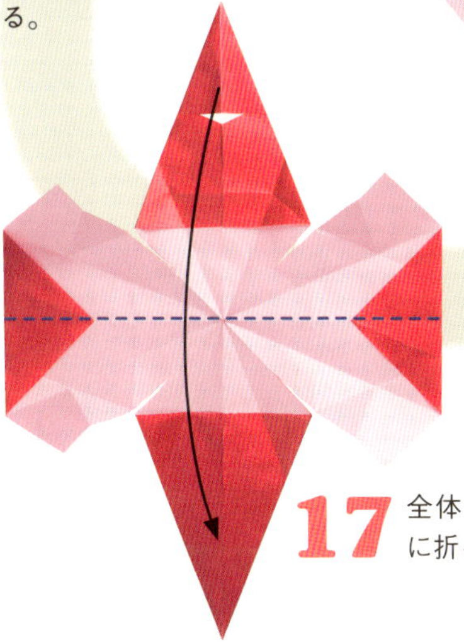

17 全体を半分に折る。

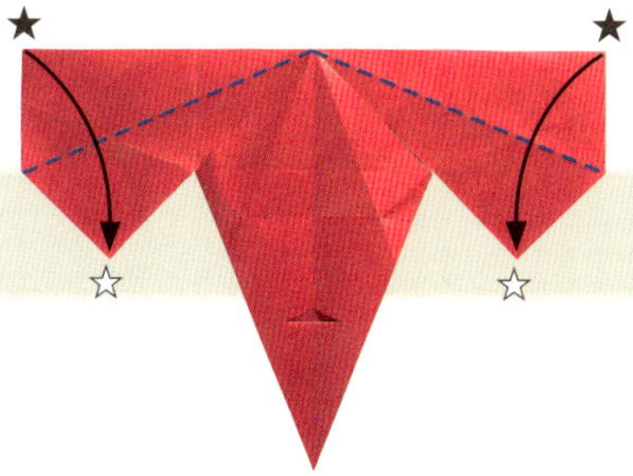

18 ★と☆が合うように折る。

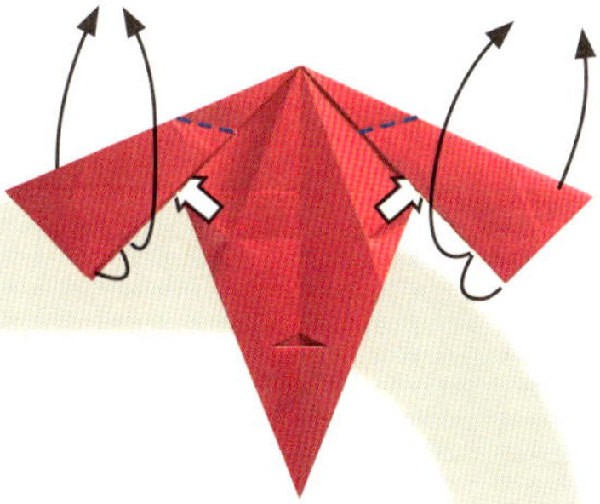

19 図の位置に折り筋をつけ、かぶせ折り（P.8）にする。

少し押し込むようにしてたたむ。

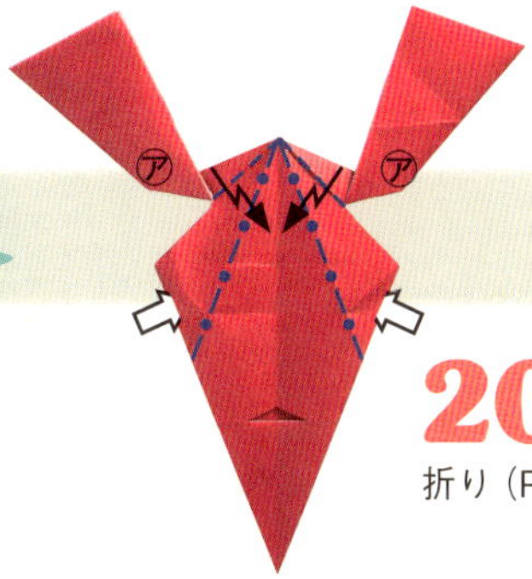

20 間を開いて、㋐を中に押し込むように段折り（P.8）にする。

次のページへ

差し込んでいるところ。

21 上の1枚を谷折りし、★を☆に差し込む。

22 切り込みのところで山折りする。

裏返す

23 裏返したところ。

24 図の位置で山折りし、☆部分を切り込みに差し込む。

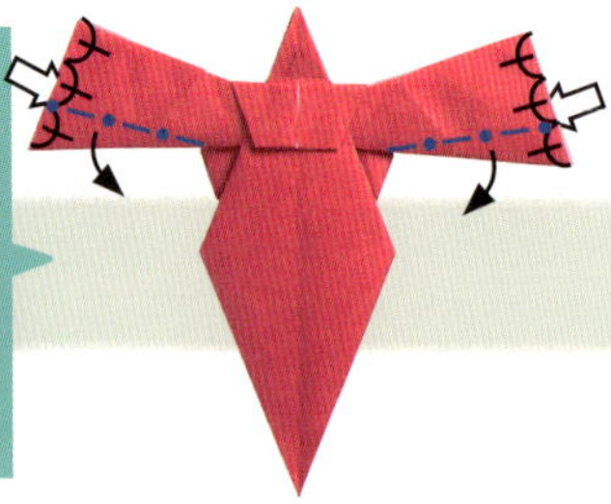

折ったところ。

25 間を開いて山折りする。折り筋を強くつけすぎないようにする。

裏返す

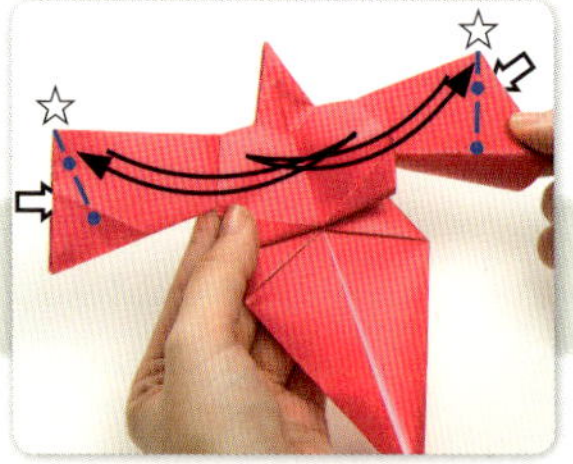

26 間を開いて☆を胸のあたりで重ねるようにして図の位置で折り筋をつける。

めびなは、胸のあたりで折り筋をつける。

拡大

27 胸のまん中あたりの☆に★を合わせて折り筋をつける。

折っているところ。

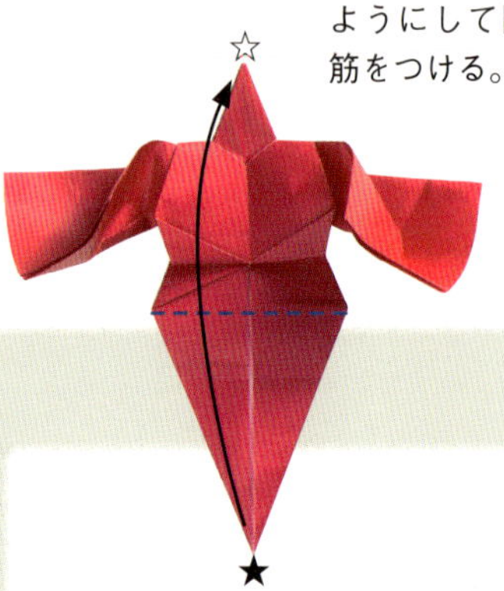

28 ★が☆に合うように谷折りする。

次のページへ

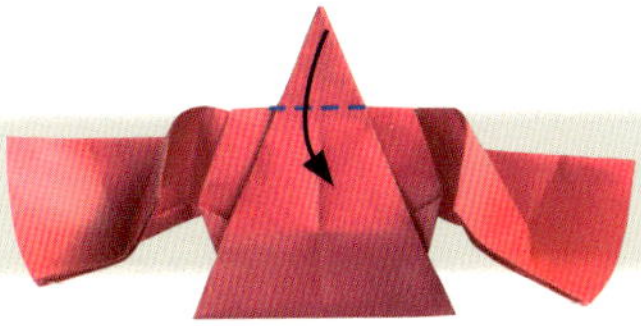

29 図の位置で谷折りする。

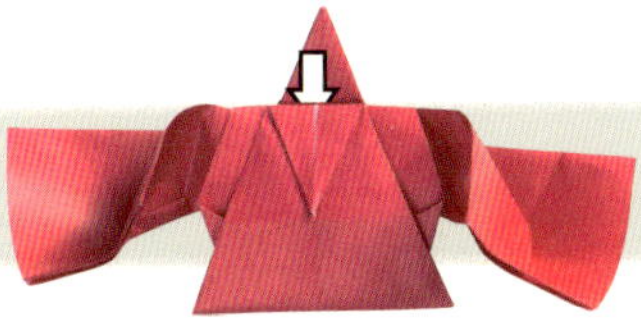

30 折ったところ。間を開く。

31 27、28でつけた谷折り線を使って★の内側に先を差し込み立体にしてのりで貼る。

32 26でつけた折り目を使って☆、★の順に前で重ね、のりで貼る。頭の先端を半分くらいに折る。

折ったところ。

できあがり

扇

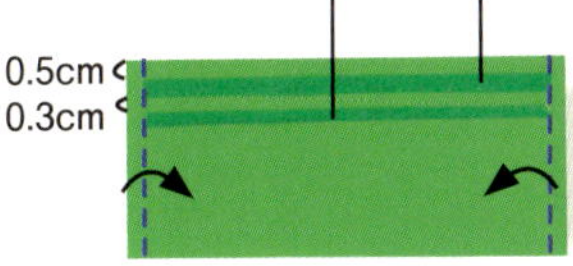

1 扇本体の表にしたい面の上に帯A、帯Bの紙を図の位置に貼り、両端を折る。

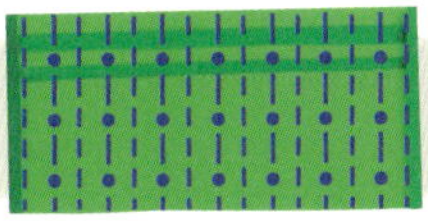

2 図のように山折りと谷折りを交互に折る。

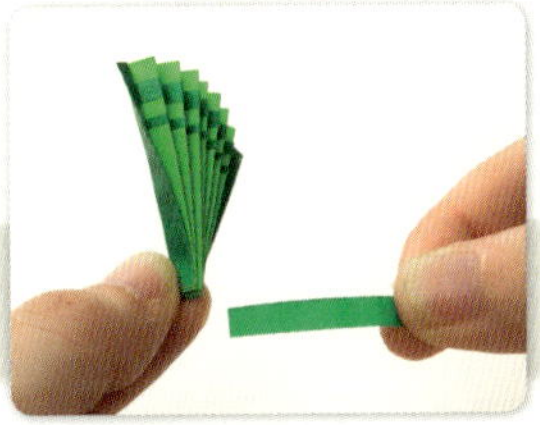

3 2の下に帯Cを巻きつけ、のりで貼る。

できあがり

組み合わせる

扇の表側にのりをつけ、重ね合わせた袖の裏に貼る。

できあがり

おびな

【材料】
おびな：30 × 30cm …… 1 枚
しゃく：4.5 × 1cm …… 1 枚

【できあがりサイズ】
おびな：(6 × 13) × 10cm
しゃく：4.5 × 1cm

1 めびなの**1** ～ **10** と同様にする。図の位置に切り込み（1.5cm くらい）を入れる。

2 切ったところ。めびなの**12** ～ **25** と同様にする。

3 間を開いて☆を図の位置で重ねるようにして折り筋をつける。めびなの**27** ～ **31** と同様にする。

おびなは、肩と同じくらいの高さに合わせて折り筋をつける。

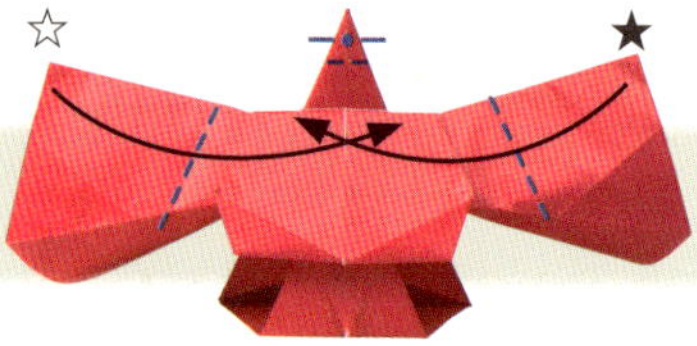

4 **3** でつけた折り筋を使って☆、★の順に前で重ね、のりで貼る。頭の先端を段折り（P.8）する。

できあがり

しゃく

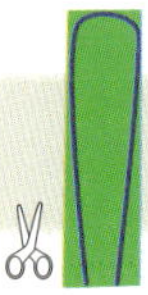

図のように紙を切る。

できあがり

組み合わせる

しゃくの表にのりをつけ、重ね合わせた袖の裏に貼る。

できあがり

端午の節句　兜《かぶと》と鎧櫃《よろいびつ》

兜と鎧櫃がひと組になった、五月飾り。色は本物の兜をイメージして、紙はハリがあるものを選ぶと風格がでます。

原案　冨田登志江

兜と鎧櫃

【材料】
兜：24 × 24cm …… 1 枚
鎧櫃（身）：38 × 38cm …… 1 枚
鎧櫃（ふた）：19 × 19cm …… 1 枚
鎧櫃（脚）：7.5 × 7.5cm …… 4 枚
兜台：16.5 × 16.5cm …… 1 枚

【できあがりサイズ】
(9.5 × 9.5) × 24cm
※組み立てたあとのサイズです。

兜

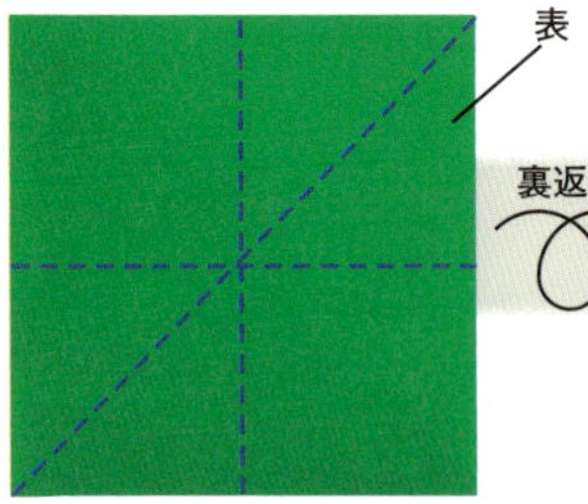

1 図の位置に折り筋をつける。

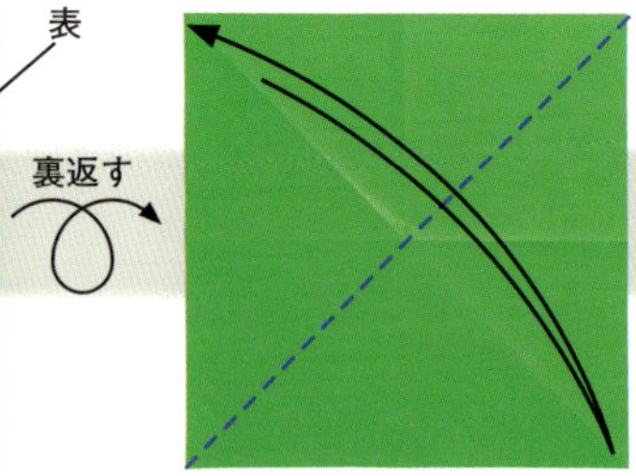

2 折り筋をつける。

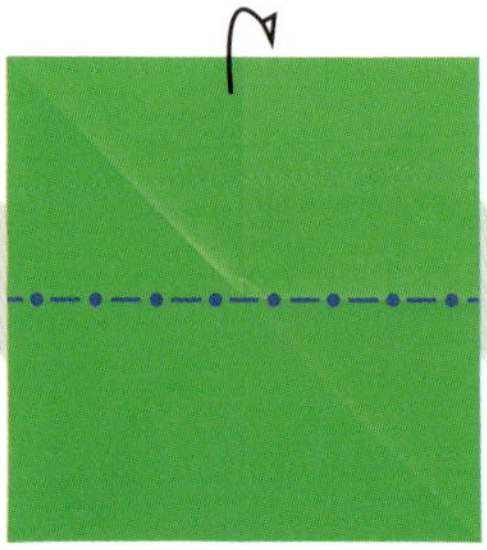

3 半分に折る。

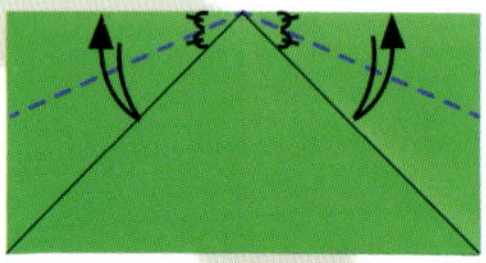

4 図の位置に折り筋をつける。

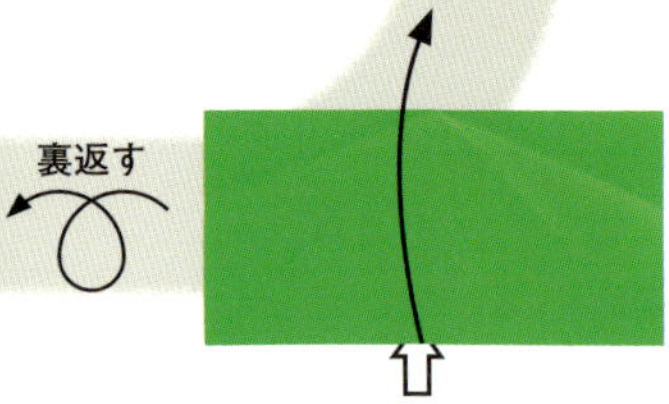

5 開く。

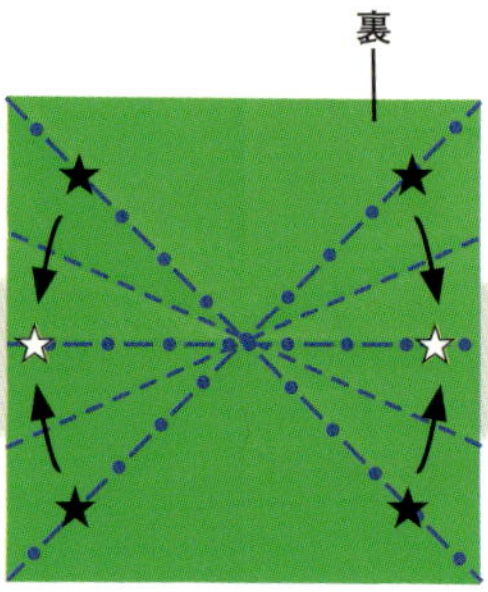

6 折り線を図のようにつけ直し、★と☆が合うように折る。

折ったところ。

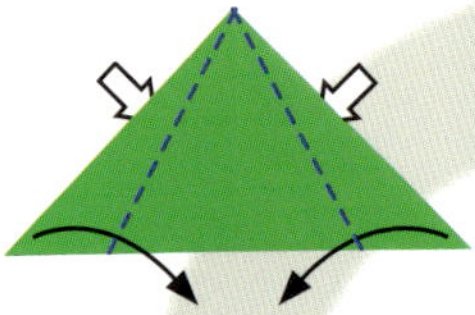

7 上の1枚を中央に合わせて折る。

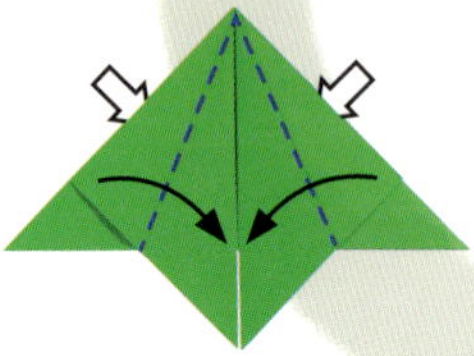

8 中央に合わせて折る。

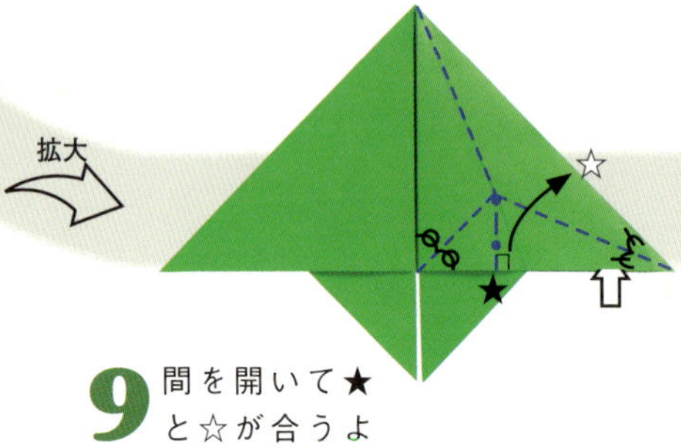

9 間を開いて★と☆が合うように折りたたむ。

☆と★を合わせているところ。

次のページへ

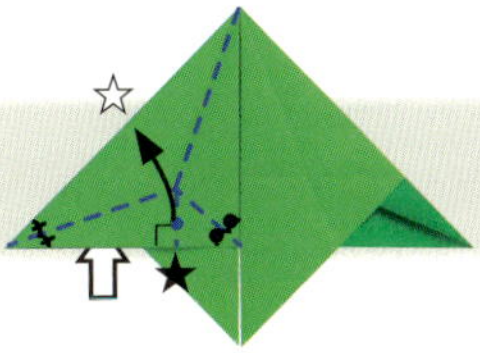

10 折ったところ。左側も同様にする。

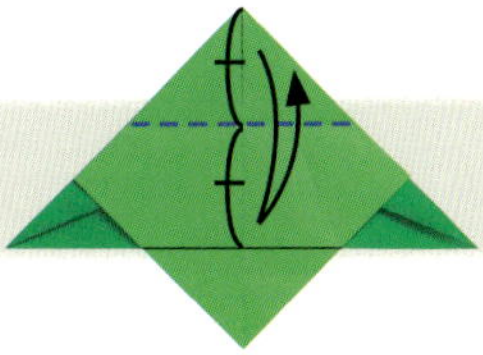

11 折り筋をつける。

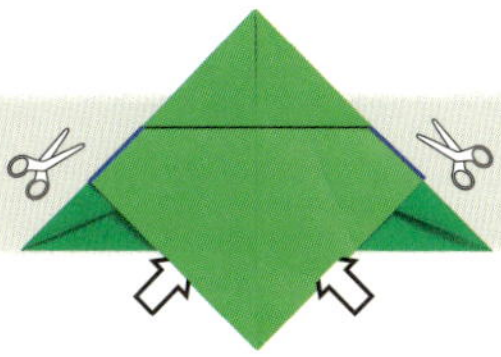

12 間を開いて上の1枚に切り込みを入れる。

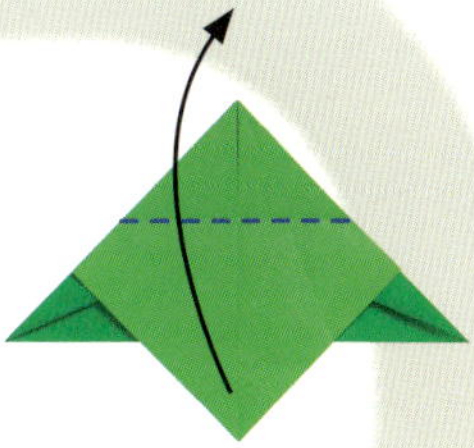

13 図の位置で谷折りする。

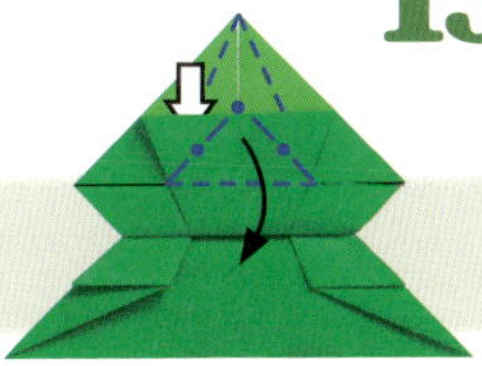

14 図の位置に折り筋をつけ、間を開いてたたむ。

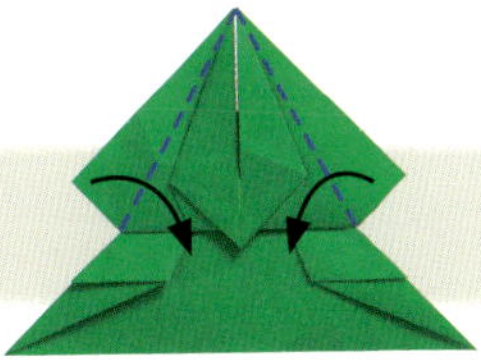

15 両端を谷折りする。

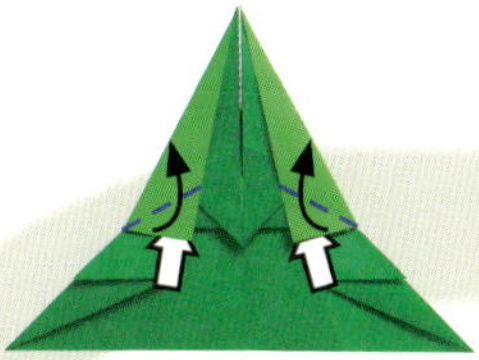

16 図の位置で谷折りする。

17 折ったところ。

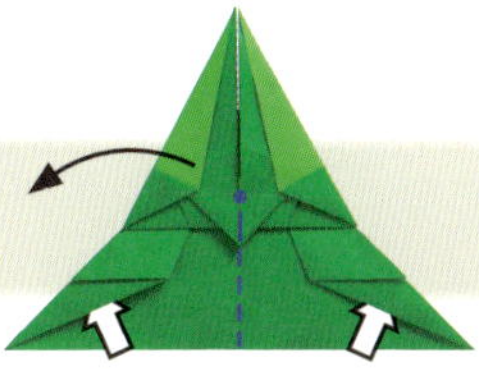

18 間を開いて、全体を半分に折る。

上の1枚は山折りに、下の1枚は谷折りにする。

19 折ったところ。上の1枚の★が☆に合うように谷折りする。

20 19で折ったところを半分くらいに折る。

21 折ったところ。裏も19、20同様にする。

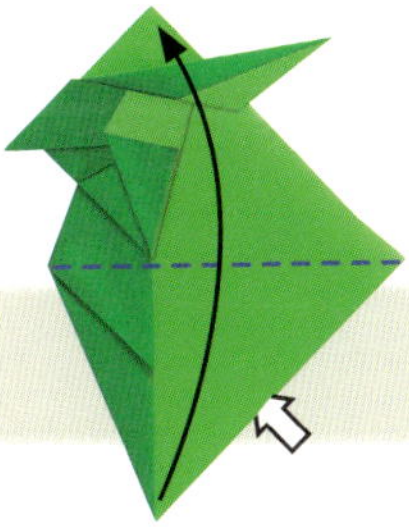

22 上の1枚を半分に折る。

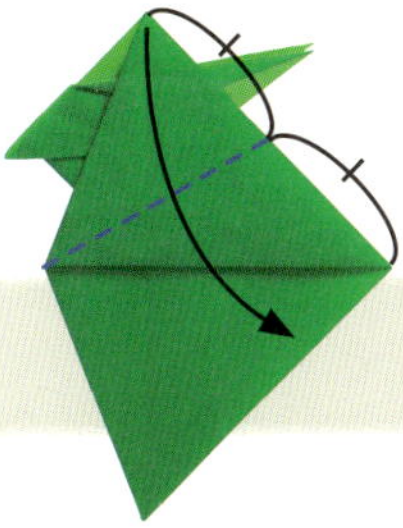

23 22で折ったところを図の位置で折る。

次のページへ

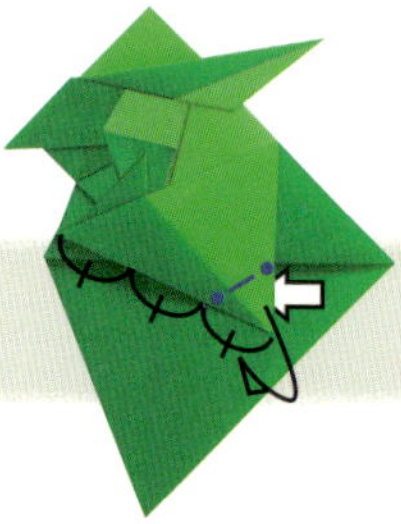

24 先を山折りする。

25 折ったところ。裏も**22**～**24**と同様にする。

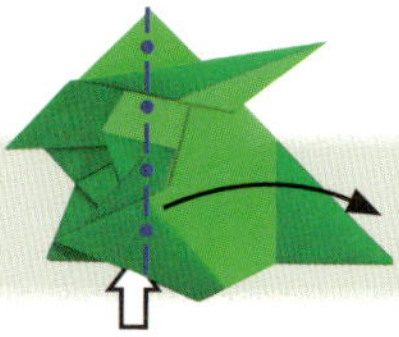

26 間を開いて全体を山折りする。

折っているところ。

向きを変える

27 4カ所を図の位置で谷折りする。

兜の角の根元が隠れるように折る。

できあがり

鎧櫃（身）

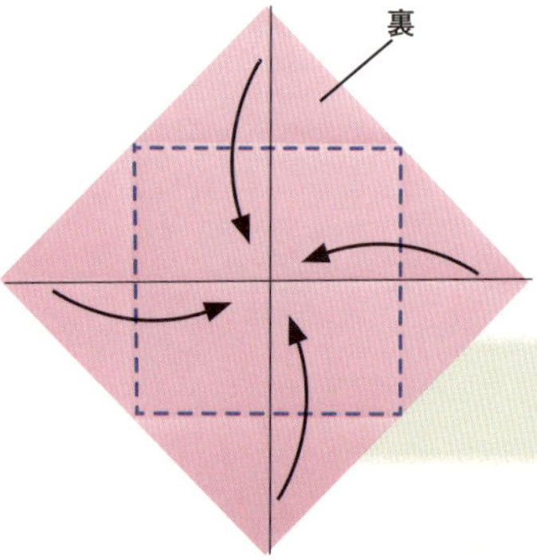

1 三角の折り筋をつけたざぶとん折り（P.9アドバイス）にする。

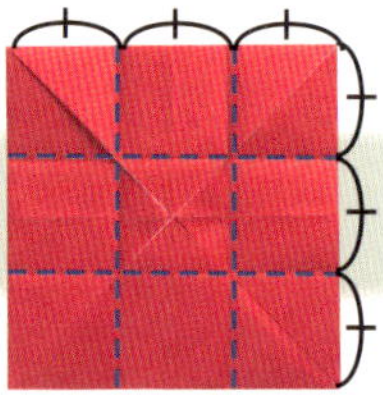

2 図の位置に折り筋をつける。

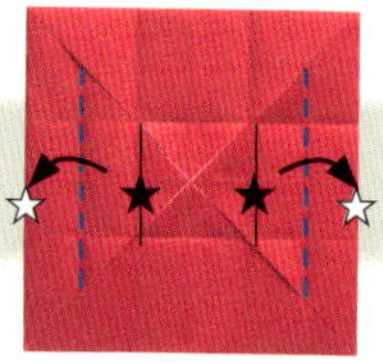

3 ★が☆に合うように折る。

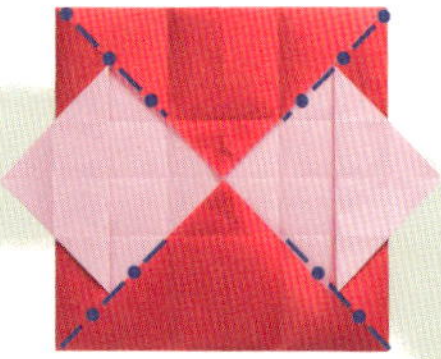

4 折ったところ。図の位置に折り筋をつける。

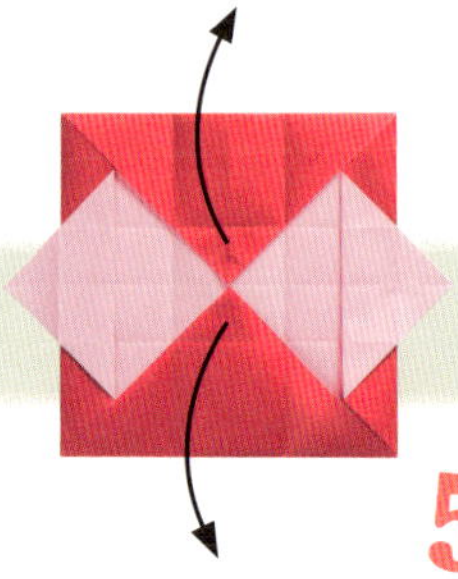

5 上下を開く。

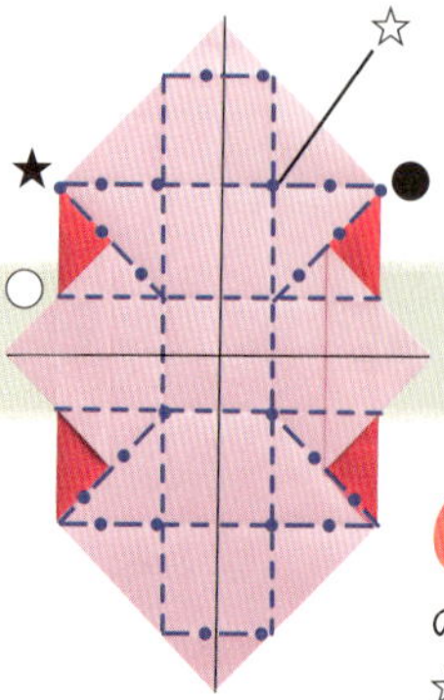

6 図にように折り筋をつけ直し、山折りの折り筋をつける。★と☆、●と○がつくようにして立体にする。

次のページへ

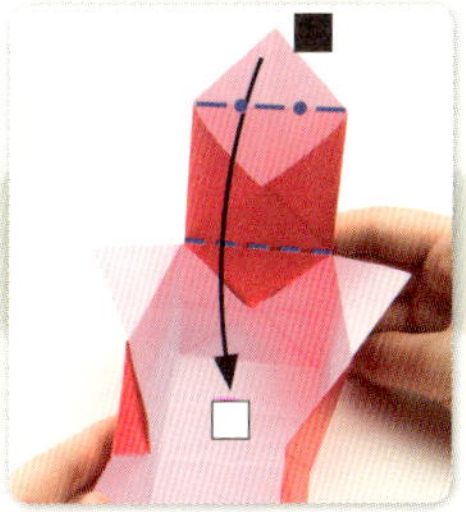

7 折ったところ。■と□が合うように折る。

8 折ったところ。反対側も**6**、**7**と同様にする。

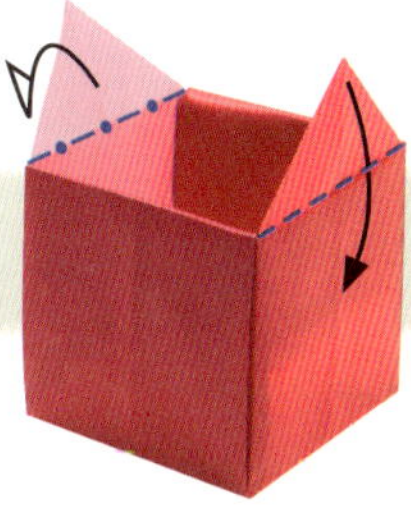

9 両端を折る。

できあがり

鎧櫃（ふた）

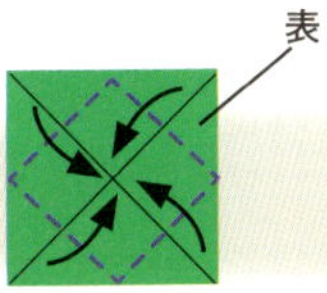

1 三角の折り筋をつけたざぶとん折り（P.9アドバイス）にする。

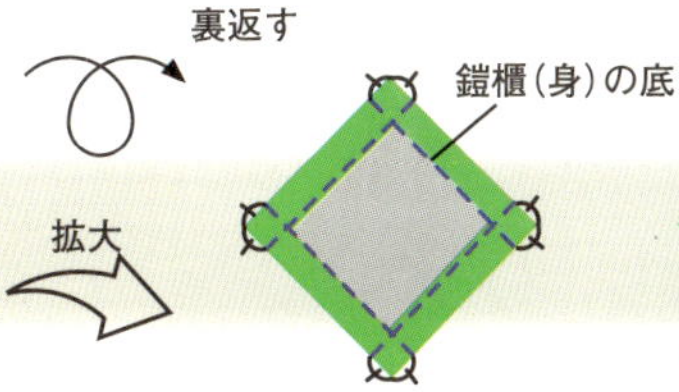

2 鎧櫃（身）の底の大きさに合わせ、谷折りし折り筋をつける。

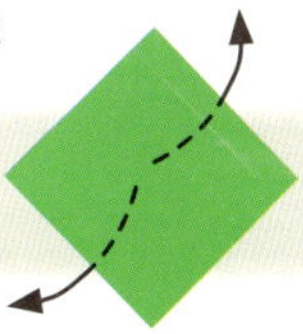

3 裏側の三角を2枚引き出す。

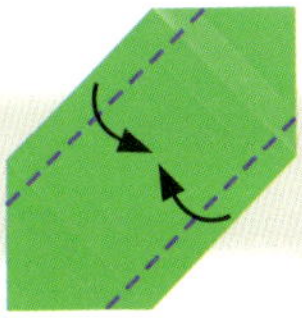

4 **2**でつけた折り筋を使って、後ろの三角を引き出すように折る。

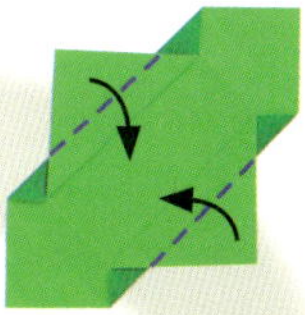

5 図の位置で折る。

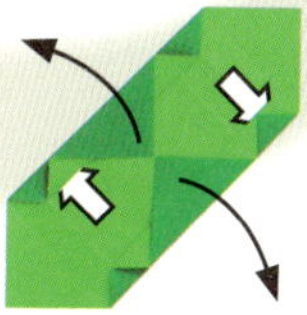

6 間を開いてたおす。

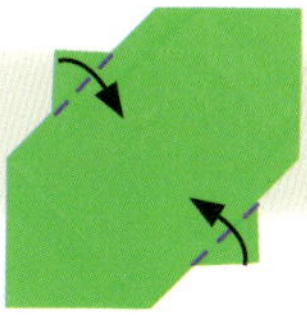

7 両端を折る。

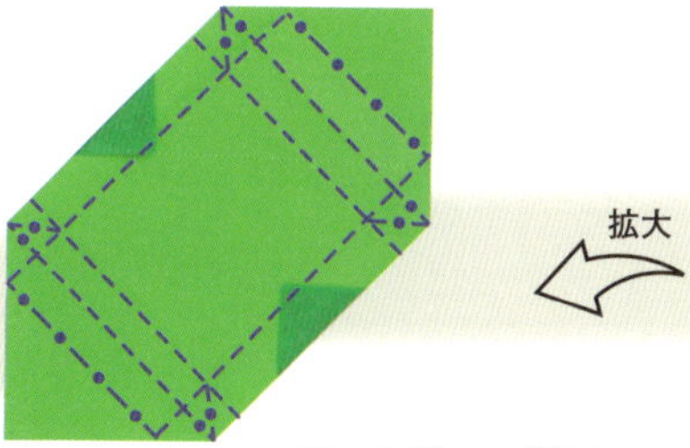

8 山折りの折り筋をつけて立体にする。

9 ●と○が合うように折る。

10 折ったところ。反対側も**9**と同様にする。

11 折ったところ。

できあがり

鎧櫃（脚）

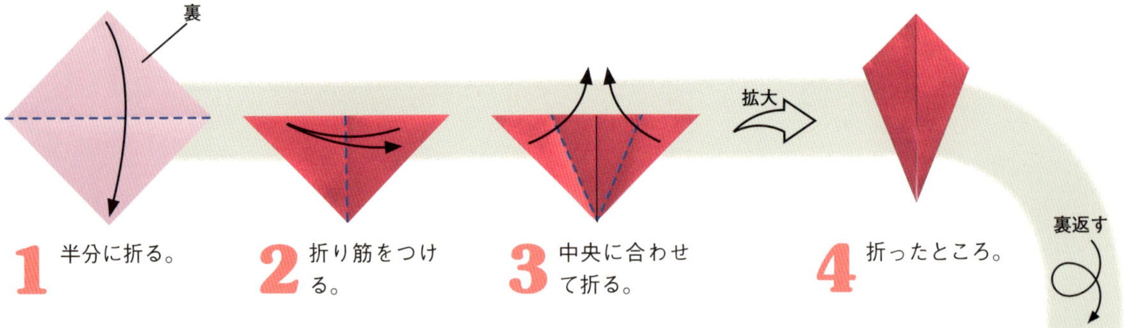

1 半分に折る。

2 折り筋をつける。

3 中央に合わせて折る。

4 折ったところ。

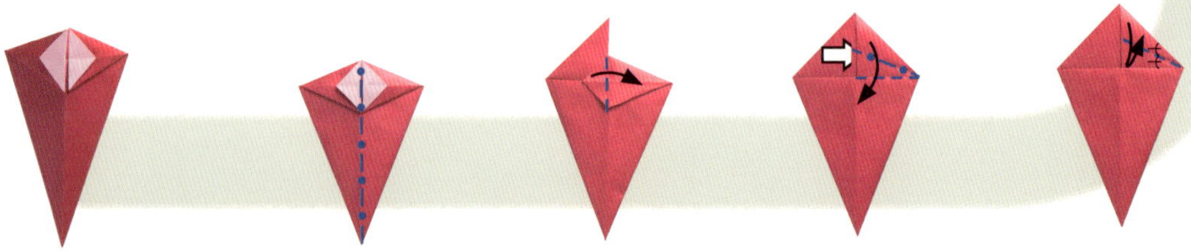

5 図の位置に折り筋をつける。

6 間を開いてたたむ。

7 谷折りする。もう片方も**5**～**7**と同様にする。

8 折り筋をつける。同じものをもう3個作る。

できあがり

兜台

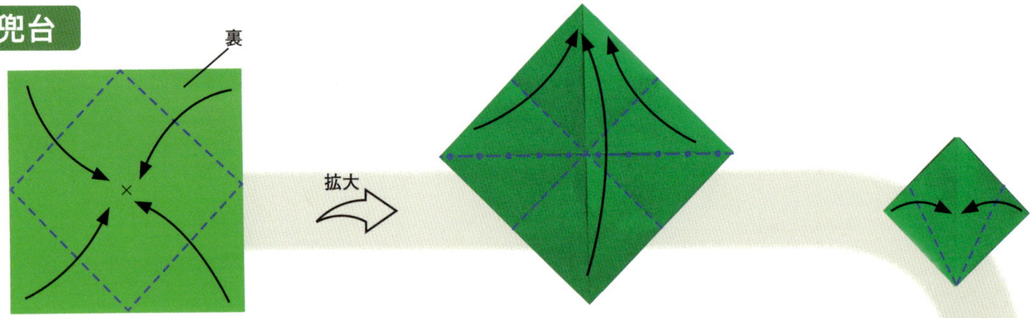

1 ざぶとん折り（P.9）にする。

2 四角折り（P.10）にする。

3 中央に合わせて折る。

4 折ったところ。裏も同様にする。

5 折り筋をつける。**2**の状態に戻す。

6 戻したところ。

次のページへ

7 図の通りに折り筋をつけ直す。

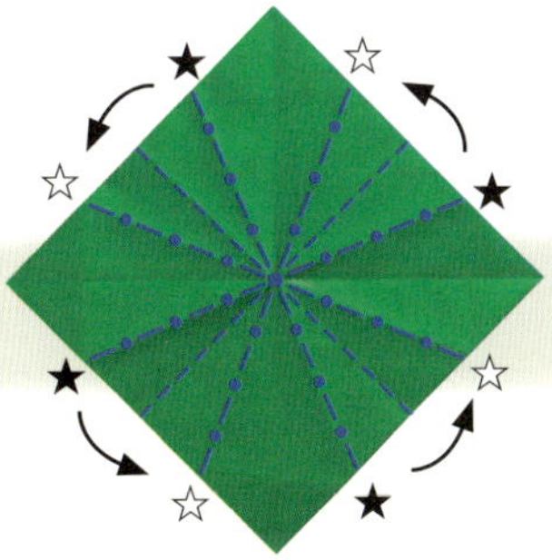

8 ★が☆に合うようにたたむ。

9 図の位置で山折りする。

10 折ったところ。残り3カ所も同様にする。

向きを変える

11 内側の様子。

向きを変える

できあがり

組み立て

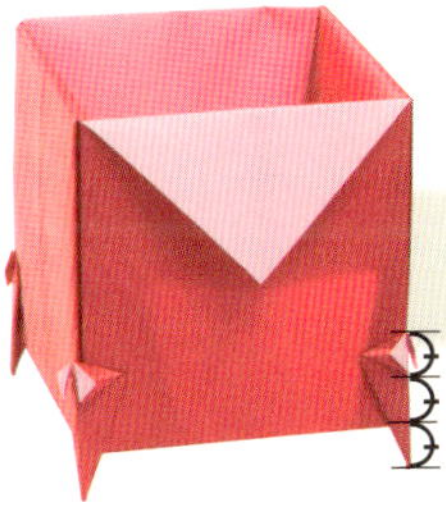

1 鎧櫃（脚）を下から1/3くらい出して鎧櫃（身）に4カ所貼りつける。

2 鎧櫃（身）の上に鎧櫃（ふた）をかぶせる。

3 鎧櫃（ふた）の上に兜台、兜をのせる。

できあがり

母の日　一輪挿し

ポケットに花を入れ、壁にかければ一輪挿しに。
小さく作ってプレゼントの箱や袋に、花とともに添えても素敵です。

Arrange (P.99)

一輪挿し

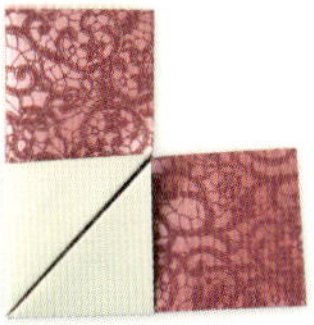

【材料】
20.5 × 20.5cm …… 1 枚

【できあがりサイズ】
14 × 14cm

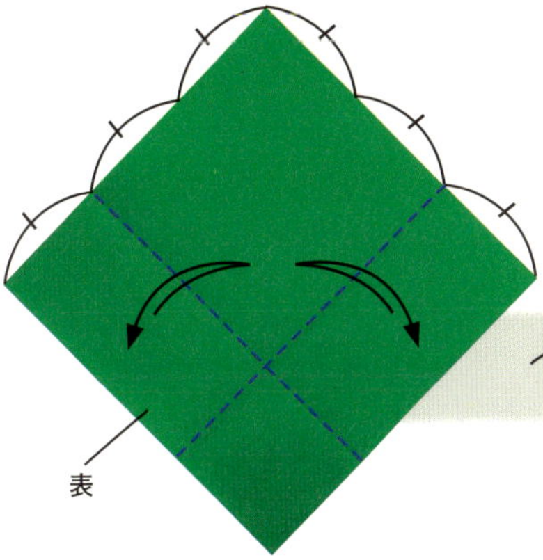

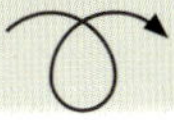

1 折り筋をつける。

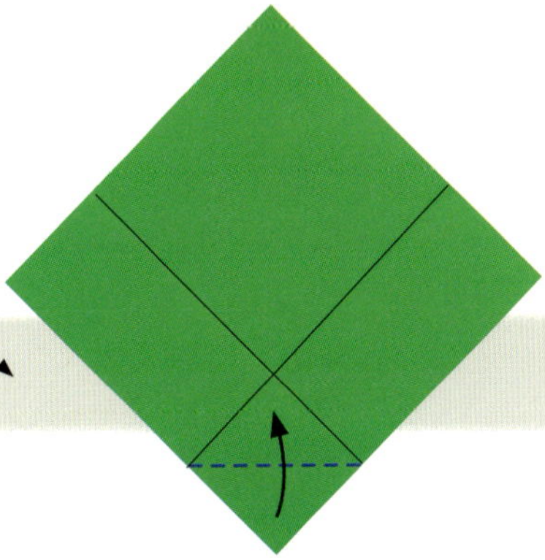

2 下を折る。

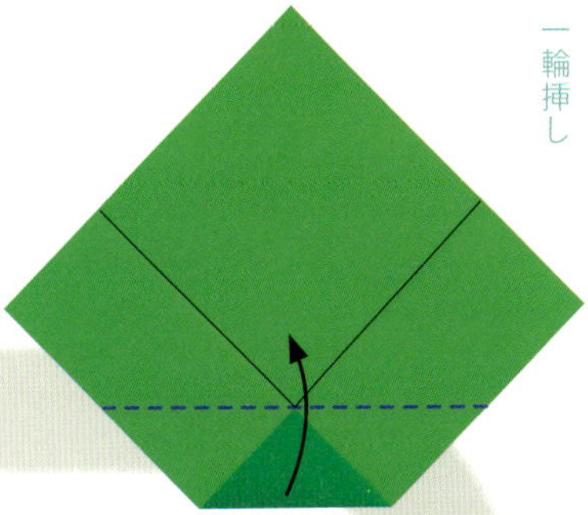

3 図の位置で谷折りにする。

4 折ったところ。

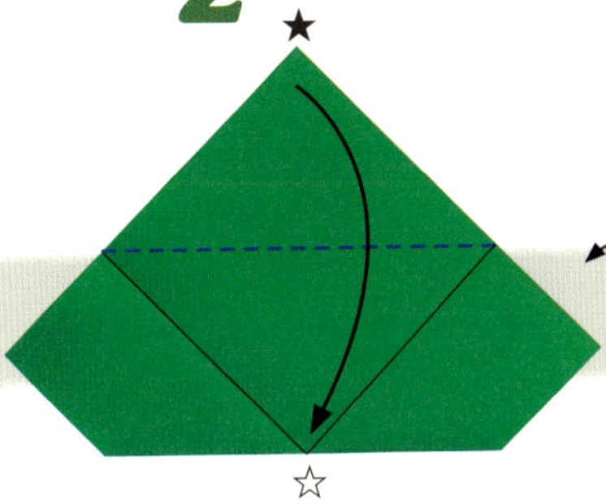

5 ★が☆に合うように折る。

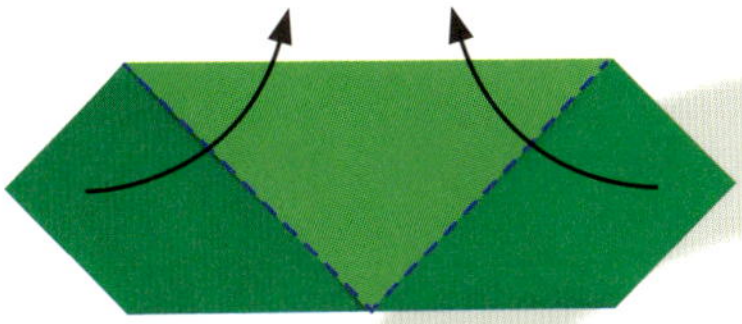

6 **5** で折った三角形にそって折り、のりで貼る。

7 折ったところ。

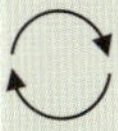

できあがり

※花を挿すときは、間を開けてポケットに挿す。
生花の場合は根元を包んでから挿すとよい。

Arrange　レースペーパーで折る

【材料】
20.5 × 20.5 cm …… 1 枚

【できあがりサイズ】
14 × 14 cm

【作り方】
1 ～ **7** と同様に折ります。
母の日には、カーネーションの赤が映えるレースペーパーを使って。フェミニンな印象に仕上がります。

クリスマスリース

12月を代表する花、ポインセチアで作るリース。
リボンやオーナメントなどをプラスすると、もっとにぎやかに。

 原案　天野美智子

クリスマスリース

【材料】

花1
赤（大）：6 × 6cm …… 2 枚
赤（小）：5 × 5cm …… 1 枚
緑：6 × 6cm …… 2 枚
花芯：0.5 × 15cm …… 5 〜 6 枚

花2
赤（大）：5 × 5cm …… 2 枚
赤（小）：4 × 4cm …… 1 枚
緑：5 × 5cm …… 2 枚
花芯：0.5 × 15cm …… 5 〜 6 枚

※上は花各1個分を作る材料です。花1、花2を4個ずつ作る材料を用意してください。

リース台：9.5 × 9.5cm …… 9 〜 11 枚

【できあがりサイズ】
(20 × 20) × 3.5cm

花

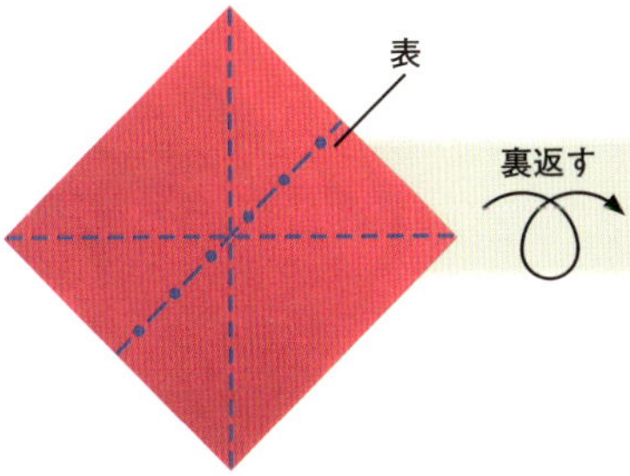

1 折り筋をつける。

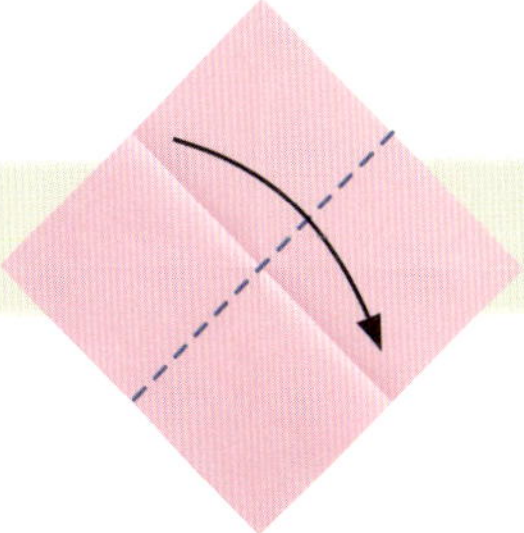

2 半分に折る。

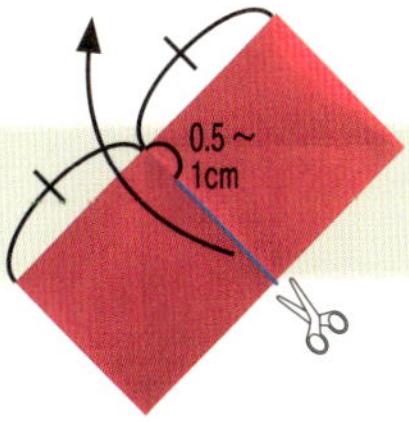

3 中心から0.5〜1cmくらい残して切り込みを入れ、開く。

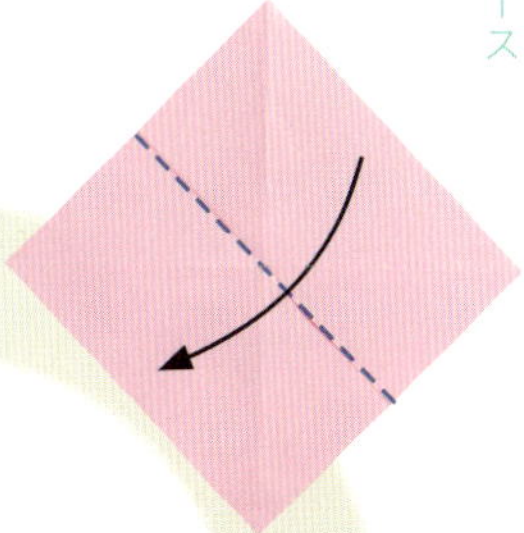

4 半分に折る。

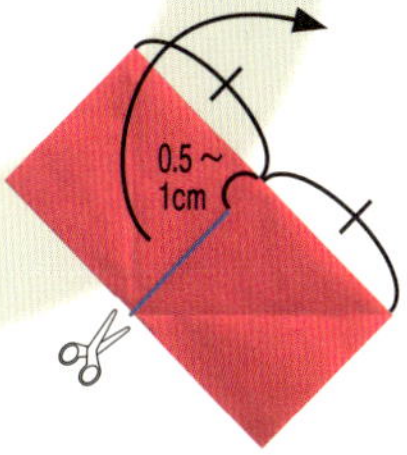

5 3と同様に、中心から0.5〜1cmくらい残して切り込みを入れ、開く。

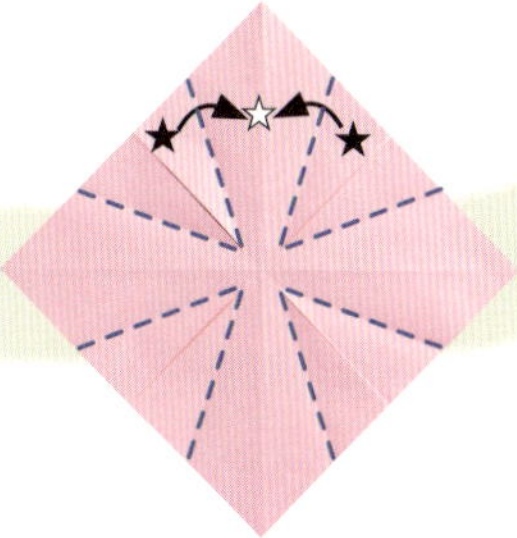

6 ★と☆が合うように斜めに折る。残り3カ所も同様にする。

7 折ったところ。

8 半分に折る。

9 角に三角に折り筋をつけ、☆が平行になるようにじゃばらに折って折り筋をつける。

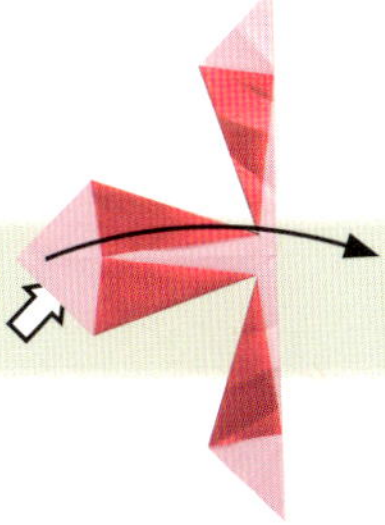

10 開く。

11 半分に折る。

次のページへ

12 9と同様に、角に三角に折り筋をつけ、☆が平行になるようにじゃばらに折って折り筋をつける。

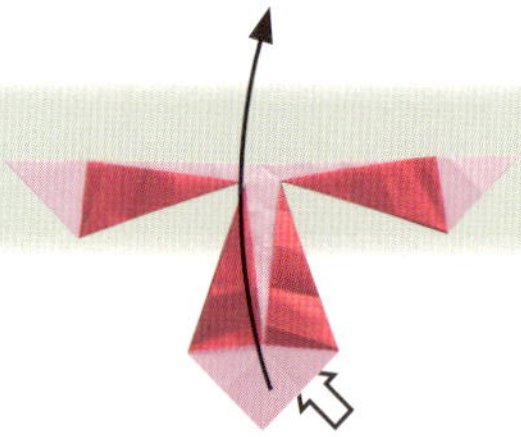

13 開く。

14 同様に花（大）をもう1枚、花（小）を1枚作る。3枚をずらして重ね、のりで貼る。

できあがり

※緑の花も同様に2枚作っておく。

花芯

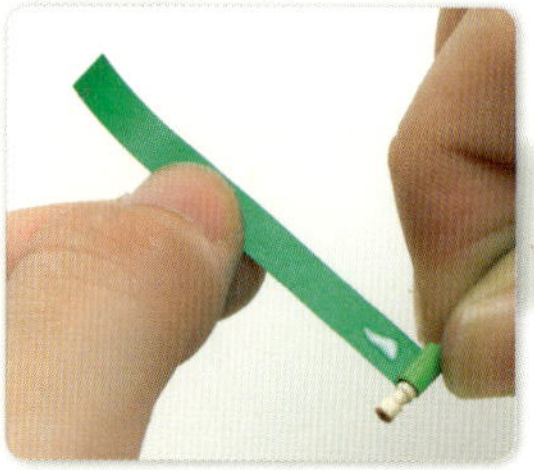

爪楊枝に巻き、最初と最後をのりでとめる。爪楊枝は抜いておく。

できあがり

花を組み合わせる

花芯5～6個を花（赤）の中心にのりで貼る。花（緑）の中心にのりをつけ、花（赤）を貼る。

できあがり

※同様の作り方で花1・2を4個ずつ作る。

リース台

1 つるし飾りの**1**～**9**と同じもの（P.115）を9～11枚作る。間を開いて交互に差し込む。

※わかりやすいように、差し込むパーツの色を変えています。

2 差し込んだところ。同様に差し込んでいき円にする。1枚ずつのりで貼る。

できあがり

組み立て

リース台の上の図の位置に花1・2をのせてのりで貼る。

Arrange　ひとつ折って

リースにせず、単品のままプレゼントに添えたり、ひもやリボンをつけてクリスマスツリーの飾りにしても。金や銀、白など、さまざま色で折っても楽しいでしょう。花を24×24㎝と23×23㎝ぐらいの大きな紙で折ってリボンをつけた壁掛けは、リースに負けない華やかな飾りです。

バラのお祝いギフト

プリザーブドフラワーの小箱をイメージした、バラのギフト。
贈る相手の好きな色で折ってあげましょう。

Arrange (P.106)

原案　新宮文明

バラ

【材料】
花：11 × 11cm …… 1 枚
葉：9 × 9cm …… 1 枚

【できあがりサイズ】
花：（6 × 6） × 3cm
葉：9 × 9cm

折り方のコツ

やわらかい和紙や折り紙は破れやすく、ねじった後にほどけやすいので、タント紙などかための紙がおすすめです。

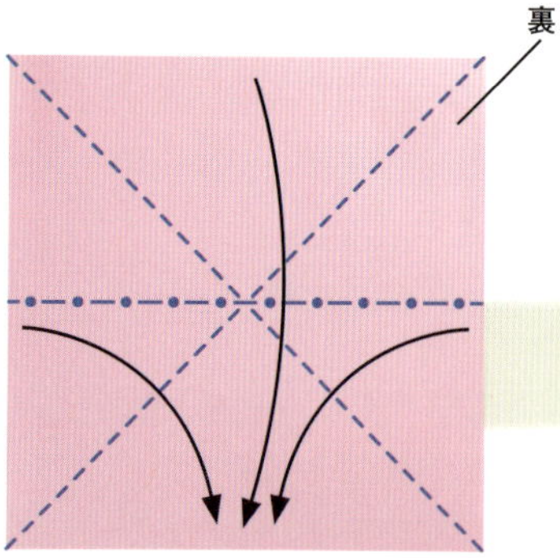

1 三角折り（P.11）にする。

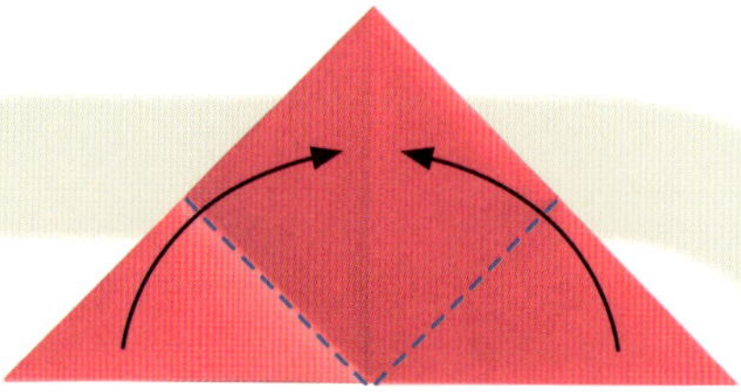

2 上の 1 枚を中心に合わせて折る。

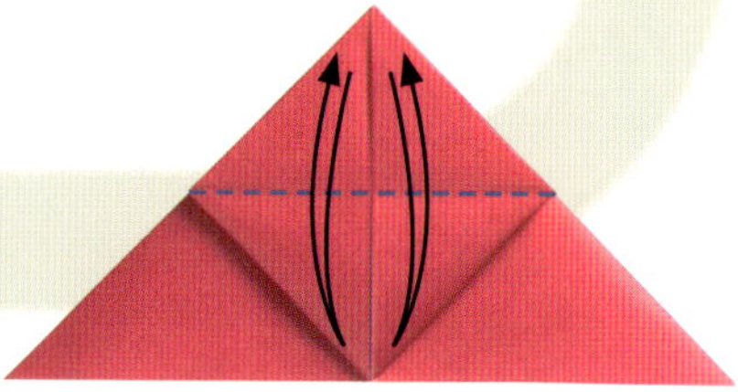

3 折り筋をつける。

たたんでいるところ。

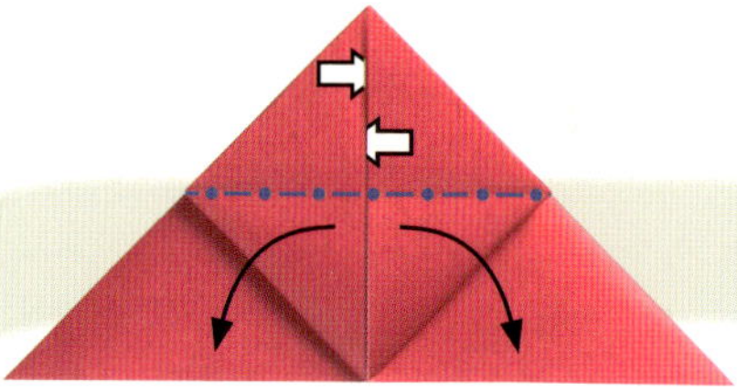

4 **3** でつけた折り筋を使って、開きつぶす。

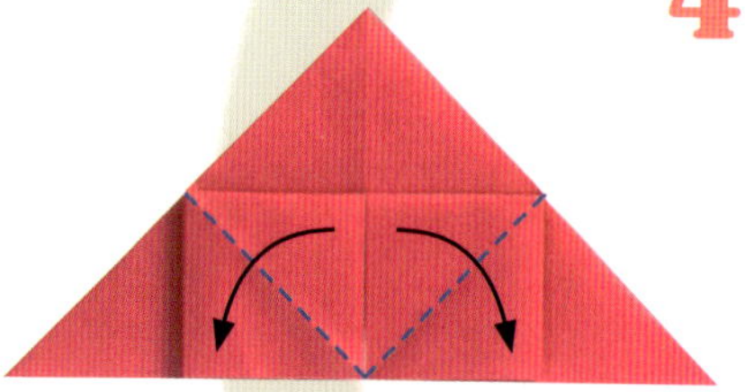

5 図の位置で折る。

6 折ったところ。裏も **2** ～ **5** と同様にする。

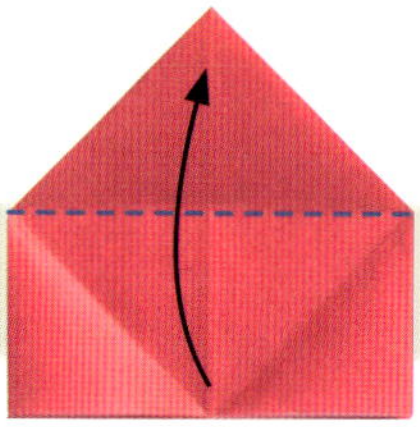

7 図の位置で折る。

▶▶▶ 次のページへ

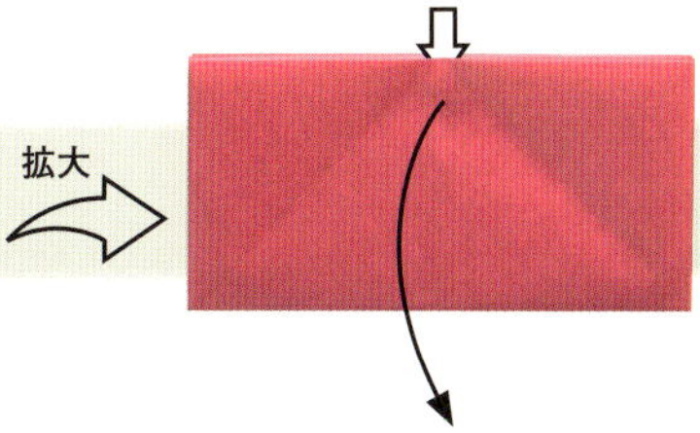

8 間を開く。

9 ★を外側へ開きつぶす。

開きつぶしているところ。

10 折ったところ。

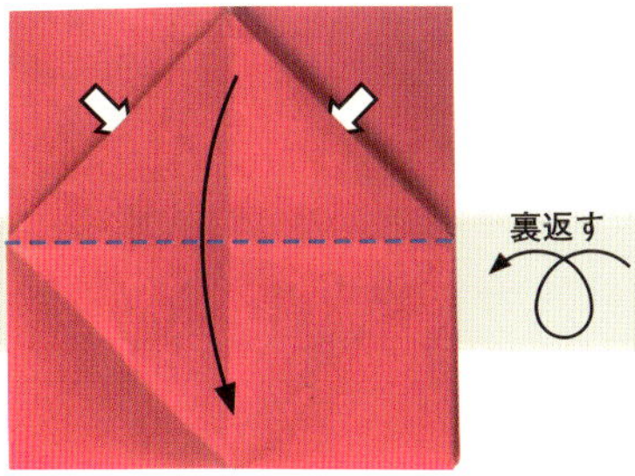

11 間を開き、角を立てる。

12 間を開く。

13 中心をピンセットではさみ、時計回りにねじる。

ねじりはじめ。3～4回ねじる。

ねじり終わり。紙が破れないように注意する。

14 花びらの先端8カ所を爪楊枝で外方向に巻く。

できあがり

葉

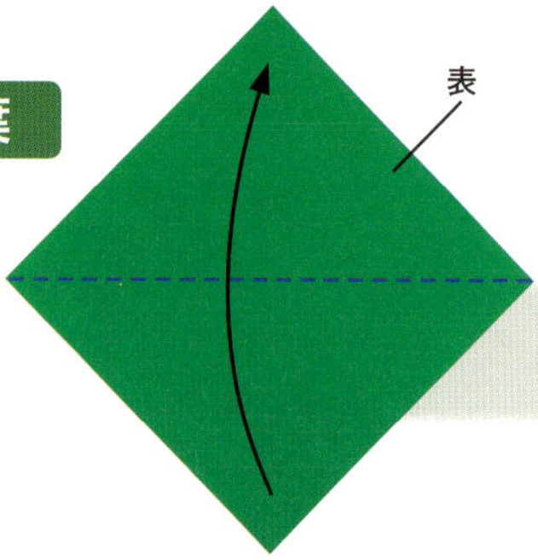

1 半分に折る。

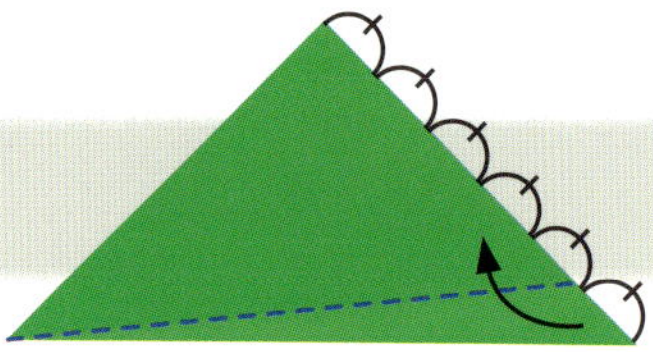

2 1/6くらいのところを斜めに折る。

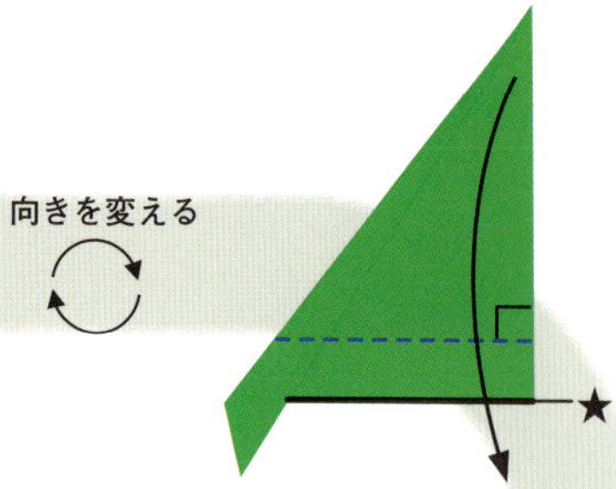

3 ★の線と平行に折る。

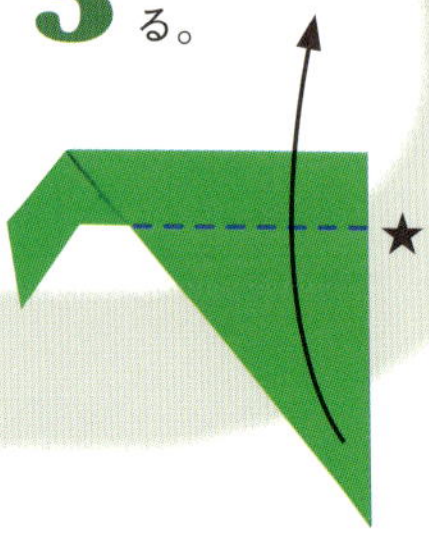

4 3の★の線に合わせて折る。

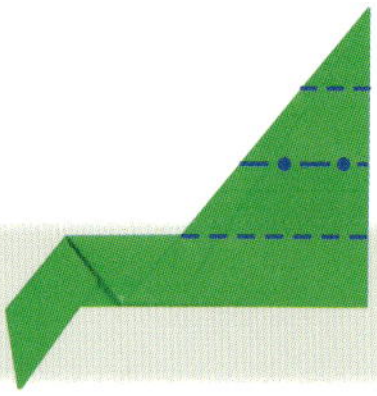

5 谷折り、山折りを交互にくり返してたたむ。

6 たたんだところ。3の形に戻す。

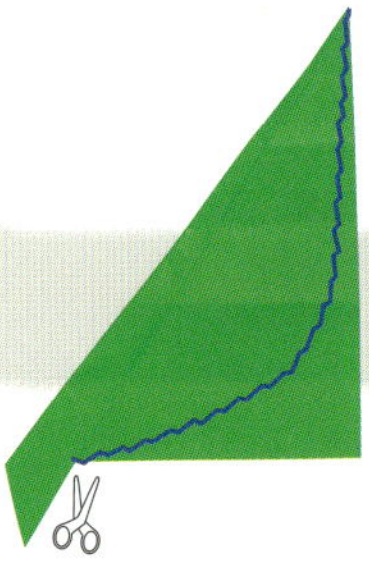

7 ピンキングばさみなどでギザギザに切る。

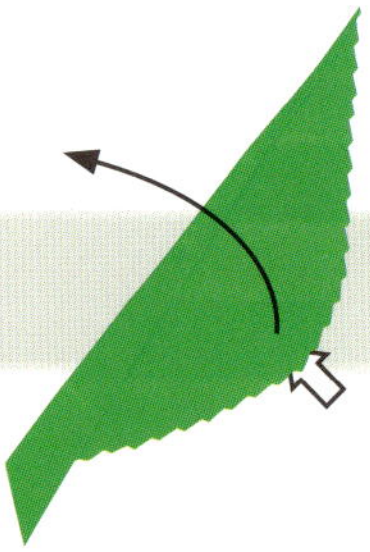

8 間を開く。

できあがり

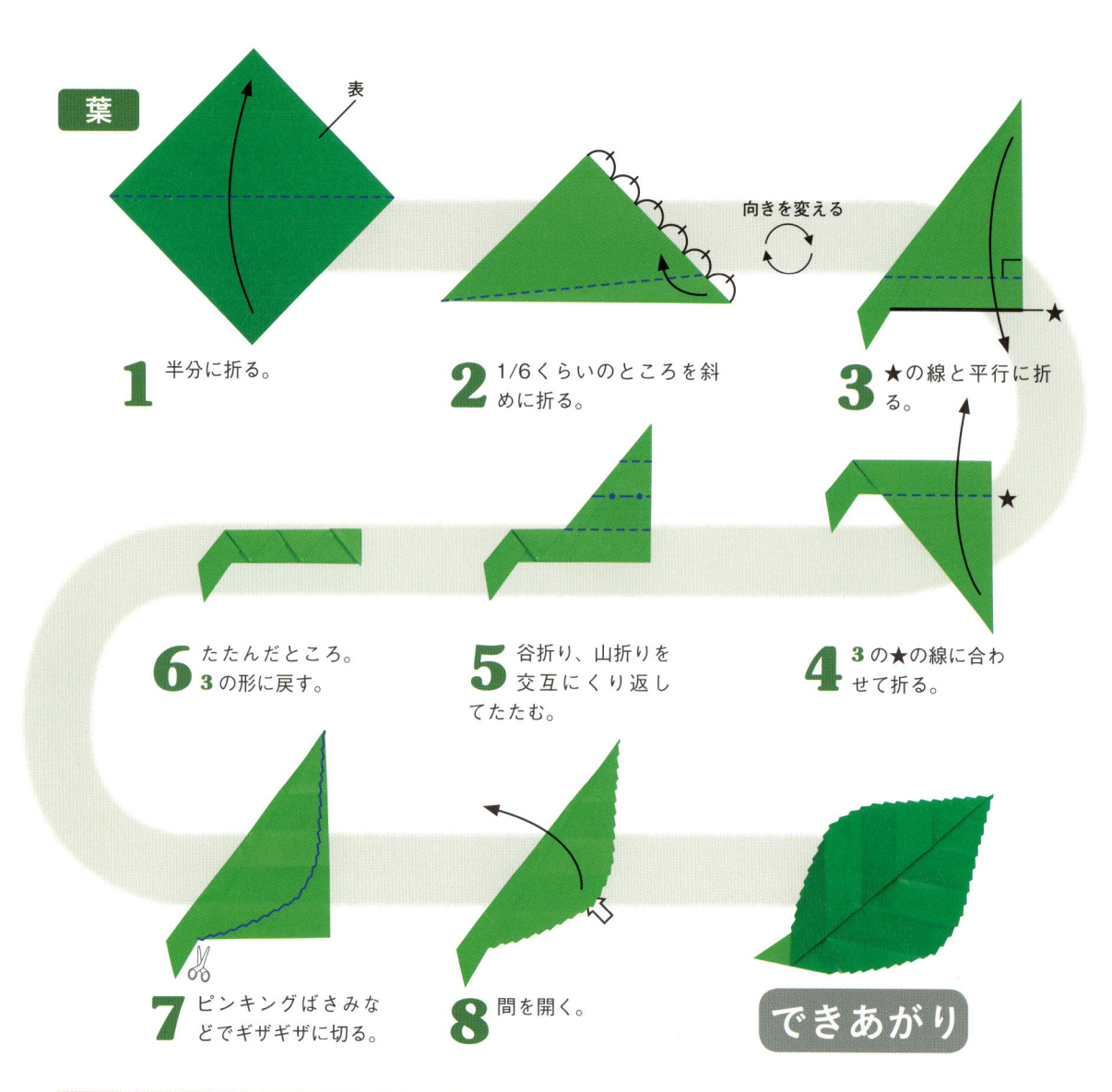

Arrange　花のブローチに

【材料】
花：11×11㎝ ……1枚
葉：9×9㎝ ……1枚
ブローチピン2.5㎝……1個

【できあがりサイズ】
(9×9)×3㎝

【作り方】

1 花にのりをつけ、葉に貼る。

2 ブローチピンを葉の裏側にのりで貼る。

Arrange (P.110)

くすだま

魔除けや病気除けの意味をもつくすだまは、お見舞いにもぴったり。
春は桜色や萌黄色、夏なら露草色や藤色と、季節の花の色で作っても。

くすだま

【材料】
花：12 × 12cm …… 40 枚
たこ糸：50cm …… 2 本
つり手用ひも：20cm以上 …… 1 本
針と糸：適量

【できあがりサイズ】
（13 × 13） × 13cm

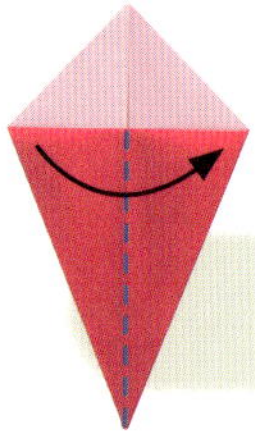

1 花の基本形（P.12）を折り、上の1枚を右に折る。

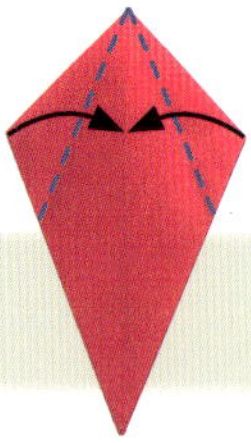

2 上の1枚を中央に合わせて折る。

3 折ったところ。残りの3カ所も同様にする。

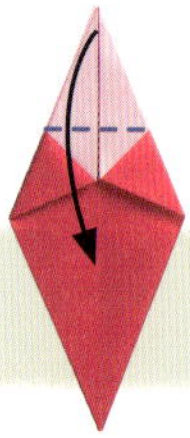

4 図の位置で折る。

5 折ったところ。残りの3カ所も同様にする。

6 折ったところ。開く。

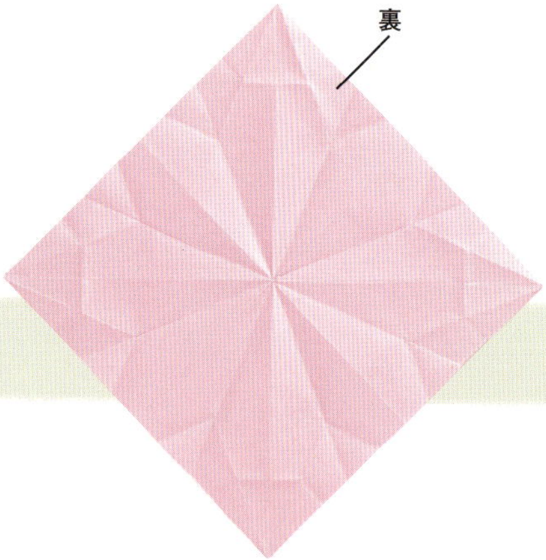

7 開いたところ。

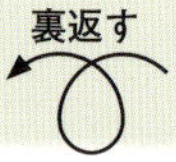

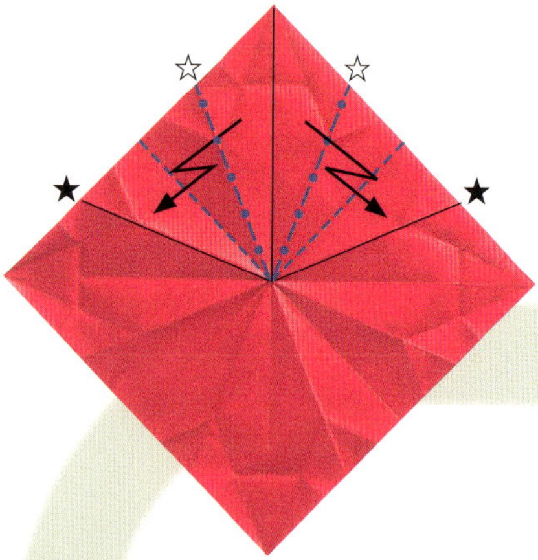

8 中心をへこませながら、☆と★が合うように折る。

9 折り線を使って、中央に合わせて折る。

10 折り線を使って折る。

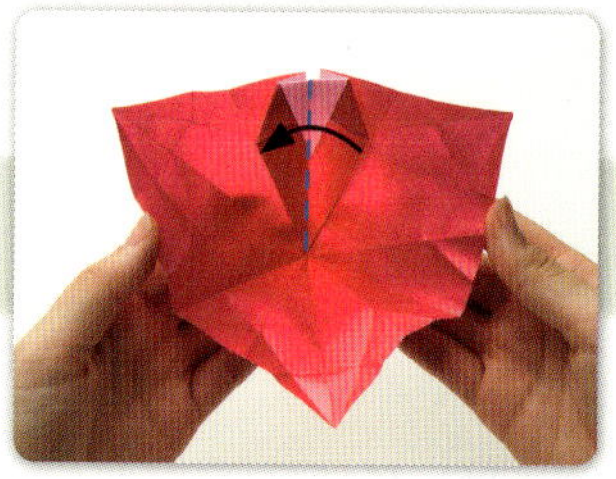

11 左へ半分に折る。8～11と同様に、残りの2カ所を折る。

次のページへ

12 折ったところ。最後の１カ所も**8**～**11**と同様に折る。

残り１カ所を折っているところ。花を広げながら折ると折りやすい。

できあがり

※同様にパーツを40個作る。

組み立て

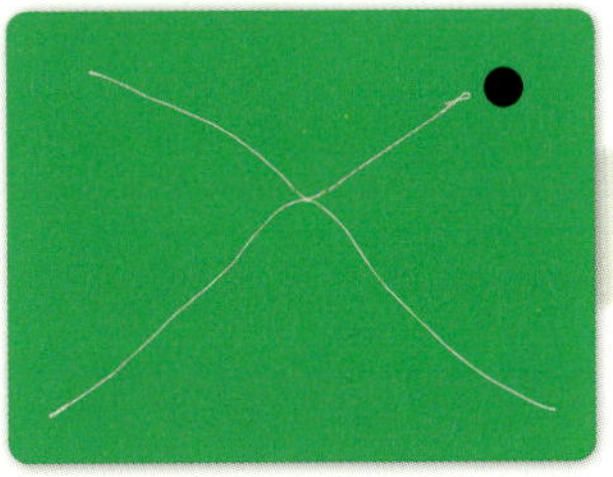

1 2本のたこ糸を中心で十文字に結び、端の1カ所を目印のために結んでおく（●）。

2 別の糸を通した針を用意し、先から0.5cmくらいのところに通す。パーツを10個つなげる。

3 10個つなげたところ。輪にして結ぶ。これを4組作る。

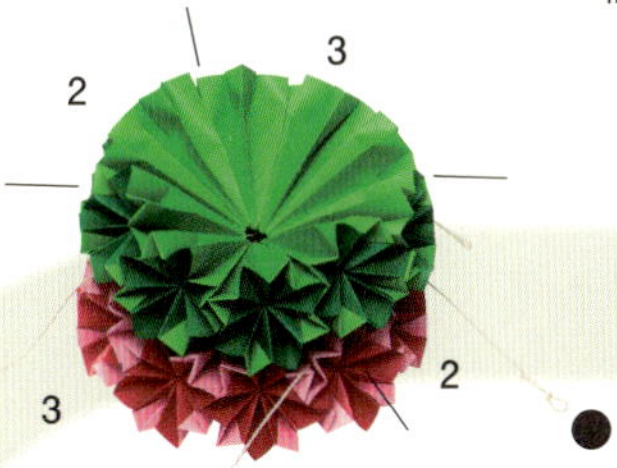

6 次の輪を上にのせる。**7**の図を参考に、**5**で通した位置とずらしてたこ糸を通す。

5 残りの3本のたこ糸は●から3個先、次は2個先、次は3個先の間に**4**と同様にして通す。

4 **1**のたこ糸の中心に**3**の輪を１組のせ、**1**で作った●のたこ糸を図のようにパーツの間に通す。

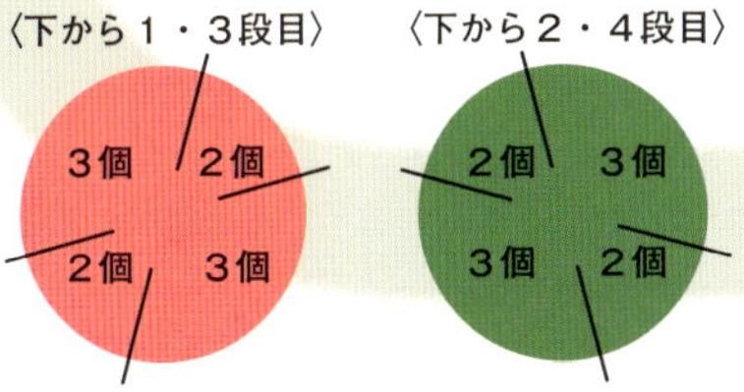

7 3段目、4段目も同様に前の段で通した位置とずらしてたこ糸を通す。

4段すべてにたこ糸を通したところ。

8 4本のたこ糸を1つにまとめ、中心を押さえながら引っ張り、球体にする。

次のページへ

9 たこ糸を2本ずつ持ち、一度結ぶ。結び目が中心に届くまで両手で引っ張る。

10 つり手用ひもを通し、しっかりと結ぶ。4本のたこ糸の残りはくすだまの中に入れておく。

できあがり

Arrange　花の形を変えて

基本のパーツの中に応用のパーツを差し込んで作ります。花の内側と外側の色の組み合わせを楽しみながら作りましょう。

【材料】
12×12cm ……40枚
8×8cm ……40枚

【できあがりサイズ】
(15×15)×15cm

※組み立て方はくすだまと同様にする。

【作り方】

1 12×12cmの紙でくすだまの**1**～**12**と同様に折る。

2 8×8cmの紙でくすだまの**1**～**3**と同様に折る。

3 花の先の4カ所を爪楊枝で丸める。

4 丸めたところ。

5 **1**のパーツに**4**を差し込む。同様に40個作る。

できあがり

心くばりのコツ

お見舞いに

薬玉、久寿玉とも書かれるくすだまは、薬草や香料を袋につめた飾りものが起源といわれます。病気除けの意味もあるため、「お見舞い」として励ましの気持ちを込めた贈り物に。病室がぱっと華やぎます。生花が禁止されている病院などでは、重宝します。

COLUMN

年中行事

四季に恵まれた日本は、季節ごとの行事や習わしを大切にしてきました。
そんな暮らしのワンシーンに折り紙作品を加えるのも素敵です。

1月

1月1日：元日（寿鶴P.78）
1月1～7日：正月（松の内）
1月7日：人日《じんじつ》の節句、七草がゆ
1月11日：鏡開き
1月15日：小正月
1月20日ごろ：大寒《だいかん》

お年玉をぽち袋（P.44）に入れてあげましょう

2月

2月3日ごろ：節分
2月4日ごろ：立春《りっしゅん》
2月最初の午の日：初午《はつうま》
2月8日：針供養
2月14日：バレンタインデー
2月19日ごろ：雨水《うすい》

花形ボックス（P.29）にチョコレートを入れて

3月

3月3日：ひな祭り（ひな人形P.85）
3月4日ごろ：啓蟄《けいちつ》
3月14日：ホワイトデー
3月21日ごろ：春分の日
3月下旬～4月上旬：花見

桜の器（P.144）で花見の席をにぎやかに

4月

4月1日：エイプリルフール
4月5日ごろ：清明《せいめい》
4月8日：花祭り
4月上旬：イースター
4月13日：十三参り
4月20日ごろ：穀雨《こくう》

5月

5月2日ごろ：八十八夜
5月5日：端午の節句（兜と鎧櫃P.91）
5月6日ごろ：立夏《りっか》
5月第2日曜日：母の日（一輪挿しP.98）
5月21日ごろ：小満《しょうまん》

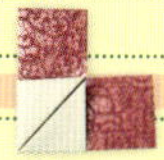

6月

6月1日：衣替え
6月6日ごろ：芒種《ぼうしゅ》
6月中旬：入梅
6月第3日曜日：父の日
6月22日ごろ：夏至《げし》

引き出しボックス（P.33）にメッセージカードを入れて

7月

7月1～15日：お中元
7月2日ごろ：半夏生《はんげしょう》
7月8日ごろ：小暑《しょうしょ》
7月16日～立秋まで：暑中見舞い
7月20日ごろ：土用の入り
7月23日ごろ：大暑《たいしょ》

暑中見舞いを花飾り（P.117）でアレンジ

8月

8月8日ごろ：立秋《りっしゅう》
8月13～16日：お盆
8月24日ごろ：処暑《しょしょ》

帰省の土産を折り紙のバッグ（P.66）に入れて

9月

9月1日ごろ：二百十日
9月8日ごろ：白露《はくろ》
9月9日：重陽の節句
9月第3日曜日：敬老の日
9月23日ごろ：秋分の日
9～10月初旬の満月の日：十五夜

お祝いの品を心を込めてラッピング（P.72）

10月

10月1日：衣替え
10月9日ごろ：寒露《かんろ》
10月23日ごろ：霜降《そうこう》
10月31日：ハロウィン
10～11月初旬：十三夜

おうち形の箱（P.24）にお菓子を入れてプレゼント

11月

11月8日ごろ：立冬《りっとう》
11月15日：七五三
11月23日ごろ：小雪《しょうせつ》
11月酉の日：酉の市

ぽち袋（P.44）に飴を入れて配っても

12月

12月1～20日ごろ：お歳暮
12月7日ごろ：大雪《たいせつ》
12月13日：正月ことはじめ
12月22日ごろ：冬至《とうじ》
12月25日：クリスマス（クリスマスリースP.100）
12月31日：大晦日《おおみそか》

フォトスタンド

写真やポストカードを入れられる、便利なフォトスタンド。
中に入れるものの絵柄に合わせて紙を選ぶと、よりおしゃれです。

アレンジ　湯浅信江

フォトスタンド

【材料】
17 × 24cm …… 1 枚

【できあがりサイズ】
（11 × 15） × 3.5cm
※ふせて置いたときのサイズ

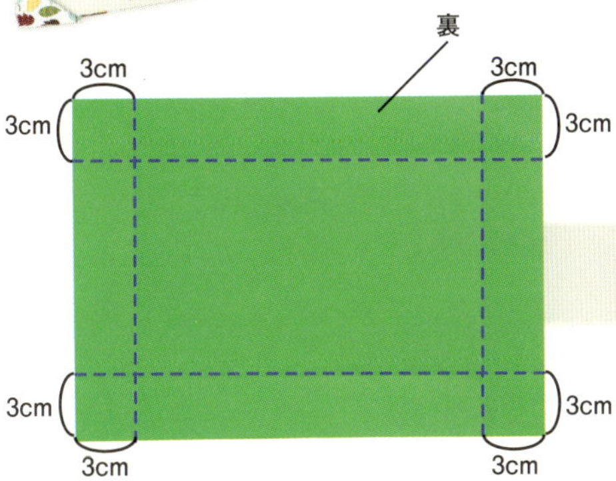

1 折り筋をつける。

2 端を４カ所折る。

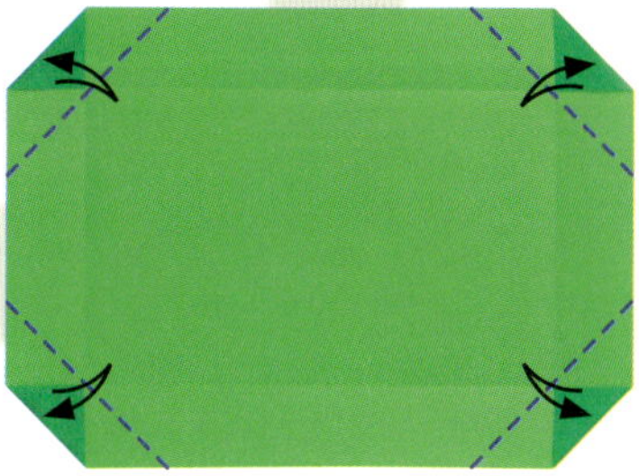

3 図の位置に折り筋をつける。

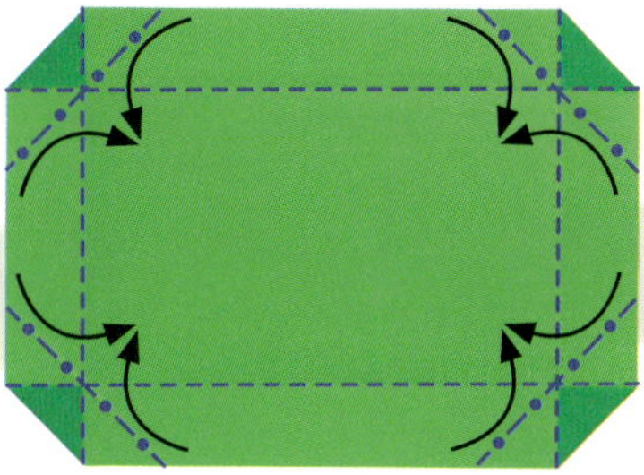

4 **3** でつけた折り筋を山折り線につけ直し、たたむ。

たたんでいるところ。

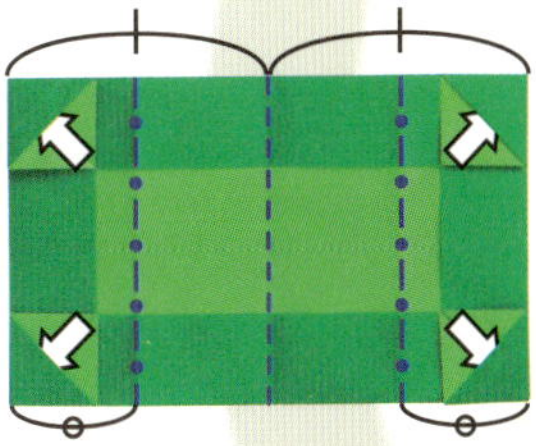

5 図の位置で折る。写真を飾るときは、４カ所の三角ポケットに写真を差し込む。

できあがり

心くばりのコツ

旅の思い出をプレゼント

旅行やパーティの写真などを配るときに、茶封筒では味気ない……。そう感じたときは、このスタンドに入れてプレゼントして。旅先で買った品の包装紙などで折ると、思い出の写真がより味わい深いものに。**5** で折るときに写真にサイズを合わせて折ると、ぴったり入ります。

つるし飾り

シンプルなパーツをつなげて作る、つるし飾り。
箱形のパーツの中に、鈴やハーブを入れると、音や香りが楽しめます。

 アレンジ　冨田登志江

つるし飾り

【材料】
大：7 × 7cm …… 6 枚
中：6 × 6cm …… 6 枚
小：5 × 5cm …… 6 枚
※上は箱形のパーツを大・中・小各1個作る材料です。個数はお好みで作ってください。
枝：30cm、17cm …… 各1本
ひも：適量

【できあがりサイズ】
約 30 × 35cm

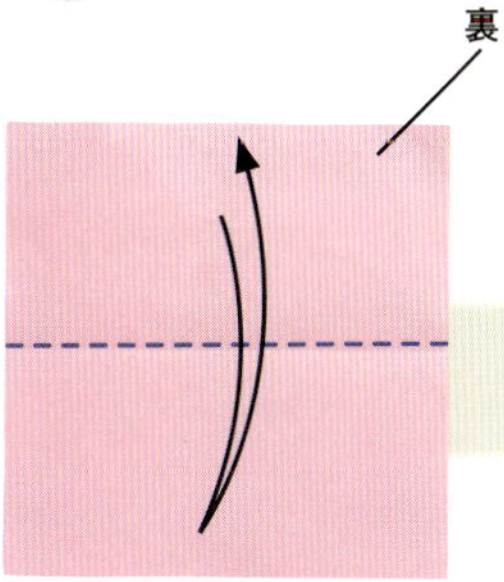

1 折り筋をつける。

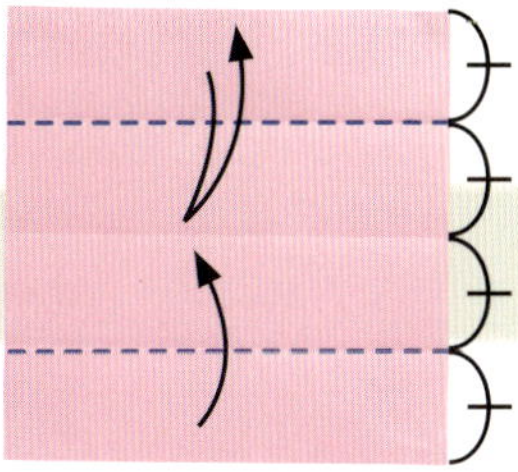

2 上は折り筋をつける。下は谷折りにする。

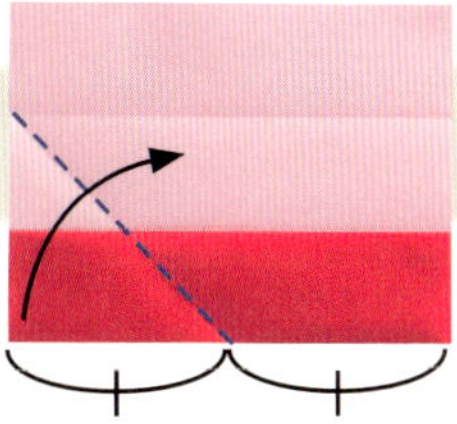

3 斜めに折る。

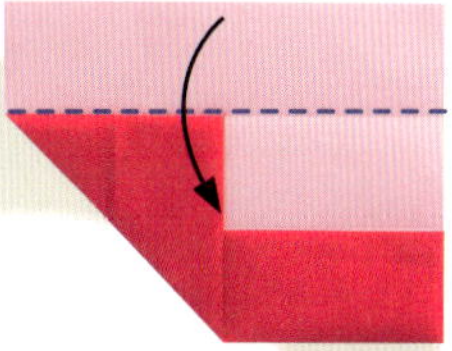

4 上を折る。

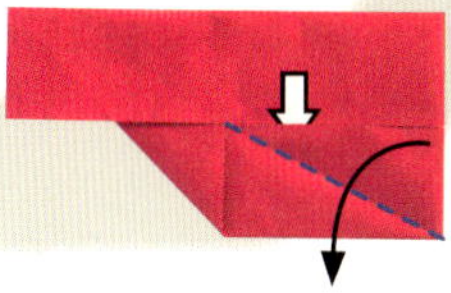

5 間を開いて斜めに谷折りする。

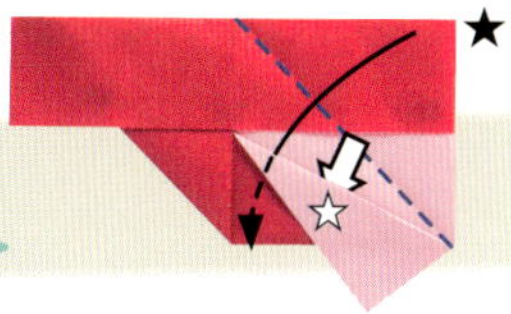

6 間を開いて★を☆の下に差し込む。

差し込んでいるところ。

向きを変える

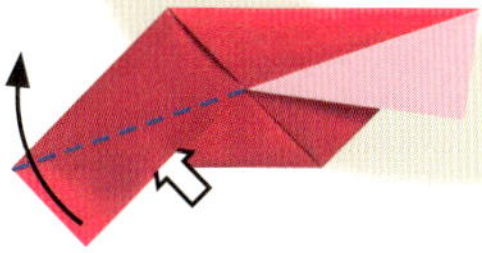

7 5と同様に間を開いて斜めに谷折りする。

8 左右2カ所とも山折りする。

9 折ったところ。

裏返す

10 2カ所に折り筋をつける。

裏返す

11 1枚できあがり。

次のページへ

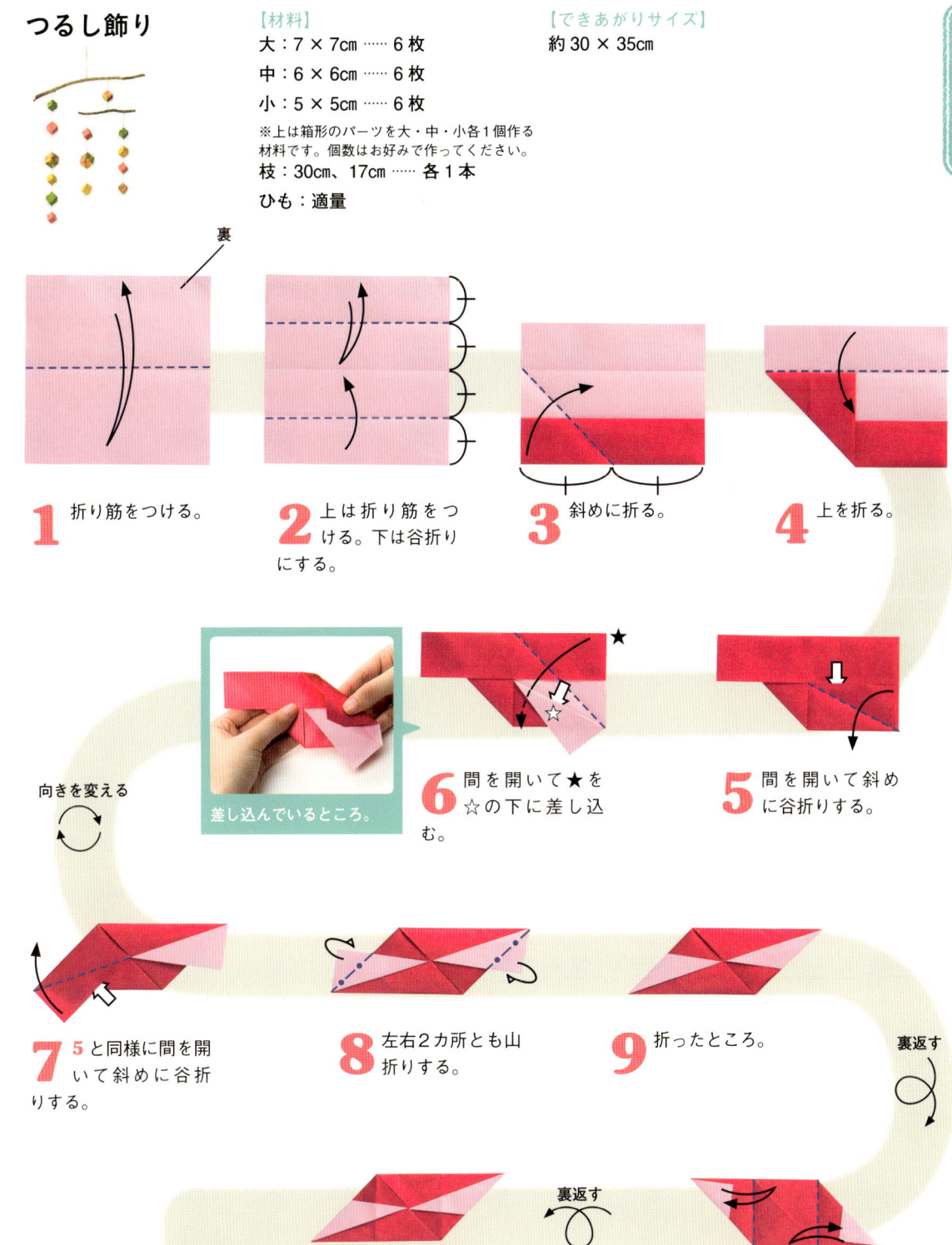

12 同様に6枚作る。

※3色ミックスする場合は、Ⓐ、Ⓑ、Ⓒのように2枚ずつ同じ色のパーツを作る。

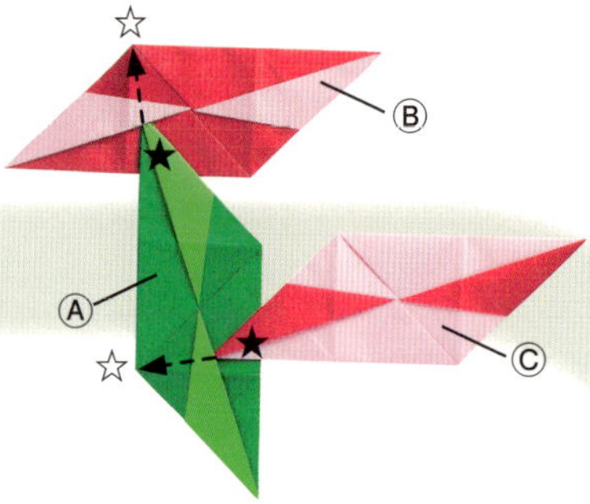

13 Ⓑの間を開きⒶの★をⒷの☆に差し込む。同様にⒸの★をⒶの☆に差し込む。残り3枚を14のように差し込む。

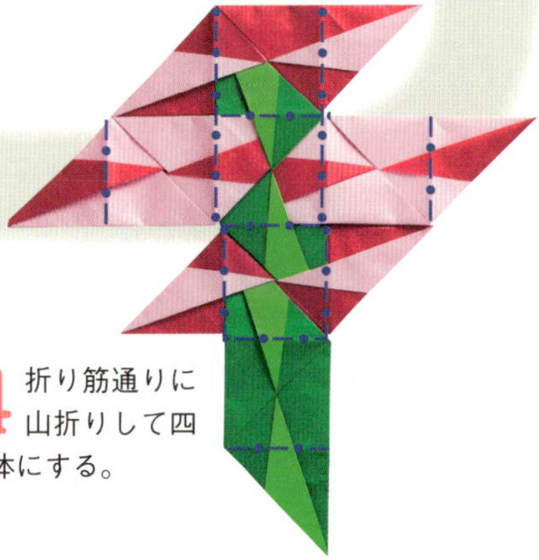

14 折り筋通りに山折りして四角の立体にする。

15 13と同様に重なり合うパーツの間を開き、パーツの先を差し込んでいく。

できあがり

※大きさを変え、必要な個数を作る。

組み立て

飾りを並べ完成形のイメージを決める。一本のひもに飾りを通し、木の枝にひもを結ぶ。バランスをみながらひもの位置を調節する。

枝分かれした部分を作るときは、先にその部分だけでバランスを整えてから、大きな枝にまとめるとバランスがとりやすいです。

＜途中の糸の通し方＞

飾りの一面を開き、ひもを●から○へ対角に通して閉じる。

＜終わりの糸の通し方＞

飾りの一面を開き、結び目を作ったひもを入れて閉じる。

花飾り（3種）

小さな花をたくさん折って、記念日に彩りを添えましょう。
紙袋、便せん、しおり、ブックカバーなど、さまざまな物に使えます。

原案（小花A・小花C）　中島進

小花 (A)

【材料】

花：5.5 × 5.5cm …… 2 枚

つぼみ：5.5 × 5.5cm …… 1 枚

【できあがりサイズ】

花：3 × 3cm

つぼみ：1.5 × 1cm

> **折り方のコツ**
>
> プロセス**10**で切り出す花びらは1/4しか使いません。余った分は、ほかの花やつぼみに活用しましょう。

花

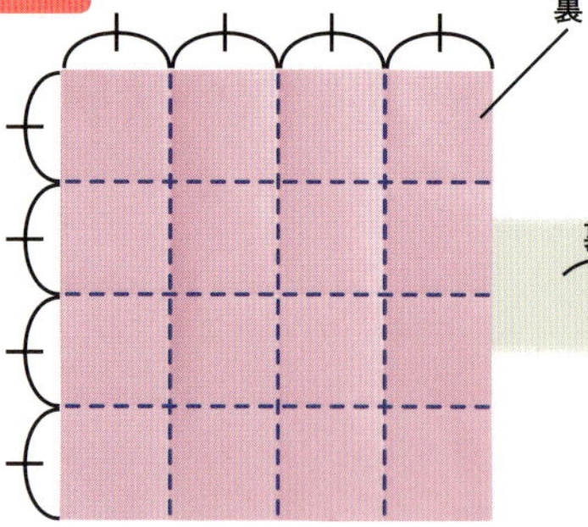

1 図の位置に折り筋をつける。

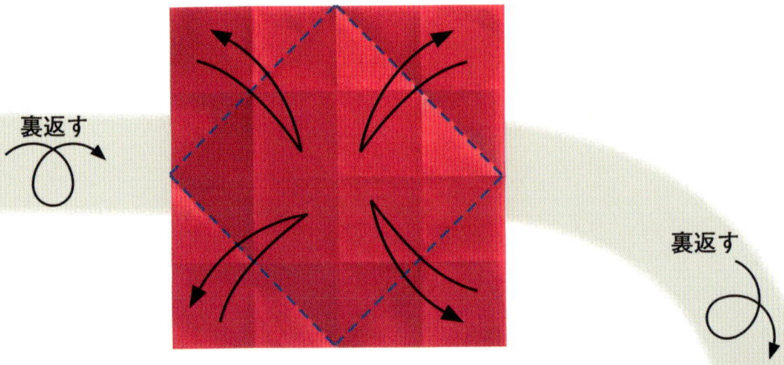

裏返す

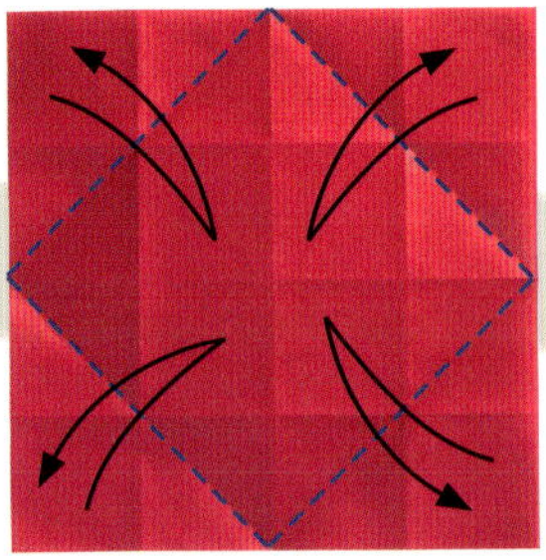

2 角が中心に合うように折り筋をつける。

裏返す

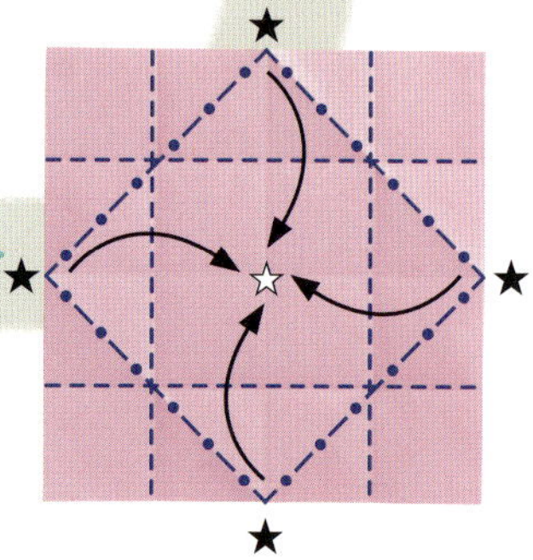

3 ★が☆につくように折り筋通りにたたむ。

まずは左右の★をつける。

次に上下の★をつけてたたむ。

拡大

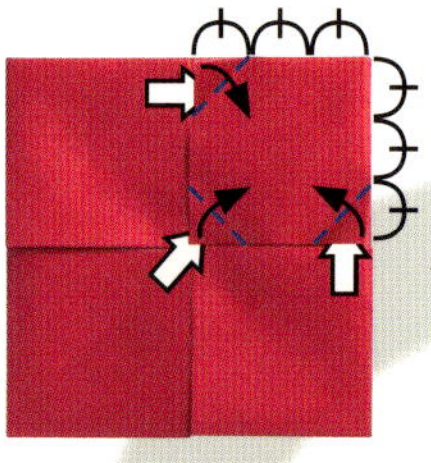

4 上の1枚を図の位置で折る。

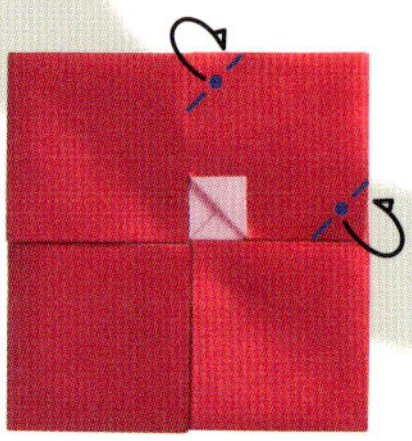

5 2カ所を戻し、折り筋のところで山折りする。

6 折ったところ。残り3カ所も**4**、**5**と同様にする。

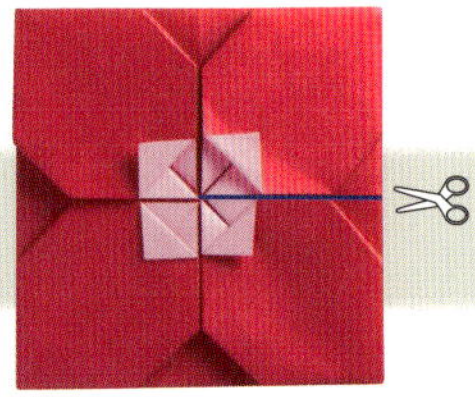

7 1カ所に切り込みを入れる。

次のページへ

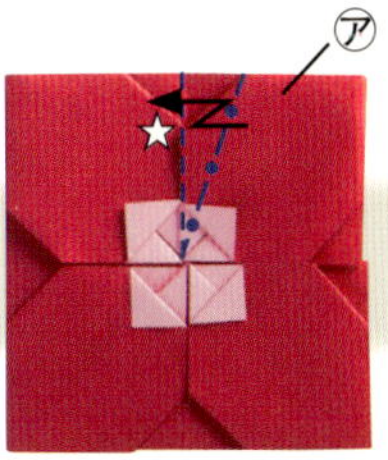

8 ㋐の面が☆の上に重なるように、後ろの紙を段折り（P.8）にする。残り2カ所も同様にする。

段折りしているところ。

段折りしたところ。

9 段折りしたところ。

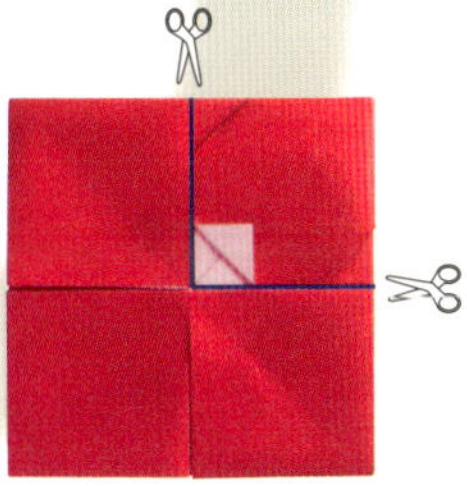

10 1～5を折ったものをもう1個作り、1/4を切り取る。

11 つけ足す花びらのできあがり。この花びらを9につけ足す。

12 ★の下に☆を差し込み、中心を合わせる。

※わかりやすいように、つけ足す花びらの色を変えています。

13 ★の下に☆を差し込む。

14 差し込んだところ。のりづけする。

15 角を少し山折りにする。

できあがり

つぼみ

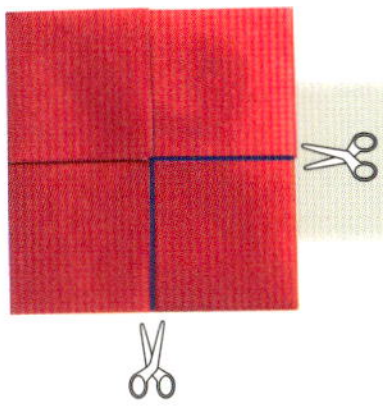

1 花の4と同じものを作り、1/4を切り取る。花の10の残りを使ってもよい。

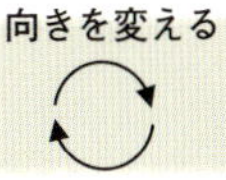

2 左右と上の角を山折りにする。

できあがり

小花（B）

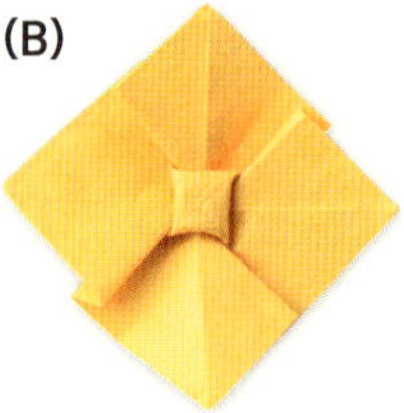

【材料】
2.5 × 2.5cm …… 1 枚

【できあがりサイズ】
2 × 2cm

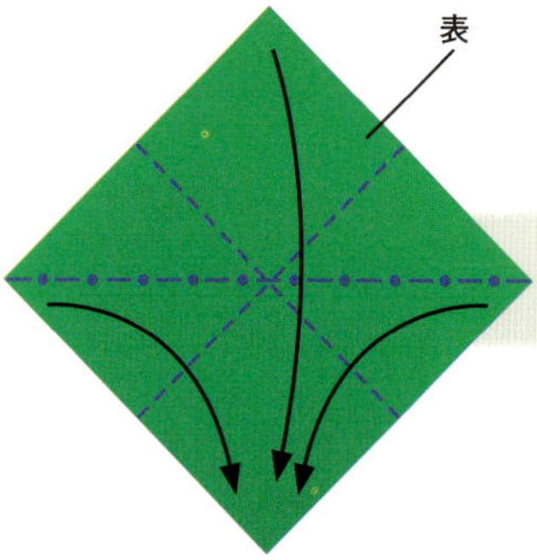

1 四角折り（P.10）にする。

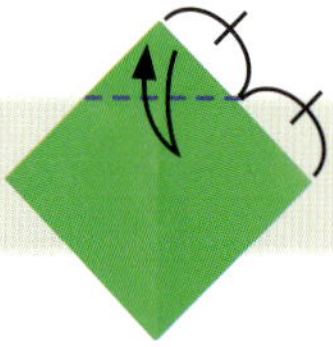

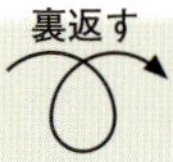

2 図の位置に折り筋をつけ、開く。

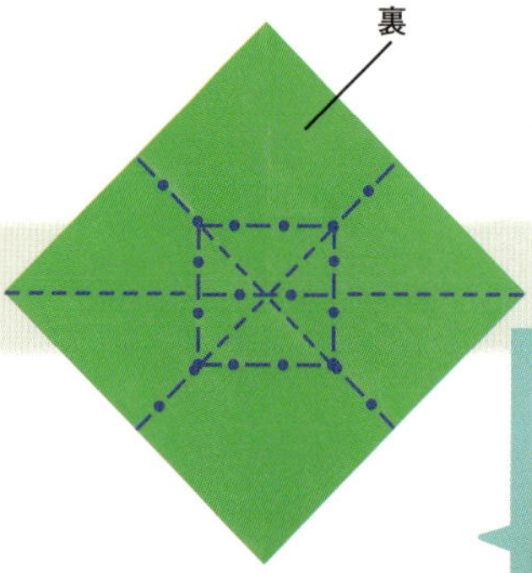

3 折り筋を折り直して中心の四角を沈めるように折りたたむ。

たたんでいるところ。

拡大

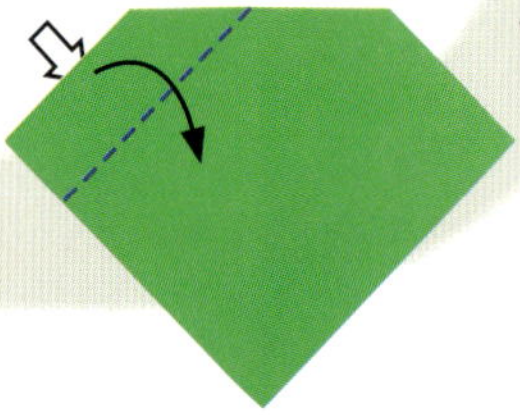

4 中央の折り筋に合わせて左側の上の1枚を折る。

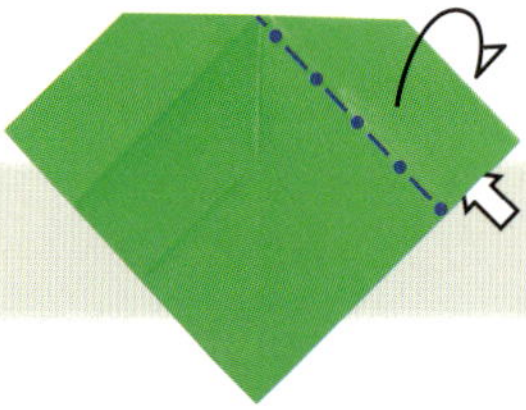

5 右側は山折りにする。裏も**4**～**5**と同様にする。

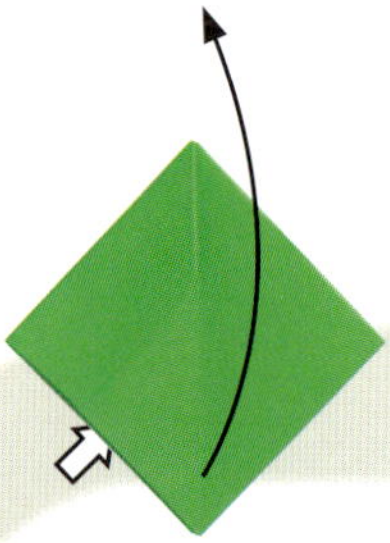

6 間を開く。

開いているところ。

7 大きく開き、中央の四角をつぶす。

できあがり

小花（C）

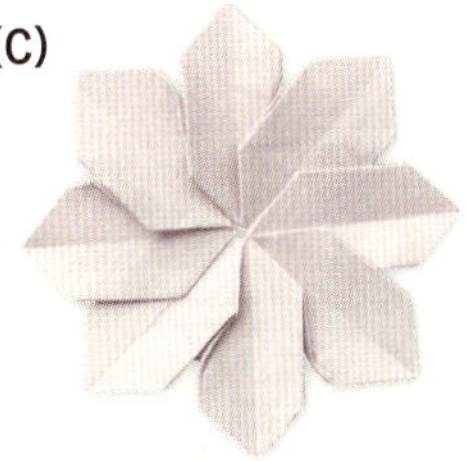

【材料】
2.5 × 2.5㎝ …… 2枚

【できあがりサイズ】
4.5 × 4.5㎝

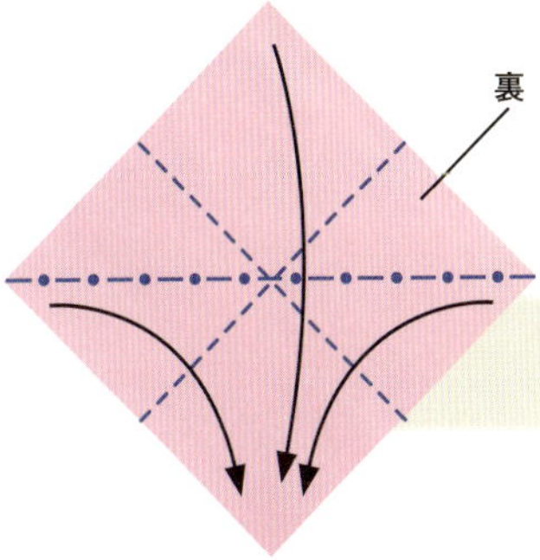

1 四角折り（P.10）にする。

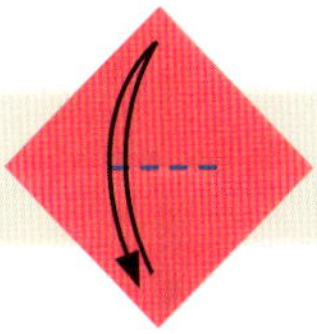

2 上の1枚の中心に折り筋をつける。

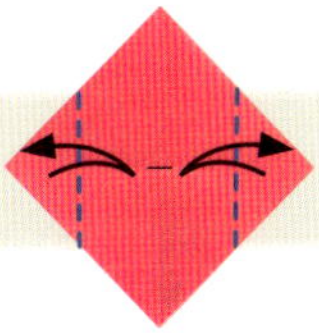

3 中心に合わせて上の1枚に折り筋をつける。

4 間を開き、3の折り筋を使って中割り折り（P.8）にする。

5 折ったところ。裏も2～4と同様にする。

6 折ったところ。開く。

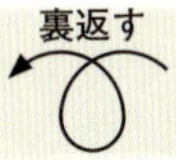

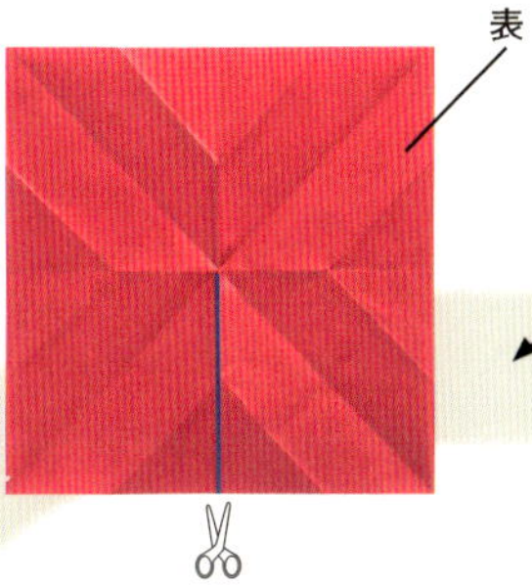

7 開いたところ。図の位置に切り込みを入れる。

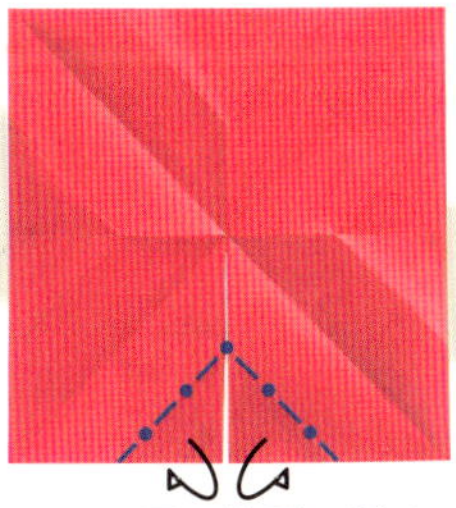

8 図の位置で折る。

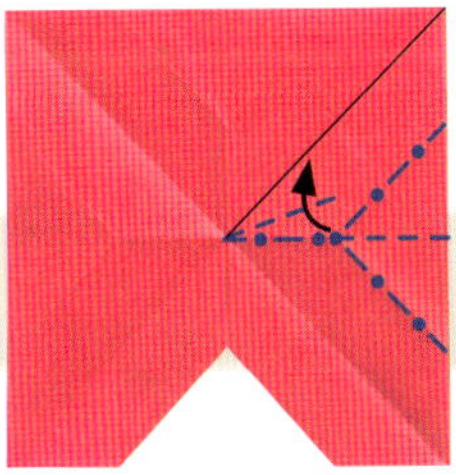

9 図の位置で折る。

折ったところ。このとき紙が少し浮いた状態にする。

次のページへ

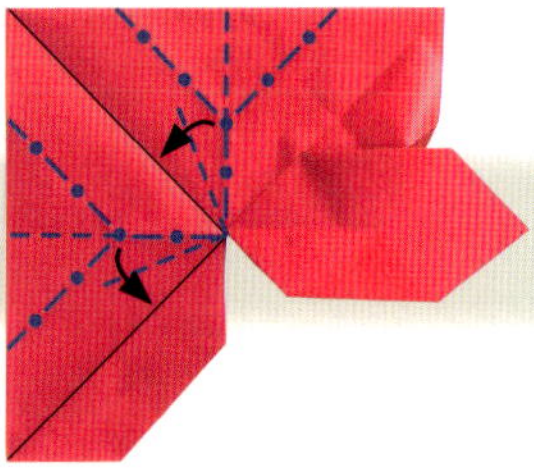

10 残り2カ所も同様にする。

向きを変える

11 折ったところ。

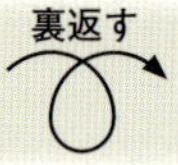

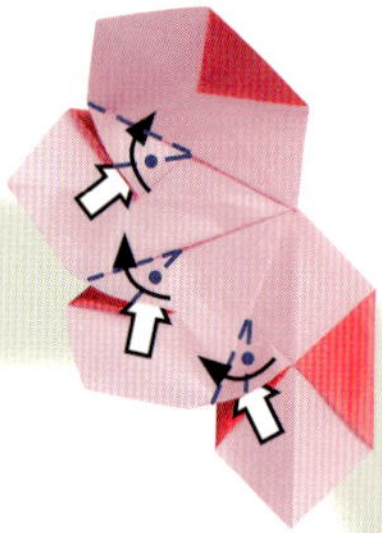

12 間を開いてたたむ。

13 たたんだところ。1 〜 12と同様にしたものをもう1枚作る。

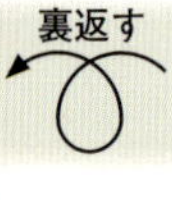

14 のりをつけて2枚を貼り合わせる。

できあがり

心くばりのコツ

そのまま飾って楽しむ

何かに貼るのではなく、お盆やかご、布などの上に並べ、インテリアとしても活用できます。玄関や客間に飾って、お客様をもてなしましょう。
同じ花を色違いにしたり、違う花とミックスしたりなど、ちょっとした工夫で個性が出ます。小花（B）は、やわらかい紙でふんわり折ってもかわいらしく仕上がります。菓子皿などに添えても素敵です。

Arrange

作品と組み合わせる

小さくシンプルな作品なので、ほかの折り紙作品と組み合わせるアレンジも楽しめます。おすすめは、引き出しボックス（P.33）やぽち袋（P.44）、封筒（P.55）、フォトスタンド（P.112）、菓子皿（P.132）、ネームスタンド（P.151）など。子どものお楽しみ会で紙コップに貼ったり、お菓子の入ったビンに貼っても華やぎます。

第3章

招く折り紙

ひとつ折り紙の品を加えるだけで、
食卓に、温かく和やかな雰囲気が生まれます。
心づくしのお料理を、折り紙作品とともに供しましょう。

犬のフォークレスト

背中にカトラリーをのせた力持ちのダックスフンド。
食卓に楽しい話題を運んでくれそうです。

Arrange (P.126)

犬のフォークレスト

【材料】
4 × 24cm …… 1 枚

【できあがりサイズ】
（2.5 × 11） × 5cm

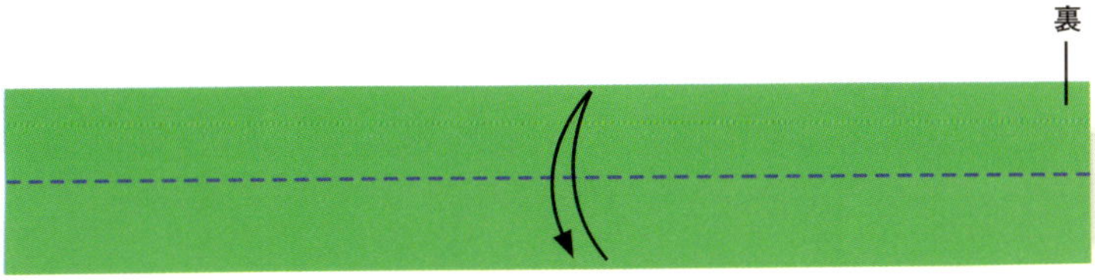

1 折り筋をつける。

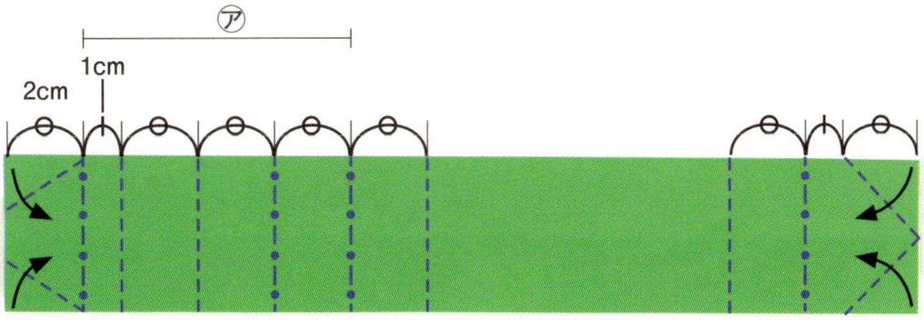

2 図の位置で、右から順に折っていく。

3 折ったところ。**2** の㋐の部分のみ開く。

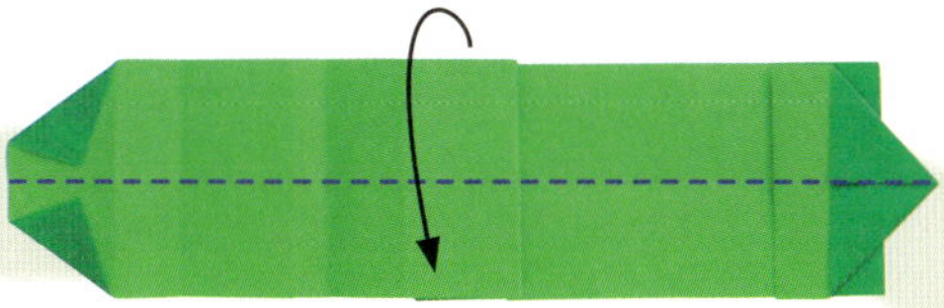

4 半分に折る。

Ⓑを引き上げるとⒹが出てくる。

Ⓐを引き上げるとⒸが出てくる。

5 ⒶとⒷをそれぞれ引き上げる。

次のページへ

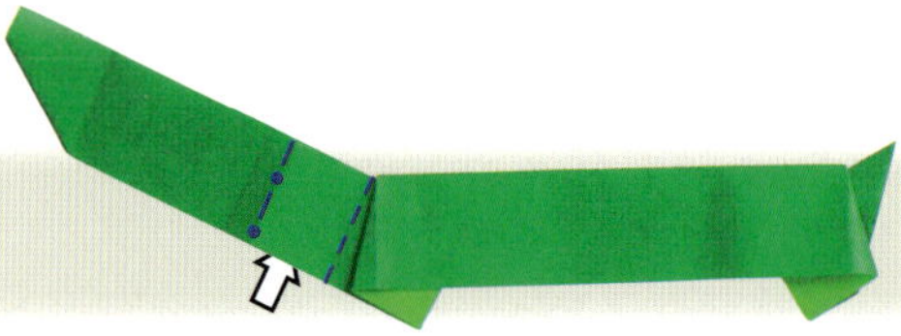

6 開いて折り筋通りに折る。

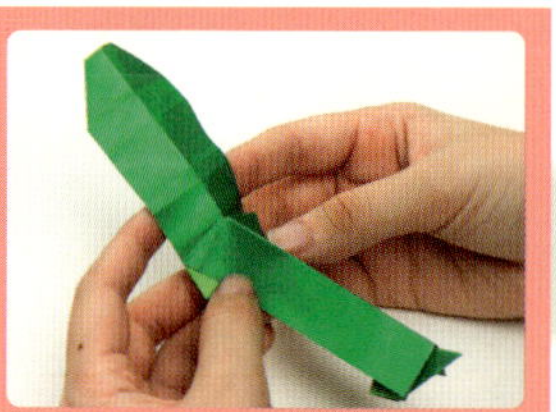

開いているところ。

できあがり

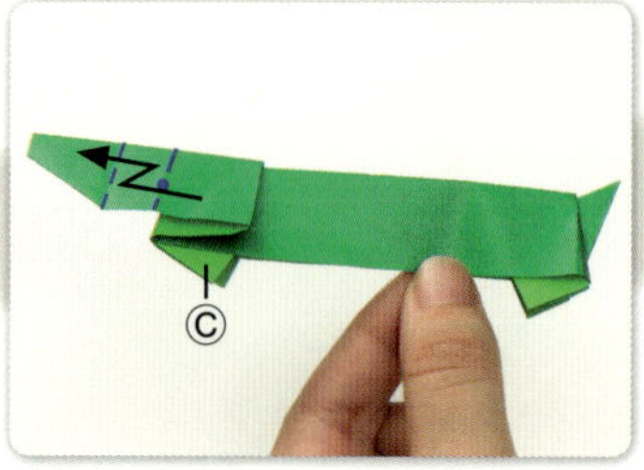

7 ©を押さえて頭の部分を引き上げ、段折り（P.8）する。

Arrange 箸置きを作る

【材料】
4 × 24cm …… 1 枚

【できあがりサイズ】
（2.5 × 6） × 5cm

胴体部分の長さを変えるだけの簡単なアレンジ。頭や足の部分の比率さえ合えば紙の長さに関係なく折れるので、慣れてくると箸袋などでも折れます。宴席などでさっと折ると場が和みます。

【作り方】

フォークレストの**2**のバランスを図のように変え、同様に折る。

できあがり

箸袋（3種）

食事の席を品よく見せてくれる箸袋。

雰囲気に合わせて使える、表情の違う３種をご紹介します。

あやめの箸袋

【材料】
24 × 12cm …… 1 枚

【できあがりサイズ】
(17 × 4) × 2.5cm

> **折り方のコツ**
>
> プロセス**14**で上を折り返す回数は、中に入れる箸の長さに合わせて変え、調整するといいでしょう。

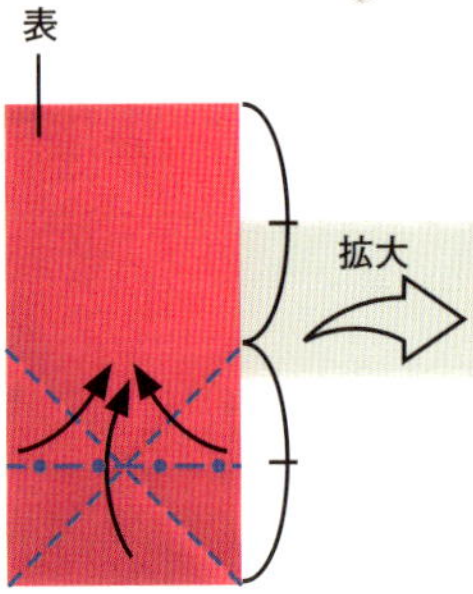

1 下を三角折り（P.11）にする。

2 上の１枚に折り筋をつける。

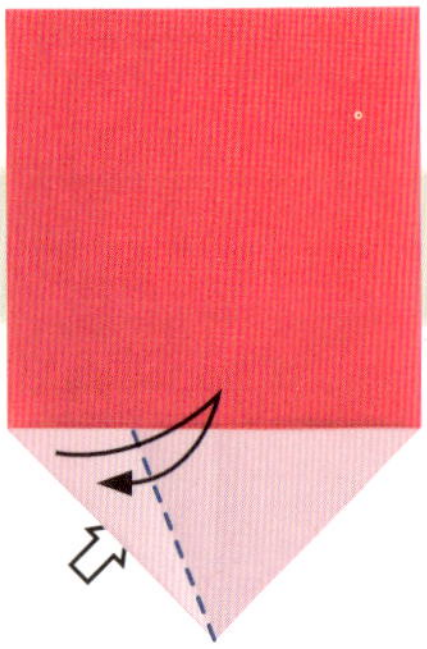

3 上の１枚を中央の線に合わせて折り、折り筋をつける。

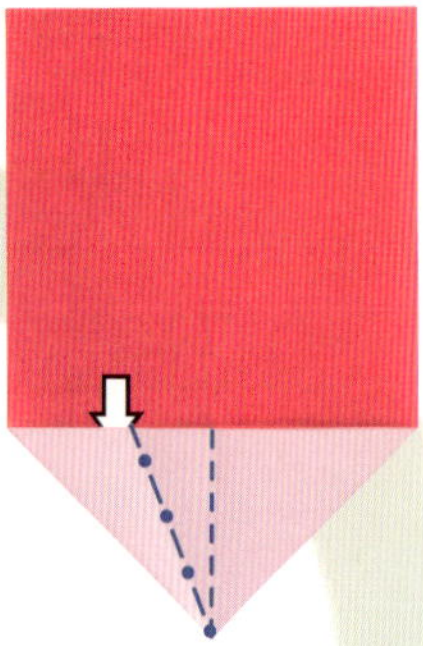

4 間を開いてたたむ。

5 中央の線に合わせて両側を折る。

6 折ったところ。戻す。

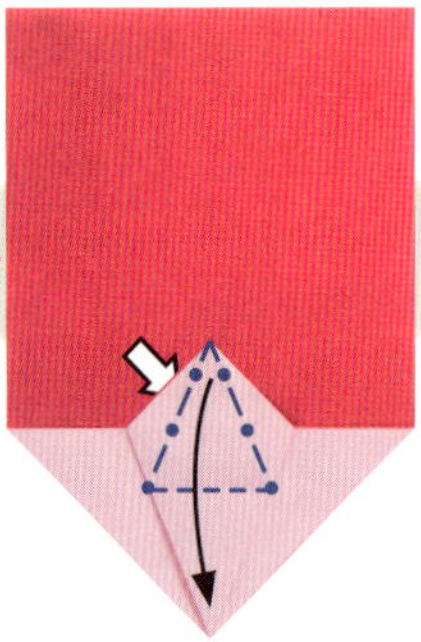

7 間を開いてたたむ。

たたんでいるところ。

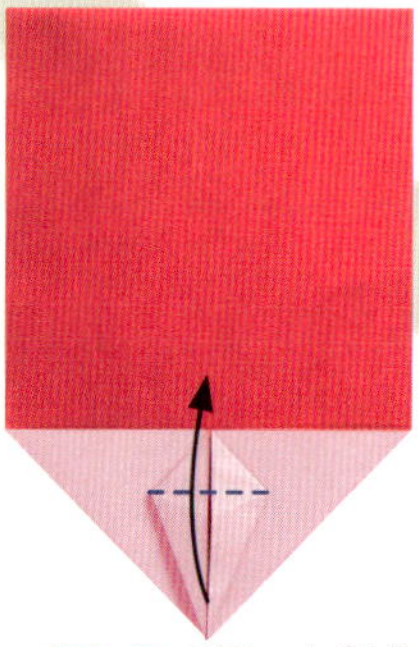

8 **7**で折った部分を上に折る。

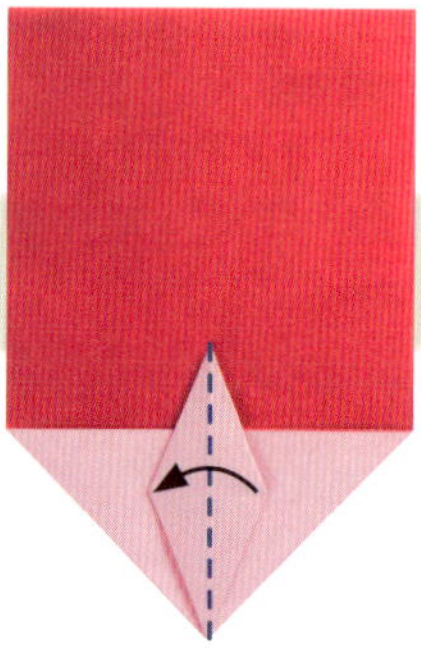

9 左に倒す。

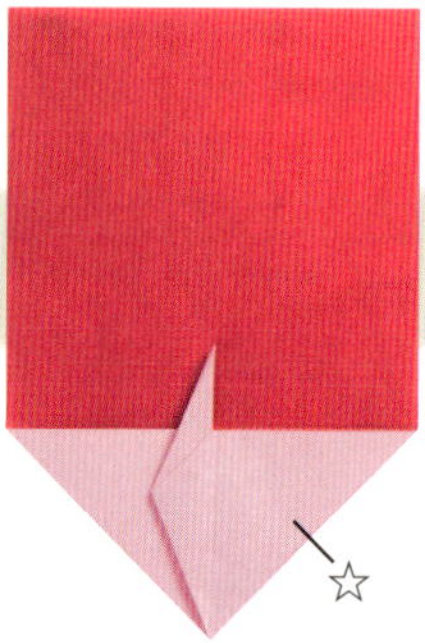

10 ☆部分を**3**～**8**と同様にし、右に倒す。

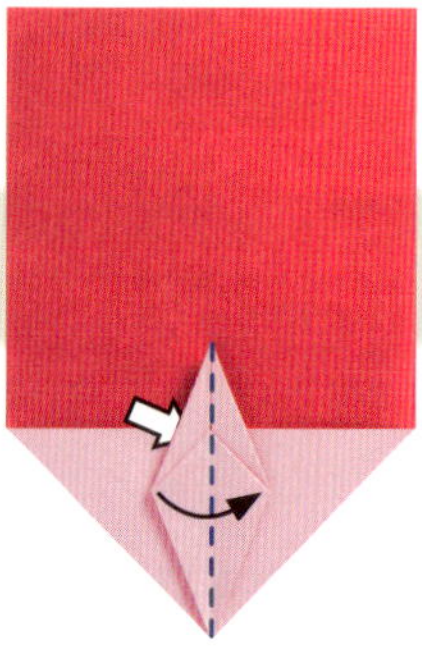

11 上の１枚を右に倒す。

次のページへ

12 中央に合わせて両側を折る。

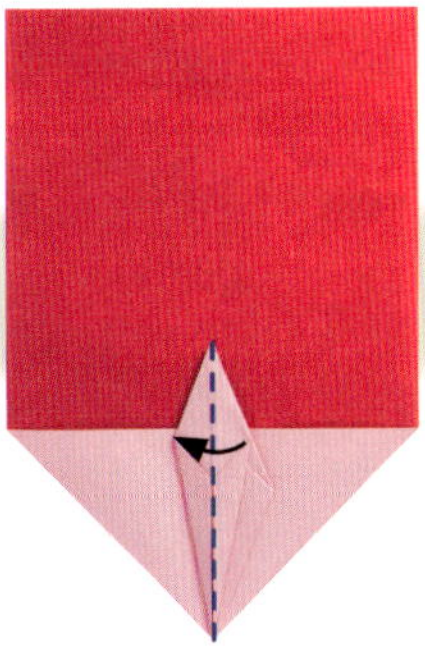

13 左に倒す。右側も**11**〜**12**と同様にし、右側に倒す。

14 上を少し折る。

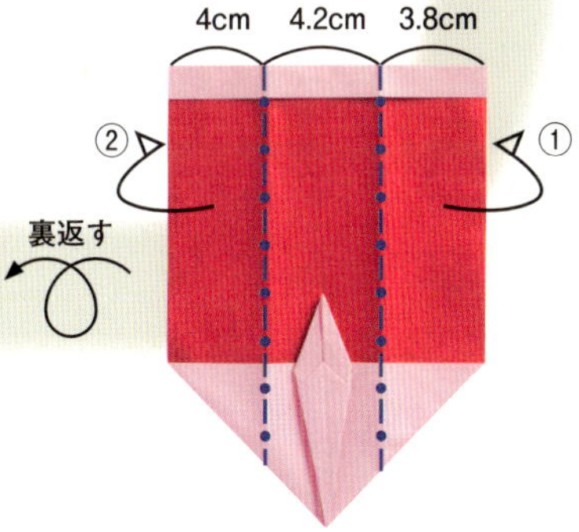

15 両側を①、②の順に折る。

16 ㋐の中に㋑を差し込む。

17 差し込んだところ。

18 左に倒す。

19 図の位置で折る。

20 右に倒し、左側も**19**と同様にする。

21 折ったところ。

22 **19**と**20**で下に折った部分を爪楊枝で巻いて丸みをつけ、花びらのように形をととのえる。

できあがり

箸袋(A)

【材料】
15 × 15cm …… 1 枚

【できあがりサイズ】
16 × 4.5cm

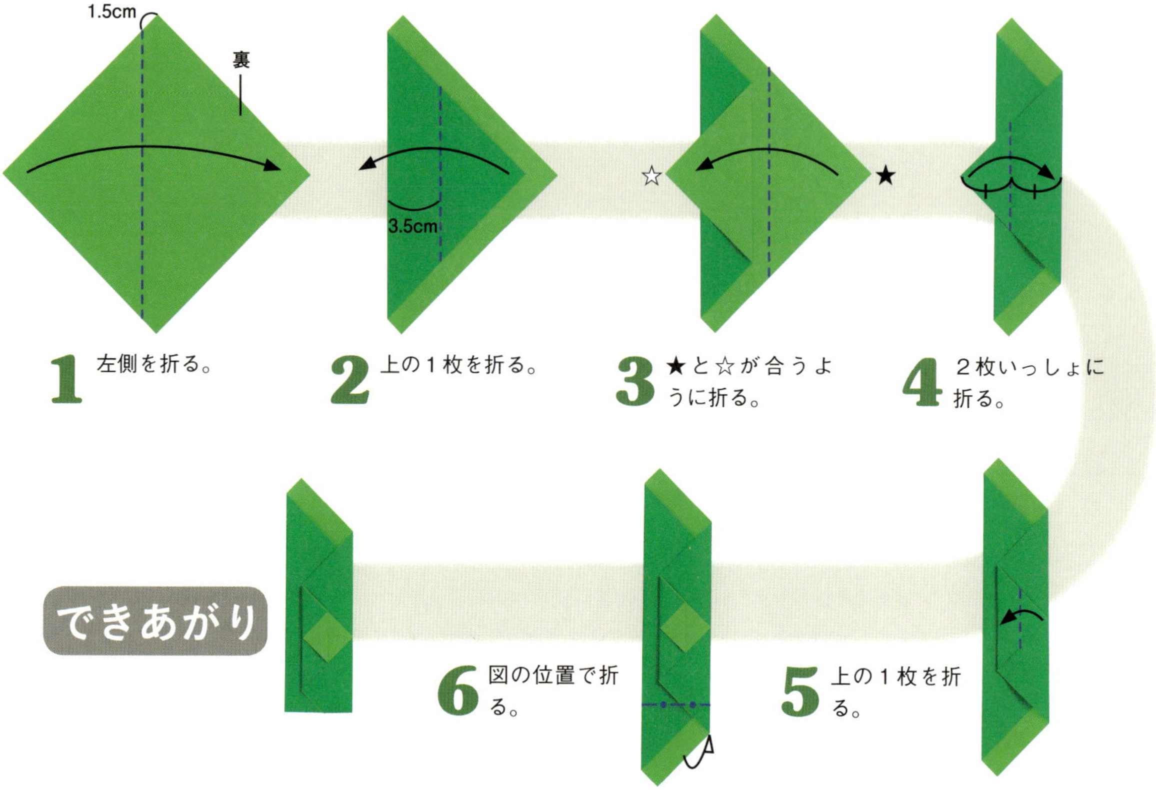

1 左側を折る。

2 上の１枚を折る。

3 ★と☆が合うように折る。

4 ２枚いっしょに折る。

5 上の１枚を折る。

6 図の位置で折る。

Arrange　紙を変えて折る

【材料】
箸袋(A)：15 × 15cm …… 1 枚
箸袋(B)：15 × 15cm …… 1 枚

【できあがりサイズ】
箸袋(A)：16 × 4.5cm
箸袋(B)：11.5 × 4cm

【作り方】
折り方は、箸袋（A）と箸袋（B）と同じです。

シンプルな折り方だけに、柄や材質にこだわって紙を選びましょう。お客様の好みや献立、カトラリーに合わせて、和紙で上品に、洋紙でカジュアルに、と簡単に雰囲気が変えられます。人数分を色違いでそろえても。ただし、箸を入れるものなので、清潔な紙を選んで。どちらも裏側が見える折り方なので、両面に色柄がある紙を使ってもよいでしょう。

箸袋（B）

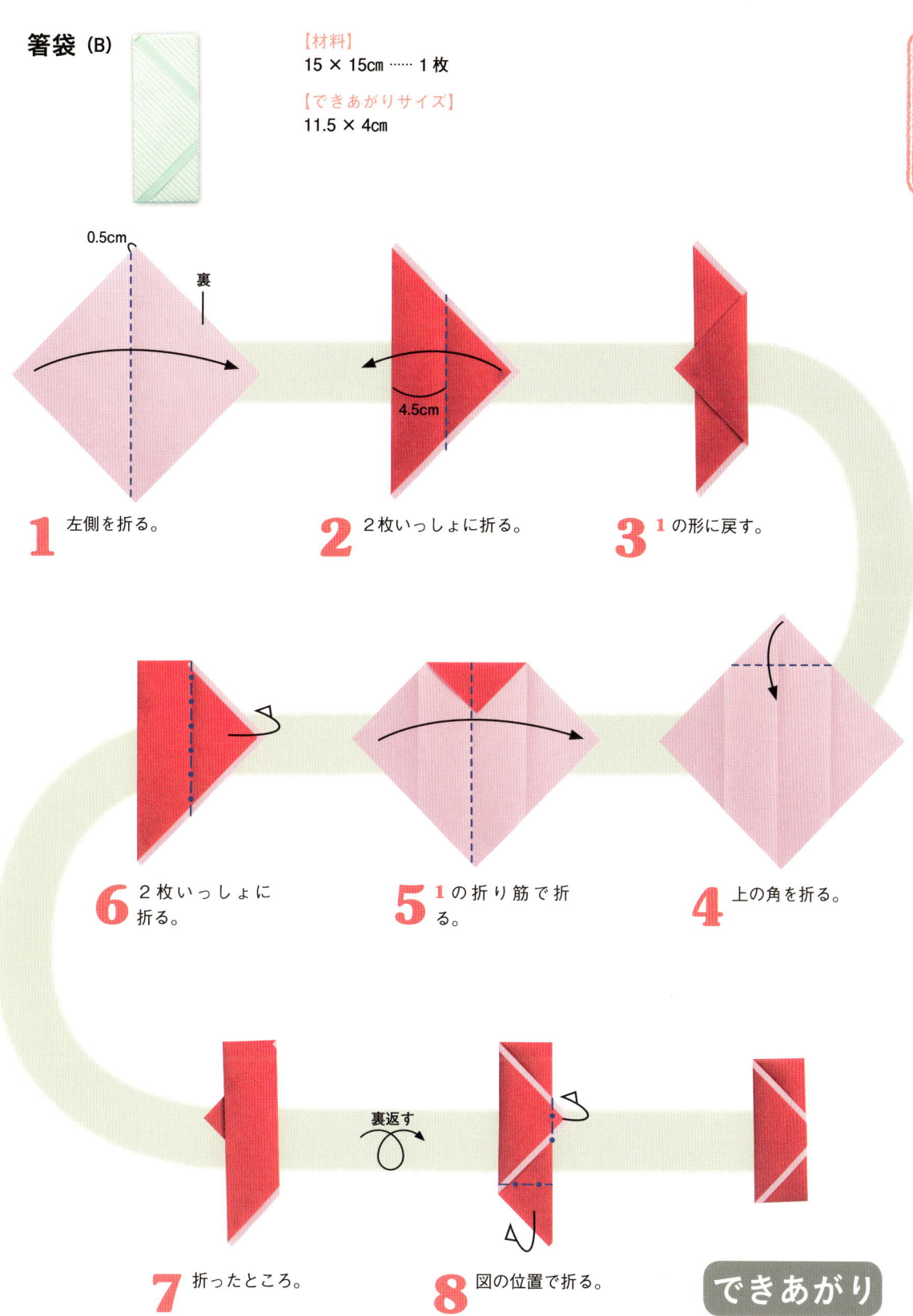

【材料】
15 × 15cm …… 1 枚

【できあがりサイズ】
11.5 × 4cm

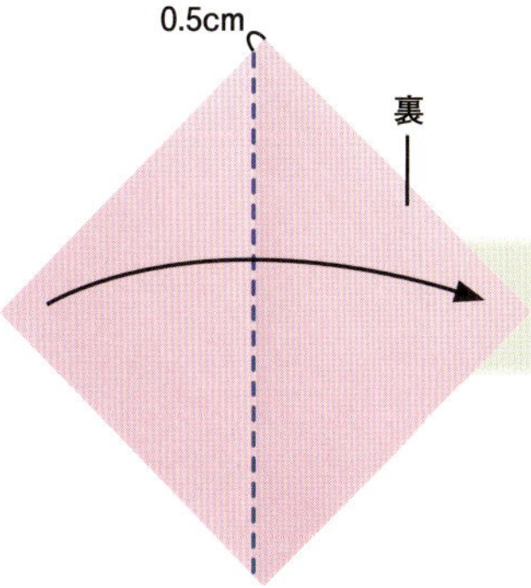

1 左側を折る。

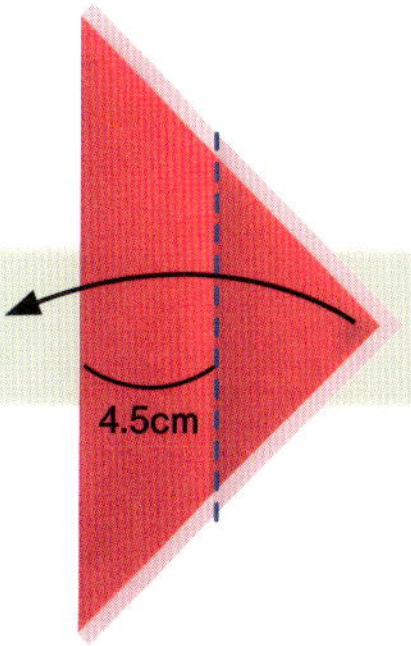

2 ２枚いっしょに折る。

3 1 の形に戻す。

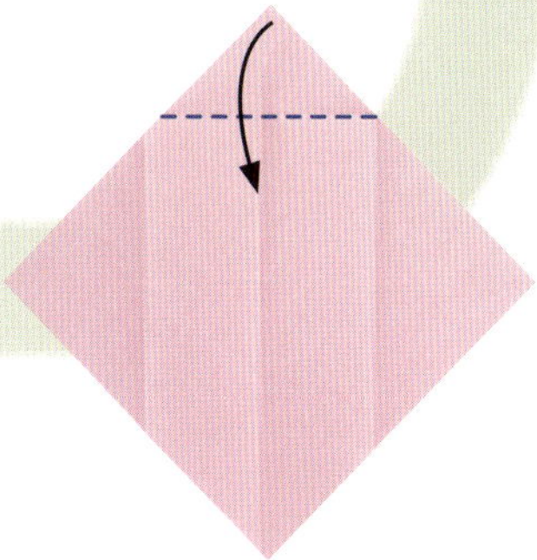

4 上の角を折る。

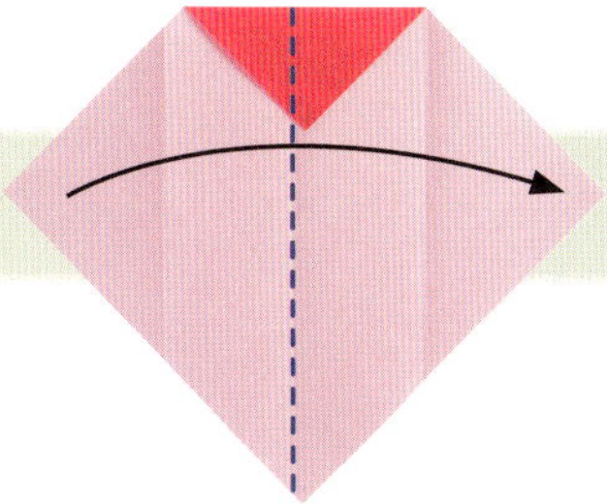

5 1 の折り筋で折る。

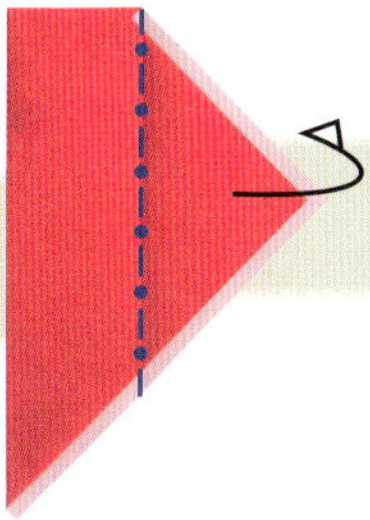

6 ２枚いっしょに折る。

7 折ったところ。

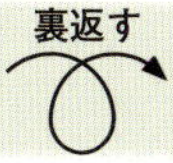

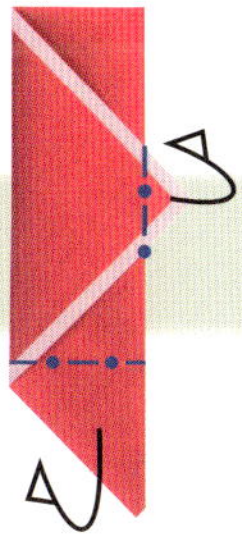

8 図の位置で折る。

できあがり

菓子皿

上生菓子に黒文字を添えて出すのにぴったりの、折り紙の菓子皿。
黒文字の先を折り紙の中にしまえるので、食後の始末もきれいです。

菓子皿

【材料】
36 × 26㎝ …… 1 枚

【できあがりサイズ】
11 × 14㎝

折り方のコツ

お菓子をのせるので、厚みのある、染めの和紙がおすすめです。また、のせるお菓子は、水分や油分が多いものは避けて。

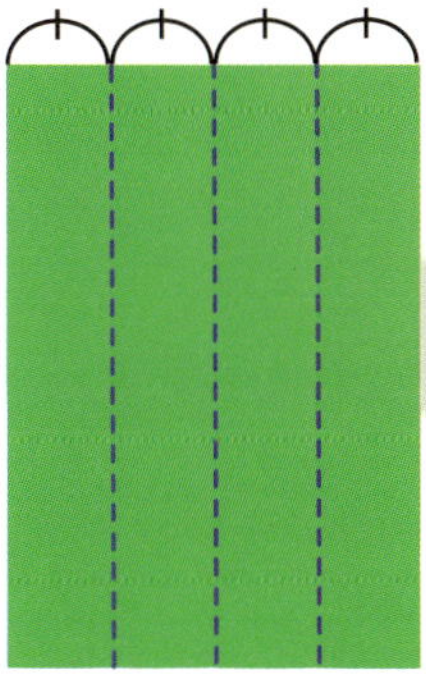

1 折り筋をつける。

2 左の角を1本目の折り筋に合わせて折る。

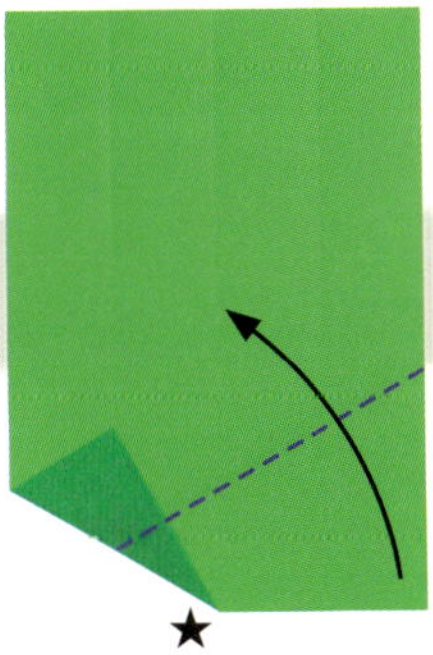

3 右の角を中央の折り筋に、★を2本目の折り筋に合わせて折る。

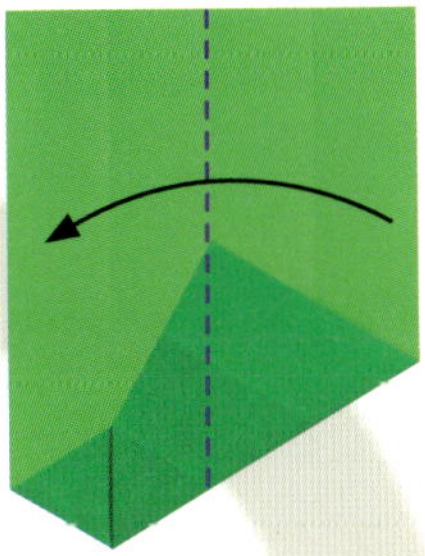

4 半分に折る。

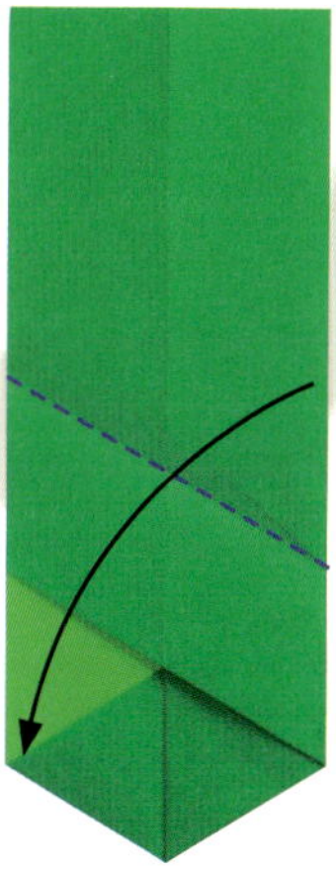

5 右端が左の角に合うように折る。

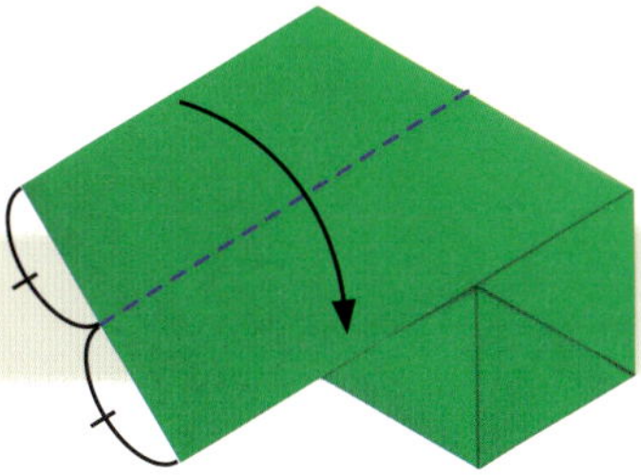

6 図の位置で折る。

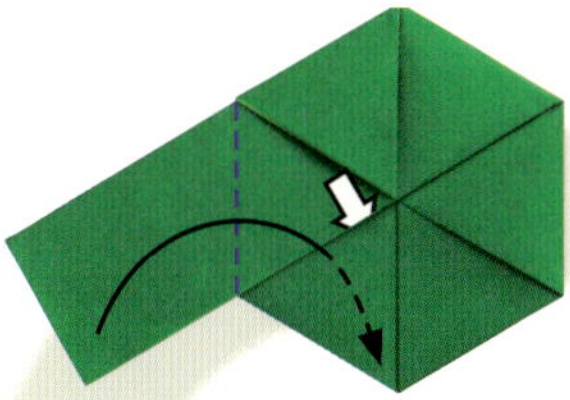

7 図のように折って、差し込む。

8 差し込んだところ。

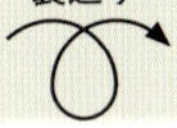

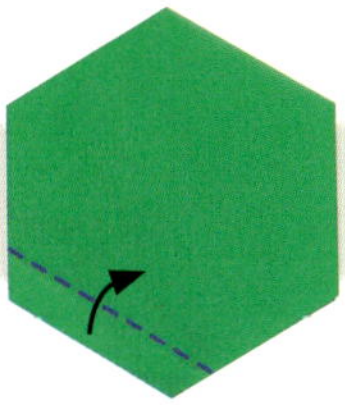

9 図の位置で折る。

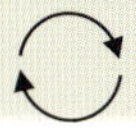

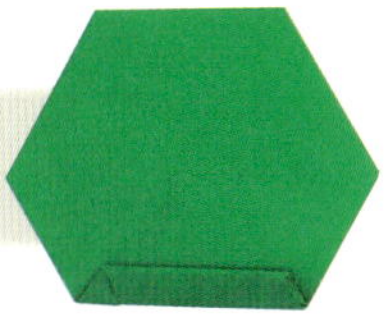

できあがり

ランチョンマット

お祝いの席にもぴったりな、鶴がゆれるランチョンマット。
同じ折り方で、ほかの角にも鶴を作ることができます。

ランチョンマット

【材料】
38 × 50cm …… 1 枚

【できあがりサイズ】
(38 × 50) × 7cm

折り方のコツ

羽の先までぴっちり折らないことがポイント。折っている途中で何度も鶴がねじれると、ちぎれやすいので気をつけて。

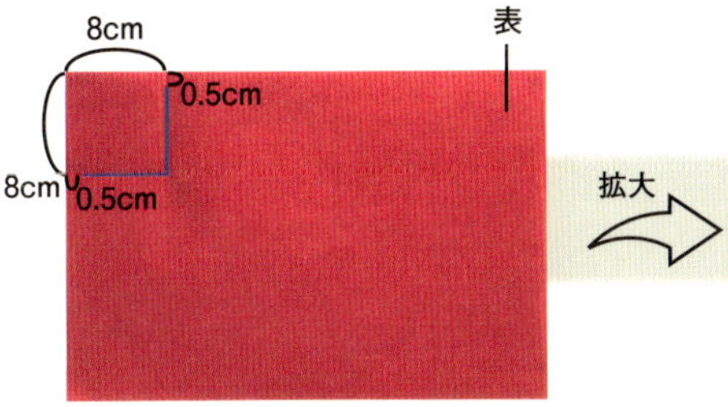

1 左角に図のように切り込みを入れる。端は0.5cmほど残す。

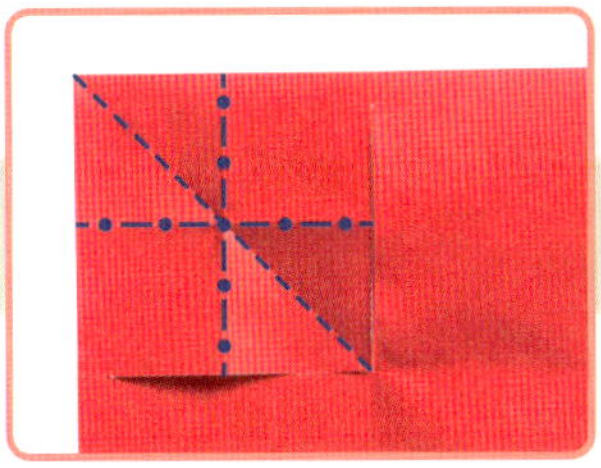

2 折り筋をつけて、四角折り（P.10）のようにたたむ。

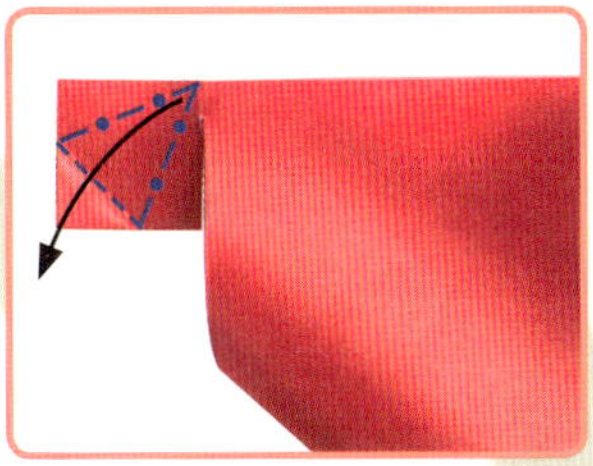

3 図のように開いてたたみ、鶴の基本形（P.13）を折る。

たたんでいるところ。裏も同様に折る。先のつながっているところは折らないようにすると切れにくい。

4 寿鶴 Arrange（P.84）**1** ～ **2** のように折る。

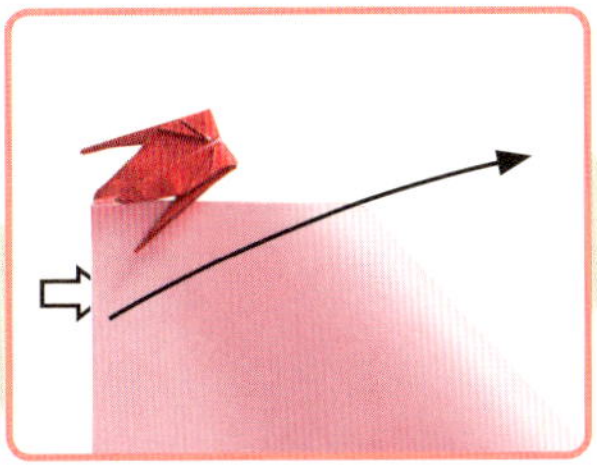

5 台紙の部分から開くようにして、羽を広げる。

6 開いたところ。中割り折り（P.8）をして、頭を作る。

7 形をととのえる。

できあがり

COLUMN

鶴の折り紙作品いろいろ

幸せを願って作られる千羽鶴をはじめ、折り鶴は縁起がよいものとされてきました。
本書でも、幸せを贈るさまざまな折り鶴を紹介しています。

祝儀袋（P.36）

お祝いの際、現金を包む祝儀袋に縁起物の鶴がついて、めでたさもアップ。

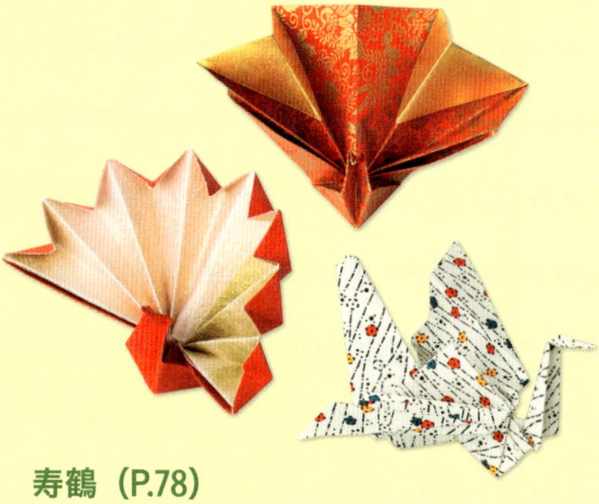

寿鶴（P.78）

羽の折り方を変えることで、「ハレ」の日にふさわしい豪華な鶴に。

鶴の花包み（P.70）

お祝いにもお見舞いにも、もちろん普段使いにも使える花包みです。

ランチョンマット（P.134）

マットの隅で鶴がゆれる可憐なランチョンマット。お花見やお祝いの席にぴったり。

「鶴は千年」という言葉もあるように、鶴は古来長寿を象徴する生き物とされてきました。千羽鶴が1000羽なのも、その言葉からきているそうです。ひと折するごとに寿命が1年延びるともいわれます。

コースター

気分に合わせた色や柄のコースターを使って、
ティータイムをより楽しく、リラックスする時間に。

Arrange (P.139)

Arrange (P.139)

コースター

【材料】
7 × 7cm …… 8 枚

【できあがりサイズ】
8 × 8cm

折り方のコツ

三角模様がきれいに連続するようにパーツを差し込んでいきます。紙の模様を楽しみたいときは、裏を上にして使って。

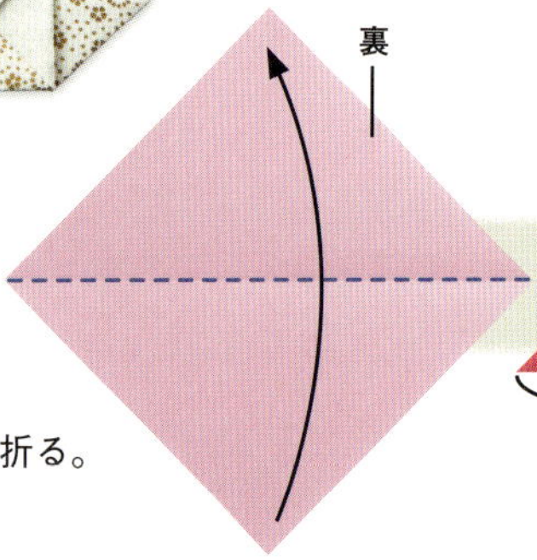

1 半分に折る。

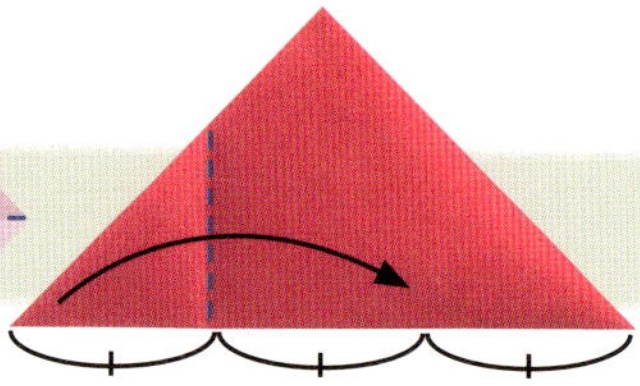

2 左側を折る。

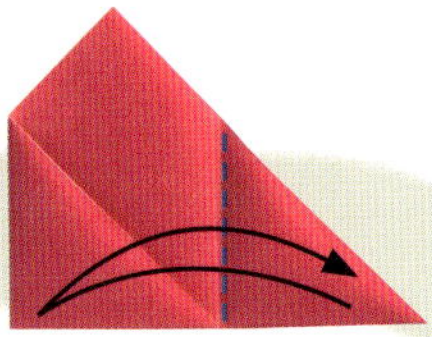

3 折り筋をつける。

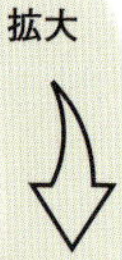

4 ㋐のすき間に右側の端を差し込む。

5 上の 1 枚を折り、のりで貼る。

6 パーツ 1 個が完成。同じものを計 8 個作る。

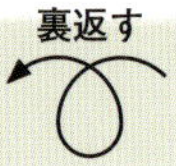

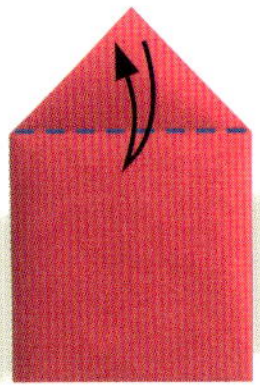

7 折り筋をつける。

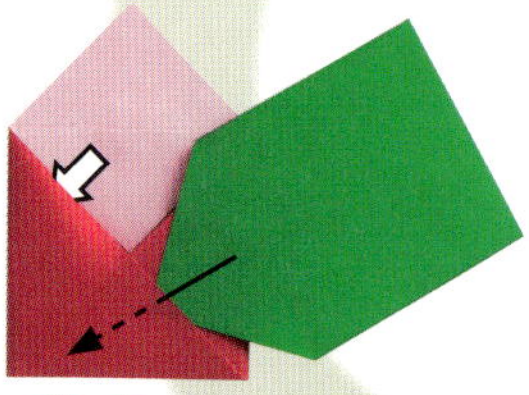

8 7 で折り筋をつけた三角部分の表と裏にのりをつけ、もう 1 個のパーツに差し込んで組み合わせる。

※わかりやすいように差し込むパーツの色を変えています。

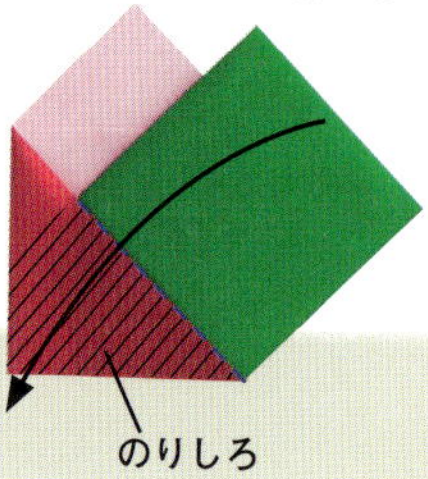

9 図の位置にのりをつけ、7 の折り筋を使って折る。

10 組み合わせたところ。8、9 と同様にして残りのパーツも組み合わせていく。

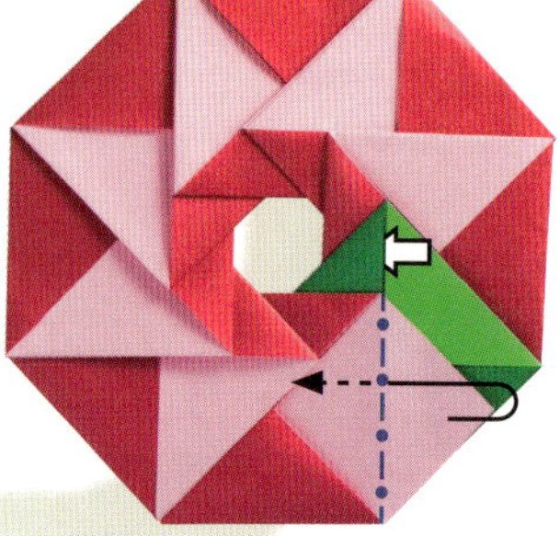

11 最後のパーツの三角部分を最初のパーツのすき間に差し込み、のりづけする。

できあがり

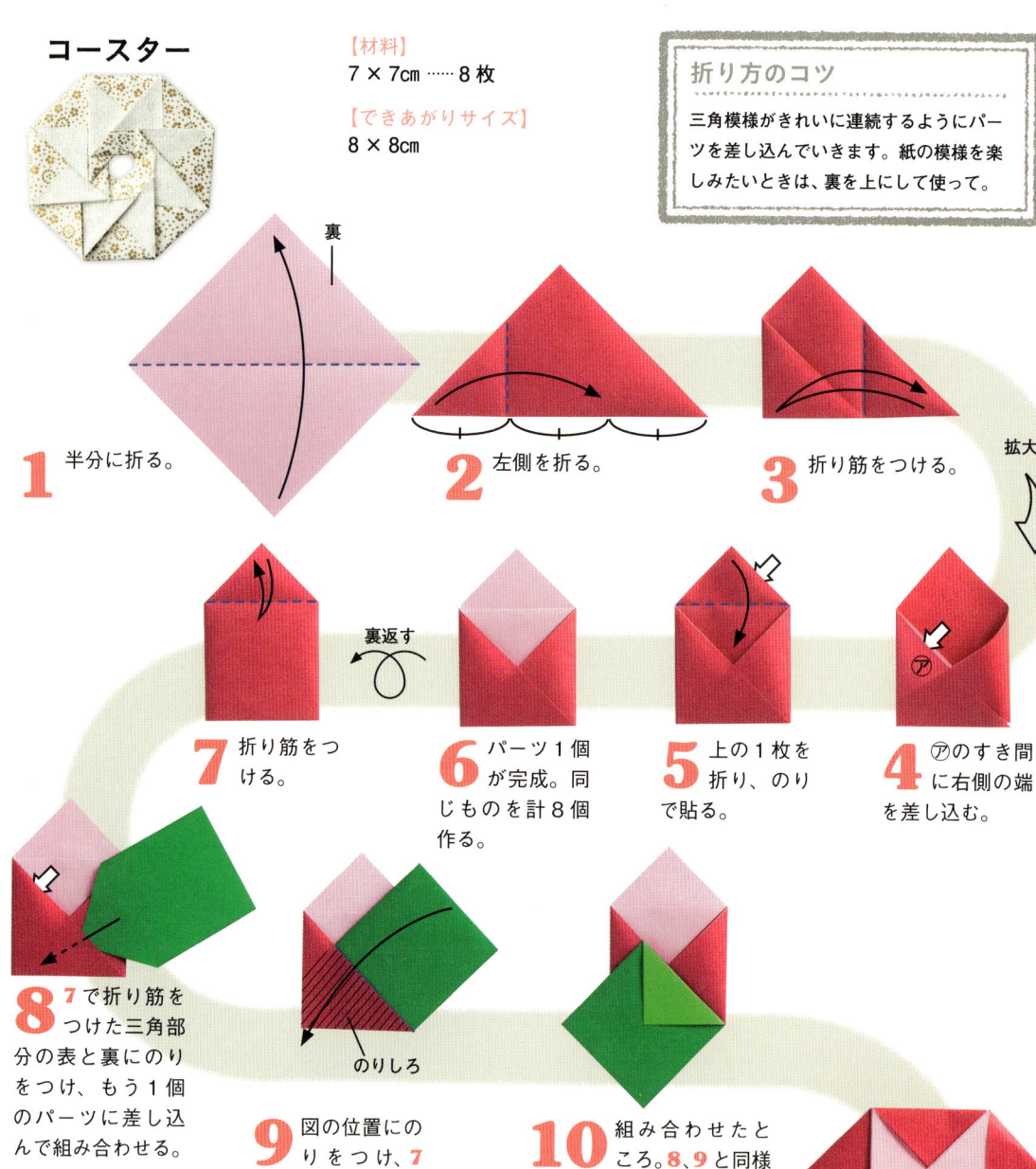

Arrange　大きく作ってティーポット敷きに

【材料】
13 × 13cm …… 8 枚

【できあがりサイズ】
15 × 15cm

【作り方】
紙のサイズを変えるだけで、折り方は左のコースターと同じです。

グラスやティーカップのコースターと、ドリンクボトルやティーポットの敷き物を、そろえて作ることができます。同じ紙で作るのはもちろん、色や柄をコーディネイトすると、茶器がぐっと引き立ちます。P.137の写真のようなガラスの器なら、中に入れるお茶の色とのコーディネイトも楽しめます。

Arrange　菓子皿をコースターに

【材料】
23 × 16cm …… 1 枚

【できあがりサイズ】
9 × 8cm

菓子皿（P.132）の折り方を利用しても、コースターが作れます。シンプルなだけに、手早く作れるのが特徴です。

【作り方】
菓子皿と同様に、**1** ～ **8** まで折るだけ。菓子皿より薄手の紙でもかまいませんが、しっかり折り筋をつけて行ったほうが、きれいに仕上がります。

8 まで折ったところ。裏返さずに、このままで完成です。

心くばりのコツ　使い捨てができる紙ならではの使い方

水滴がついたグラスをテーブルに置いて水が垂れたり、鍋から汁物がこぼれて汚れたり……。そんなときに便利なのが、紙を折って作った、コースターや鍋敷き。コースターが水滴を吸うのでテーブルを拭く手間が省けますし、紙の鍋敷きなら汚れても折り直せば大丈夫。汚れが心配なアウトドア用としても、活躍してくれます。
特に、菓子皿をアレンジして作るコースターは、B4判の紙で折ればティーポット敷きに、新聞紙を使えば鍋敷きサイズのものが、簡単に折ることができます。来客向きではありませんが、ご家庭でちょっとしたときに使うのには便利です。

花のピック

楊枝の先に小さな花をつけたオリジナルのピック。
彩りよく花を咲かせて、おもてなしを。

Arrange〔P.141〕

花のピック

【材料】
4×4㎝……1枚
爪楊枝……1本

【できあがりサイズ】
花：2×2㎝

折り方のコツ

花の形を見せたいときはやわらかめの和紙やクラフト紙で。花紙などの薄い紙で作ると、ポンポンのようになります。

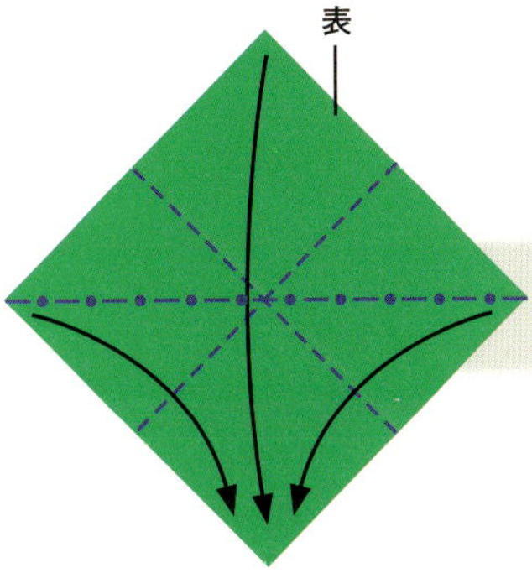

1 四角折り（P.10）にする。

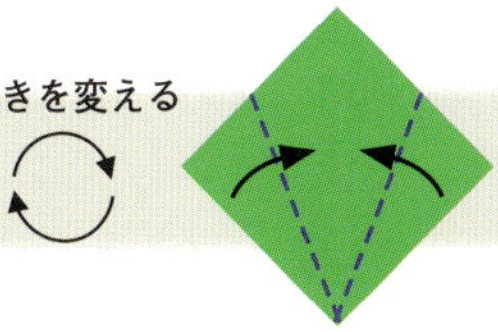

2 上の1枚を中央に合わせて折る。裏も同様にする。

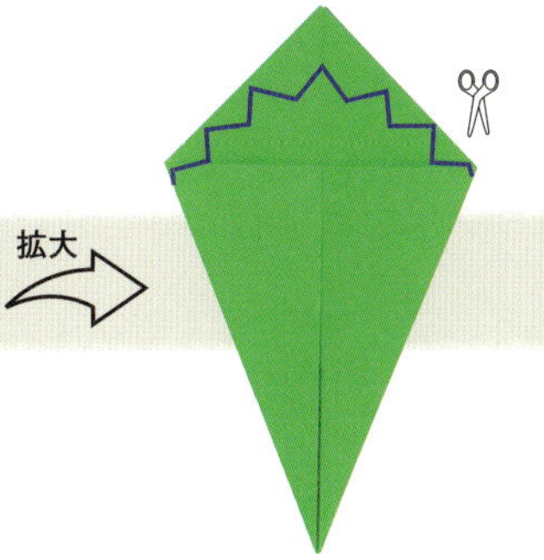

3 縁をギザギザに切る。

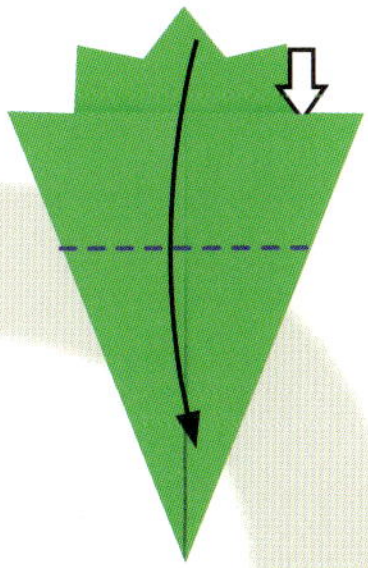

4 間を開き、上の1枚を手前に折る。

5 折ったところ。

6 中心に楊枝を差し込む。

できあがり

Arrange
切り方を変えて別の花に

【材料】
4×4㎝……1枚

【できあがりサイズ】
花：2×2㎝

【作り方】
3で折り紙を切るときに、切り方を変えます。丸く切ればシンプルな花びらに。ほかの切り方も試してみてください。

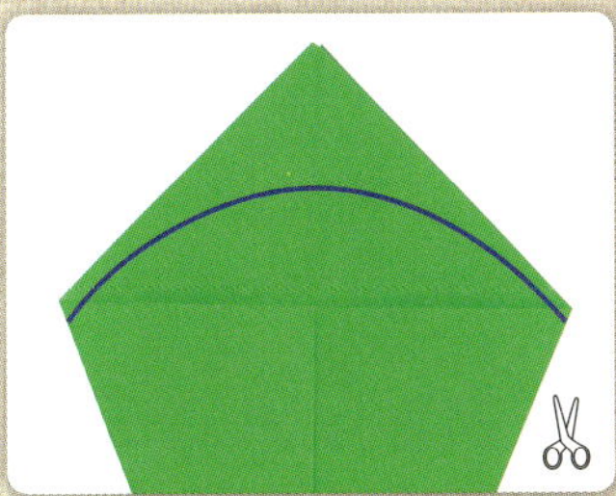

花の器

小鉢のように便利に使える花の形をした器です。
レース風の紙で折れば、とても涼しげ。

 原案　野間正路

花の器

【材料】
16 × 16cm …… 1 枚

【できあがりサイズ】
（10 × 10） × 6cm

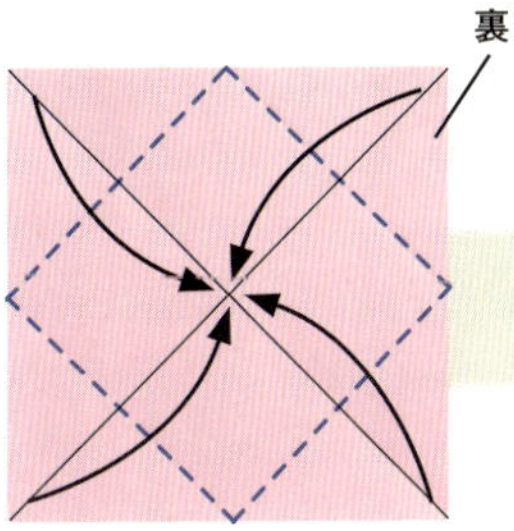

1 三角の折り筋をつけたざぶとん折り（P.9アドバイス）にする。

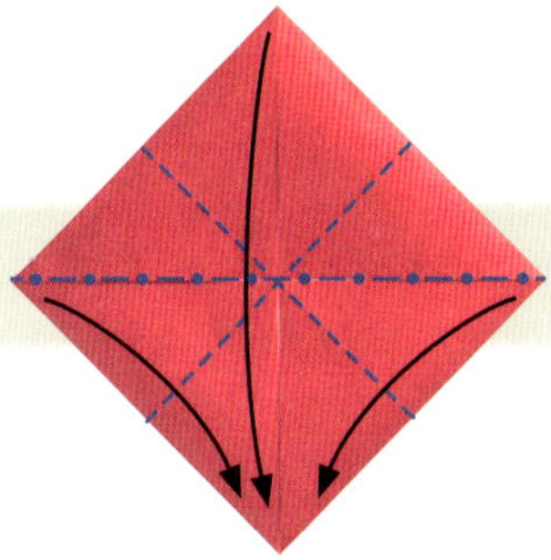

2 折り筋をつけて、四角折り（P.10）にする。

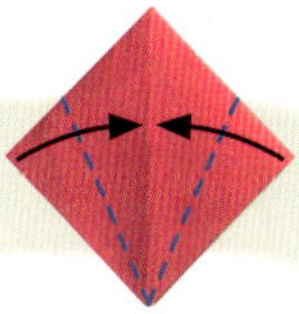

3 上の1枚を中央に合わせて折る。裏も同様にする。

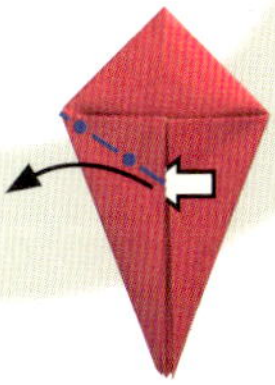

4 図のように開いてたたむ。右側、裏も同様にする。

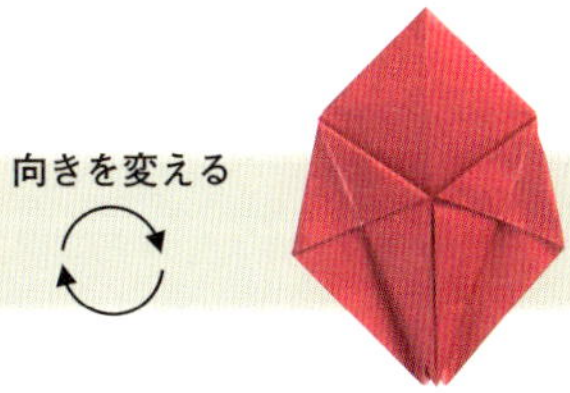

5 たたんだところ。**2** の形に戻す。

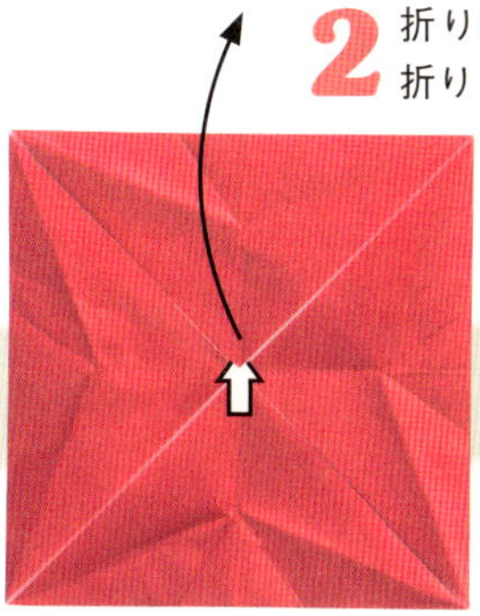

6 1カ所開く。

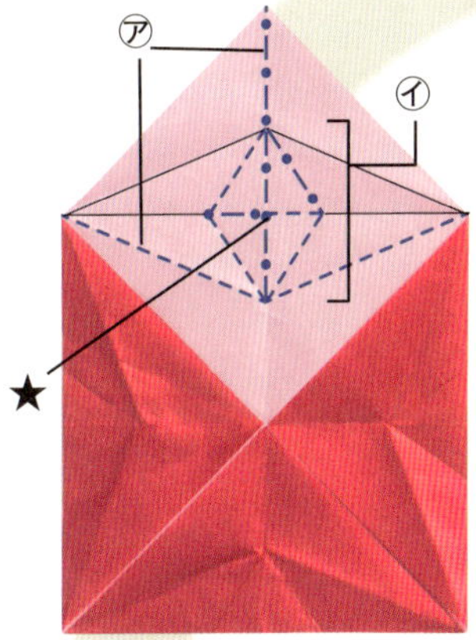

7 図のように折りながらたたむ。残り3カ所も **6**、**7** と同様にする。

できあがり

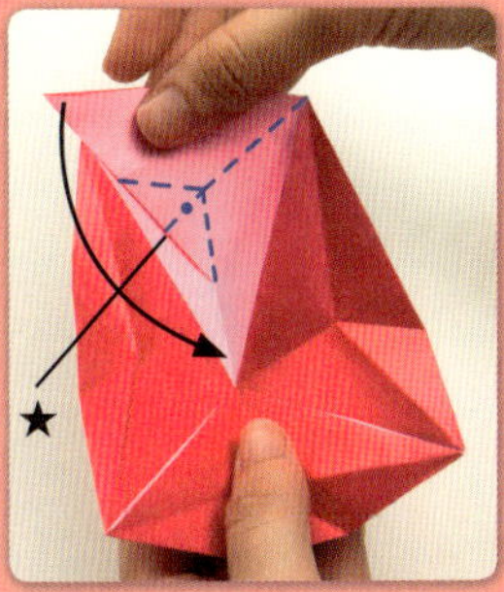

㋐をたたんでいるところ。

㋑をたたんでいるところ。

1カ所できあがり。

桜の器 (2種)

春の季節感をたっぷり演出できる桜の器。

花びらを一枚ずつ作ってから組み合わせます。

 原案　中野光枝、アレンジ　冨田登志江

桜の器（A）

【材料】
13 × 13cm …… 5 枚

【できあがりサイズ】
（15 × 15）× 4cm

折り方のコツ

中央の折り方が（A）と（B）とで異なります。（B）は裏面の色が出てくるので、両面色違いの紙で折っても素敵です。

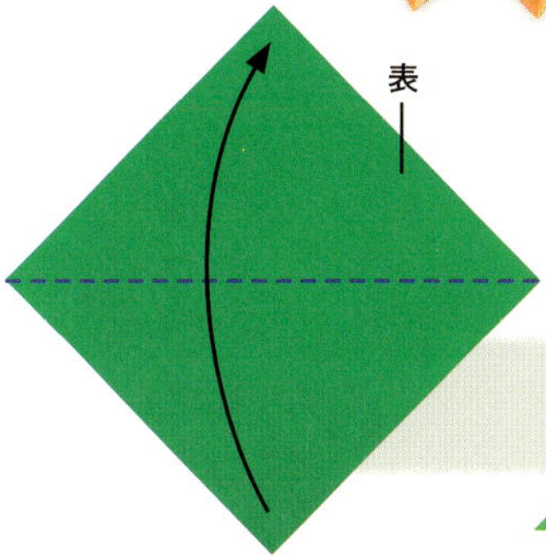

1 半分に折る。

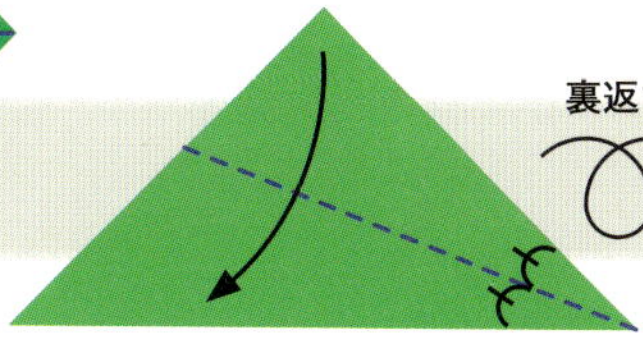

2 上の１枚を図の位置で折る。裏も同様にしたら、**1** の形まで開く。

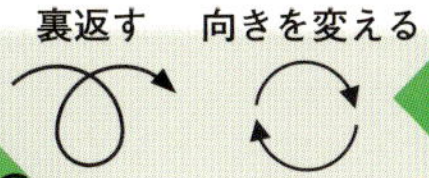

裏返す　向きを変える

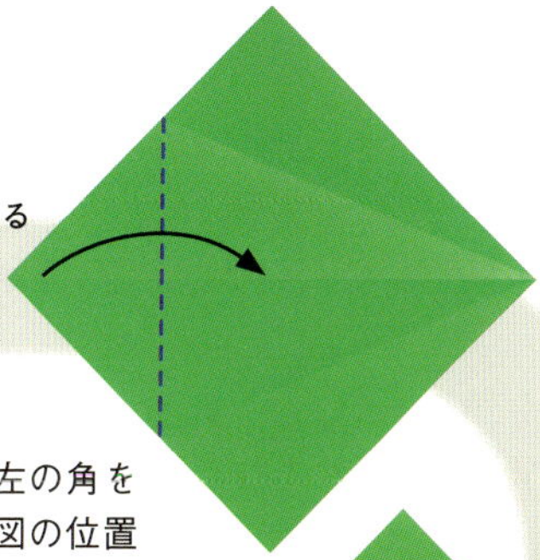

3 左の角を図の位置で折る。

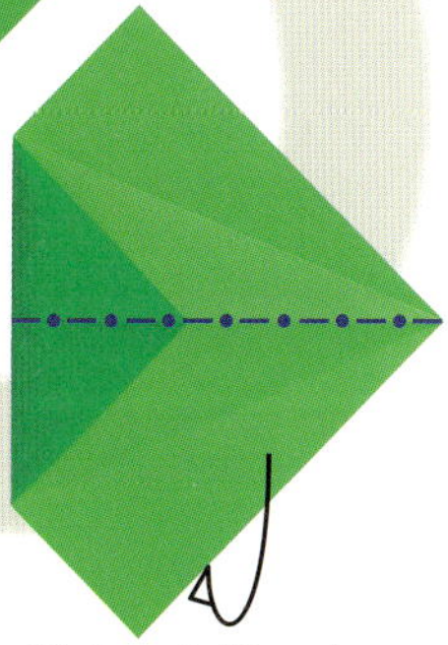

4 半分に山折りする。

拡大

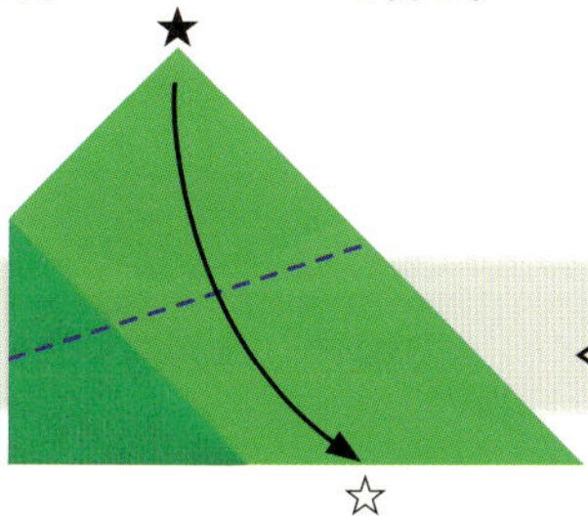

5 上の１枚を★と☆が合うように折る。裏も同様にする。

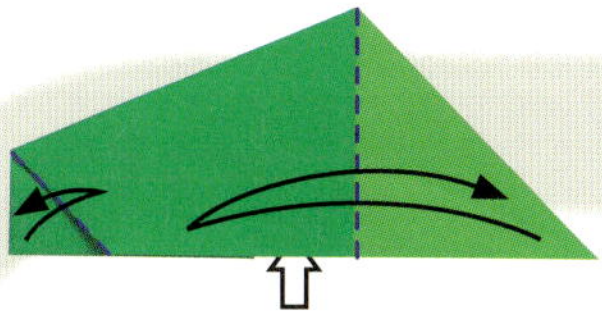

6 図のように折り筋をつけ、上の１枚を開く。

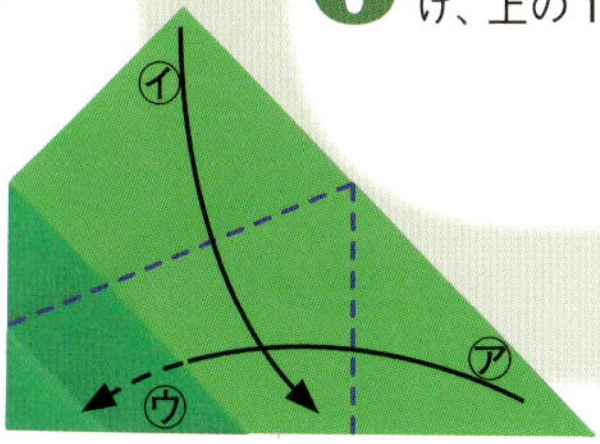

7 ㋐を㋒の中に差し込み、㋑を折る。

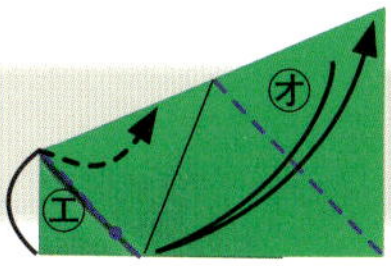

8 ㋓を中割り折り（P.8）し、㋔の折り筋をつける。

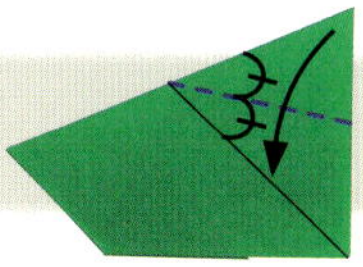

9 図の位置で折る。

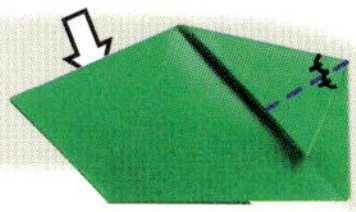

10 先に折り筋をつけて **9** の形まで戻し、上から開いてたたむ。

向きを変える

拡大

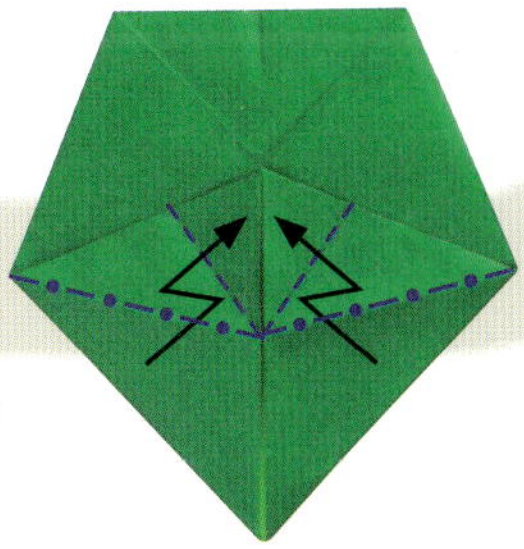

11 折り筋を図のように折り変え、段折り（P.8）する。

段折りしているところ。

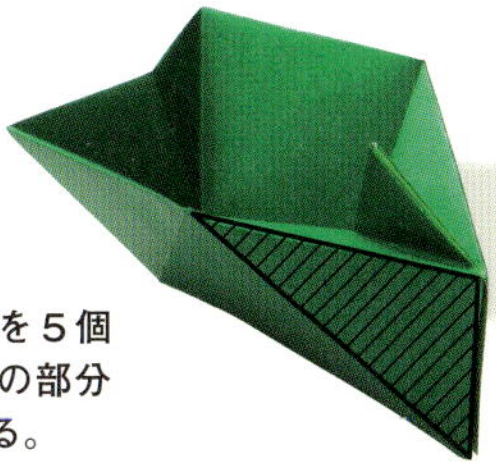

※同じものを５個作り、斜線の部分をのりで貼る。

できあがり

桜の器（B）

【材料】
13 × 13cm …… 5 枚

【できあがりサイズ】
（15 × 15） × 4cm

1 器（A）（P.145）の **8** まで同様に折る。

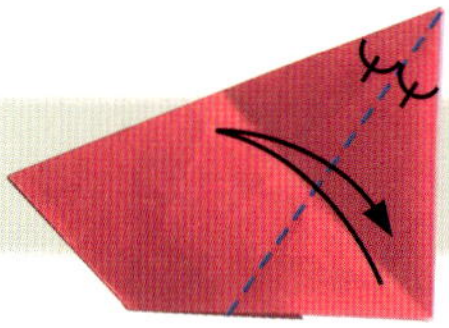

2 上の 1 枚に折り筋をつける。

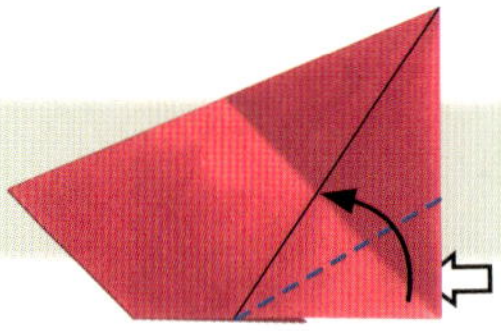

3 **2** の折り筋に合わせて上の 1 枚を折る。

4 **2** の折り筋で折る。裏も同様にする。

5 器（A）の **9** ～ **11** と同様に折る。

※同じものを 5 個作り、斜線の部分をのりで貼る。

できあがり

Arrange 飾りをつける

【材料】
6 × 6cm …… 1 枚

【できあがりサイズ】
4 × 6cm

桜の器（A）は飾りをつけてアレンジできます。器と紙の色を変えても素敵な仕上がりに。

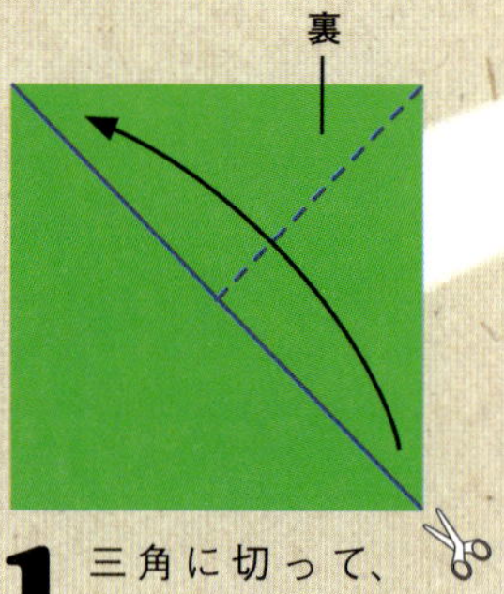

1 三角に切って、半分に折る。

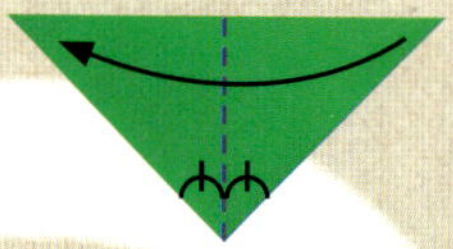

2 半分に折る。

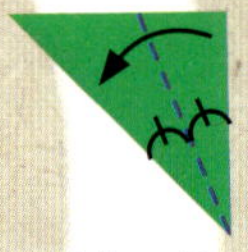

3 半分に折って、開く。

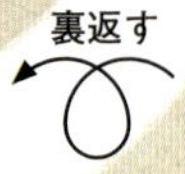

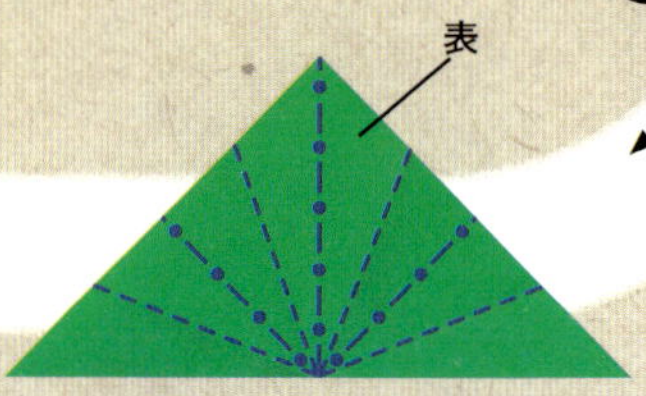

4 折り筋を図のようにつけ直す。

5 器（A）にのりで貼る。

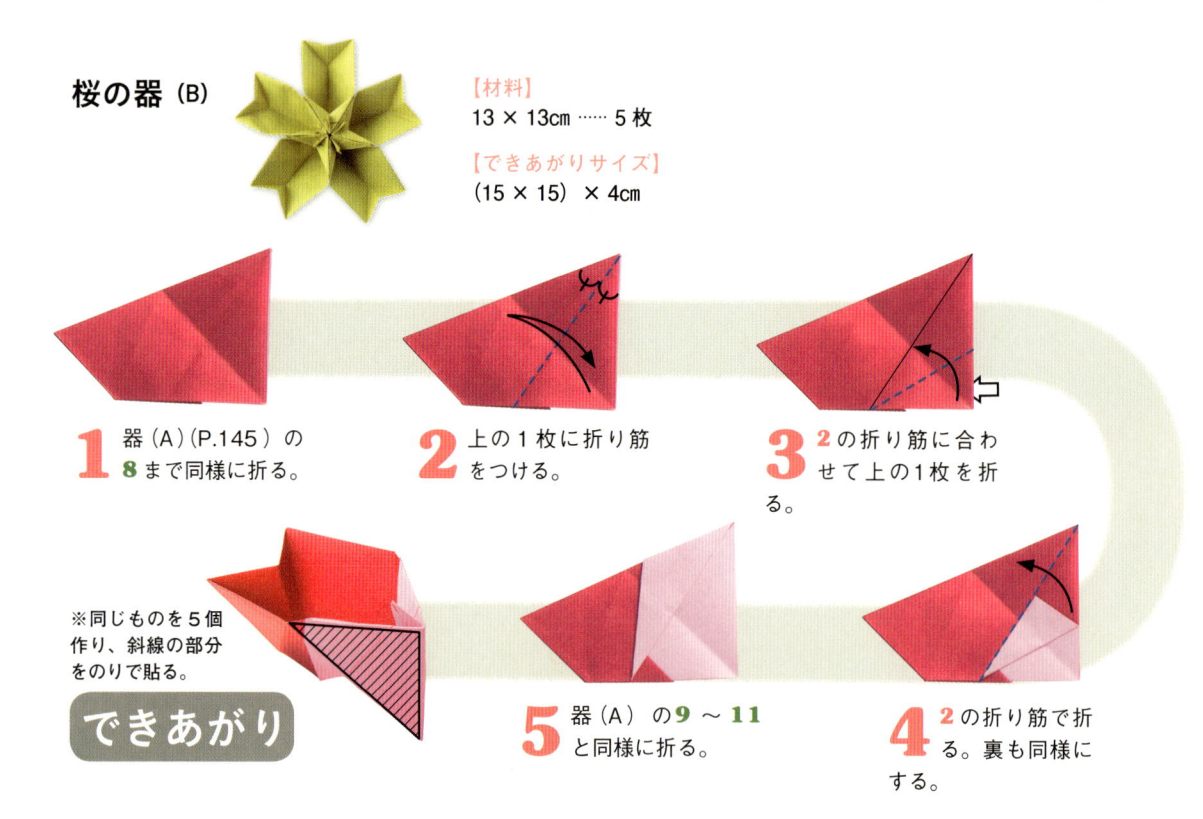

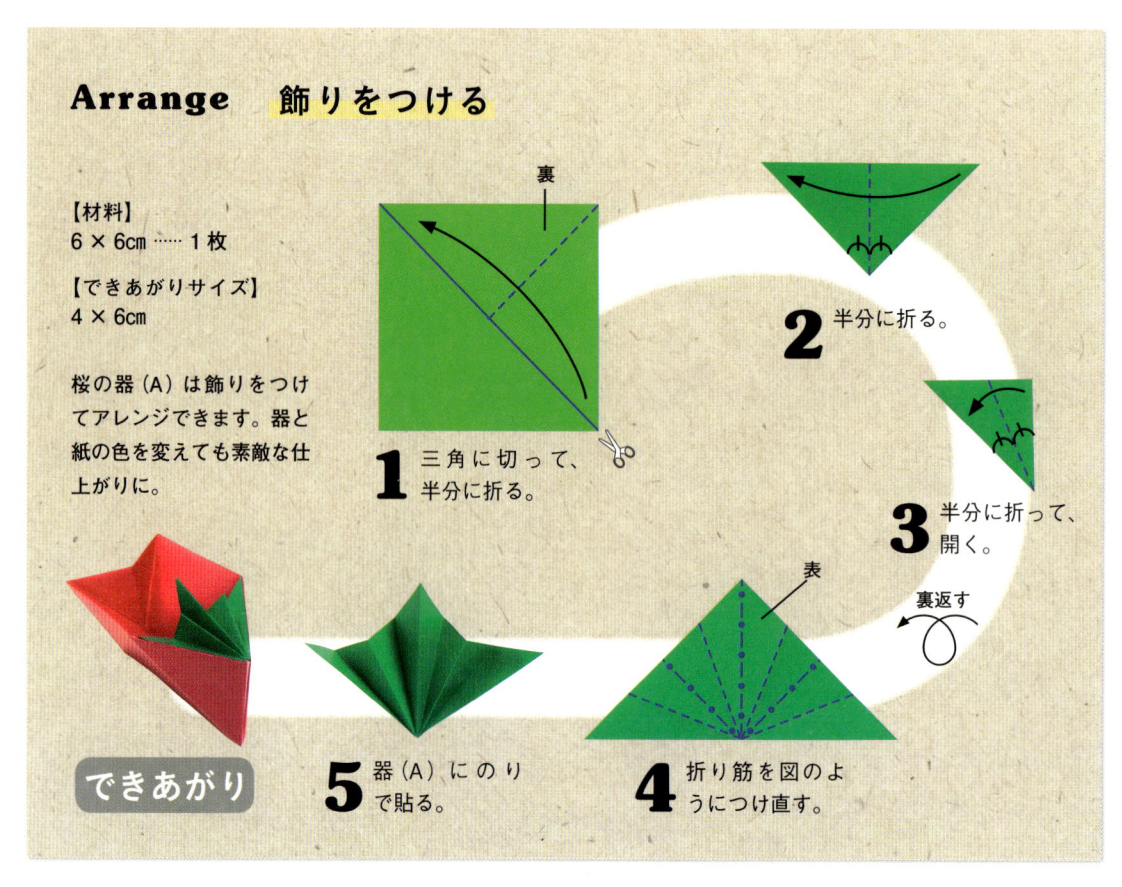

できあがり

COLUMN

茶菓のマナー

日ごろ遭遇する機会が多いからこそ、正式なマナーとなると不安もあるもの。おもてなしの気持ちがきちんと伝わるように、ここでおさらいしておきましょう。

お茶の出し方

盆にお茶が入った茶碗や茶托をのせて部屋へ運びます。ふきんも用意しておくとよいでしょう。お茶は、年長者や地位が上の人から出します。盆を置く場所がない場合は、左手に盆を持ち、右手で出します。

1 盆に茶托をのせ、その上にお茶が入った茶碗をのせます。コースター（P.137）など、茶碗が安定しにくいときは分けてのせても。

2 部屋に入るときは、盆を片手で持ってドアをノックして開けます。

和室の場合は……

お客様の近くにひざをついて座り、盆を自分の下座側に置きます。茶托と茶碗を、両手で出します。このとき、先に出した器を越えないようにするのがポイントです。

3 盆をサイドテーブルなどに置き、茶碗と茶托を両手で出します。片手で出すときは、「片手で失礼します」とひと声添えて。

4 お茶を出し終わったら、盆を脇に抱えてドアまで戻り、お客様に会釈してから退室します。

お茶と茶菓の配置

お茶と茶菓の配置は、お客様から見て右側にお茶、左に茶菓です。このため、お客様の右から出すときは先に茶菓を、左から出すときは先にお茶を出します。このルールは、飲み物や茶菓の種類が変わっても、変わりません。出したお茶は出しっぱなしにせず、30分くらいを目安に、入れかえる心配りを。

日本茶と和菓子の場合

茶碗には、必ず茶托をつけます。茶碗に絵がある場合は、絵のあるほうがお客様の正面を向くようにします。ふたがある場合は、ふたの絵の向きにも気をつけましょう。茶菓に黒文字を添えるときは、手前側に置きます。菓子皿（P.132）を使っても便利です。

洋菓子とコーヒー・紅茶の場合

カップの取っ手の向きに厳密な決まりはないので、お客様の取りやすい向きに。右にすることが多いようです。スプーンやフォークを添える場合は、手前側に置きましょう。砂糖やミルクは、お客様が取りやすい場所に置きます。

花入れとダストボックス

花を飾って食卓に華やかさとにぎわいを。
きれいな色のダストボックスもアクセントになります。

 原案　加瀬三郎

花入れ

【材料】
30 × 30cm …… 1 枚

【できあがりサイズ】
(11.5 × 11.5) × 10cm

折り方のコツ

3 を折るときには、折った下の三角形（**4** で折る部分）が二等辺三角形になるように折ります。

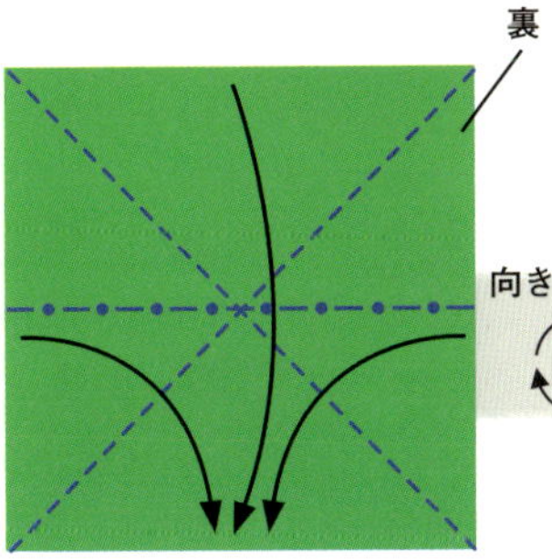

1 三角折り（P.11）にする。

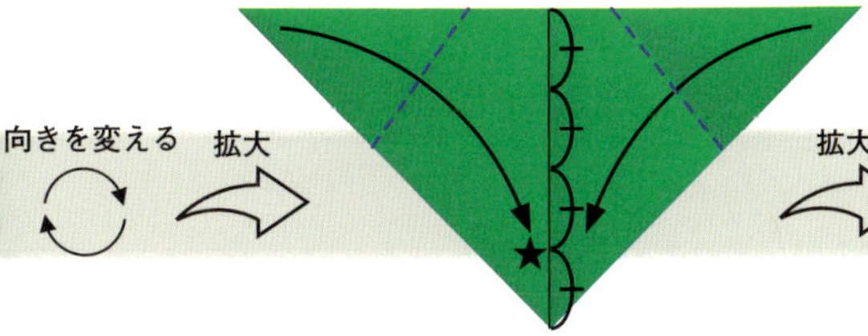

2 上の1枚を左右の角が★に合うように折る。裏も同様にする。

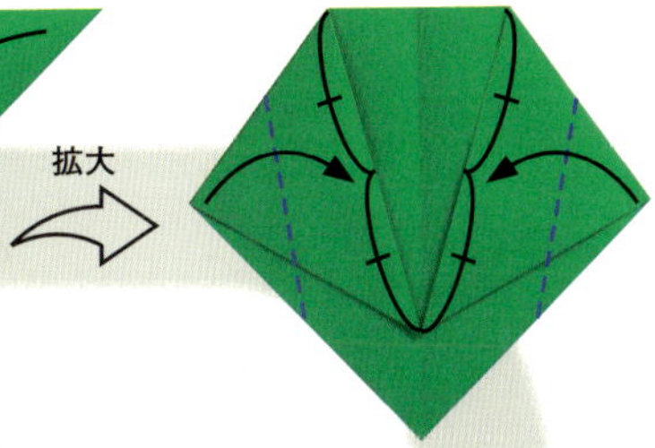

3 上の 1 枚を図の位置で折る。

4 図の位置で折る。裏も **3**、**4** と同様にする。

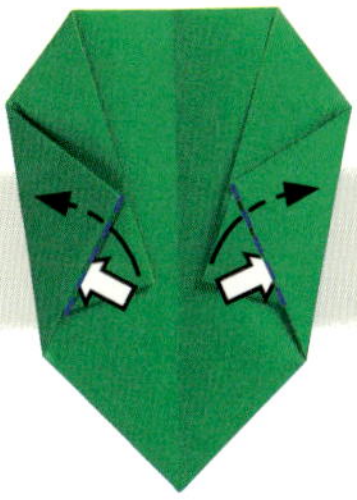

5 折って差し込む。裏も同様にする。

差し込んでいるところ。

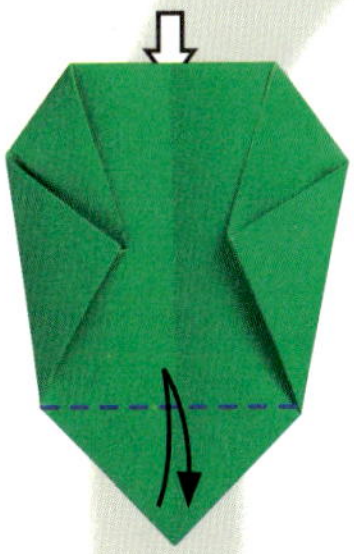

6 折り筋をつけ、中を開く。

角に指を入れながら押し広げる。

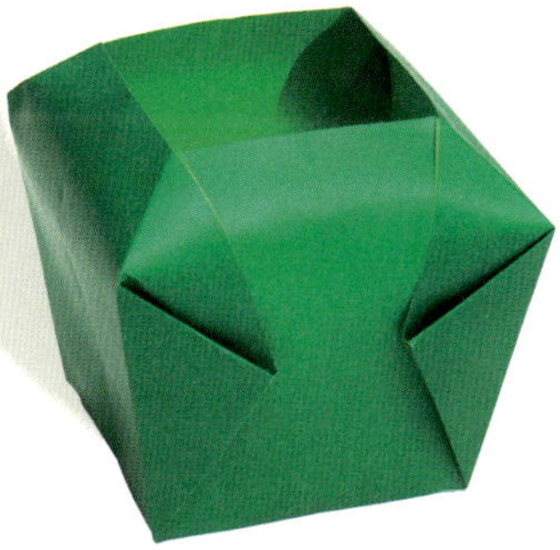

できあがり

Arrange

爪楊枝入れにする

【材料】
15 × 15cm …… 1 枚

【できあがりサイズ】
(5.5 × 5.5) × 5cm

【作り方】
花入れと同様です。

15cmの紙で折ると、爪楊枝入れにぴったりのサイズになります。爪楊枝の残り本数が少なくなってくると倒れやすくなるので、あらかじめビー玉など重しになるものを入れておくとよいでしょう。

ダストボックス

【材料】
30 × 30cm …… 1 枚

【できあがりサイズ】
（13 × 13） × 8cm

折り方のコツ

2 で折る部分を小さくすると口が広く低い仕上がりに、大きめに折ると口がせまく高さのある仕上がりになります。

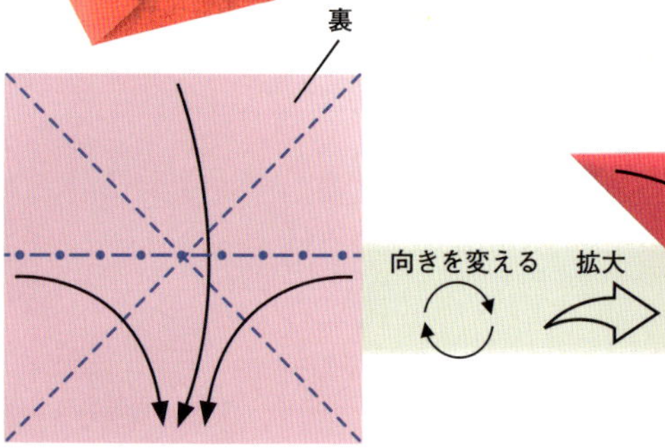

1 三角折り（P.11）にする。

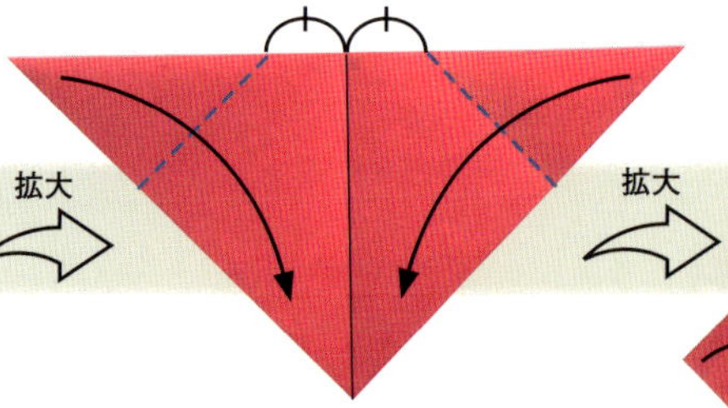

2 上の 1 枚を図の位置で折る。裏も同様にする。

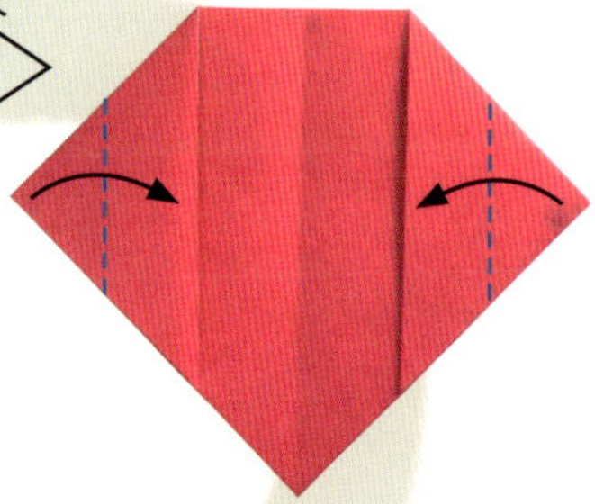

3 上の 1 枚を図の位置で折る。

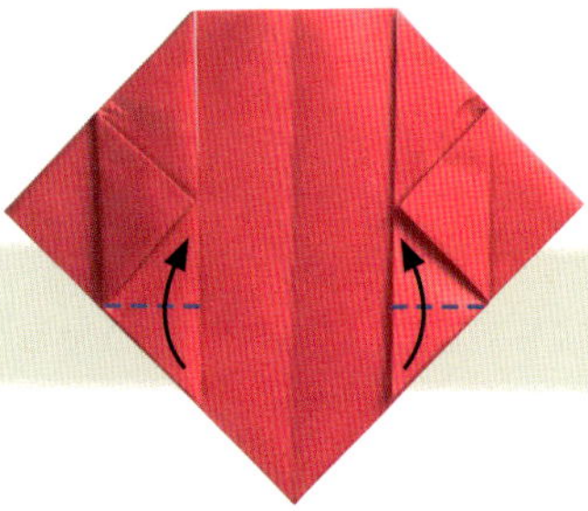

4 図の位置で折る。裏も **3**、**4** と同様にする。

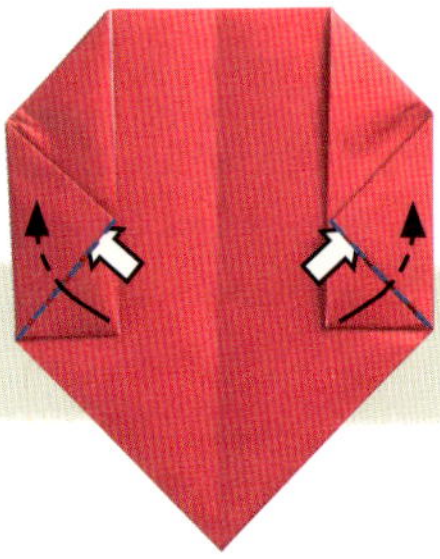

5 折って差し込む。裏も同様にする。

差し込んでいるところ。

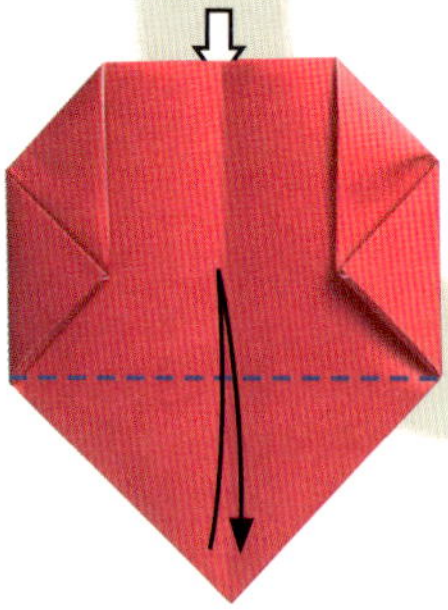

6 折り筋をつけ、中を開く。

角に指を入れながら押し広げる。

できあがり

豆知識

現代では古紙回収など、ごみのリサイクルは当たり前のことですが、同じことが江戸時代にも行われていました。昔の紙は今より余分なものが入っておらず再生が容易だったため、古紙を集める専門業者がいて、紙に限らず古着や布などさまざまな不用品を回収して転売していたのです。これは、ものを大切に長く使うという考え方からきていたようです。

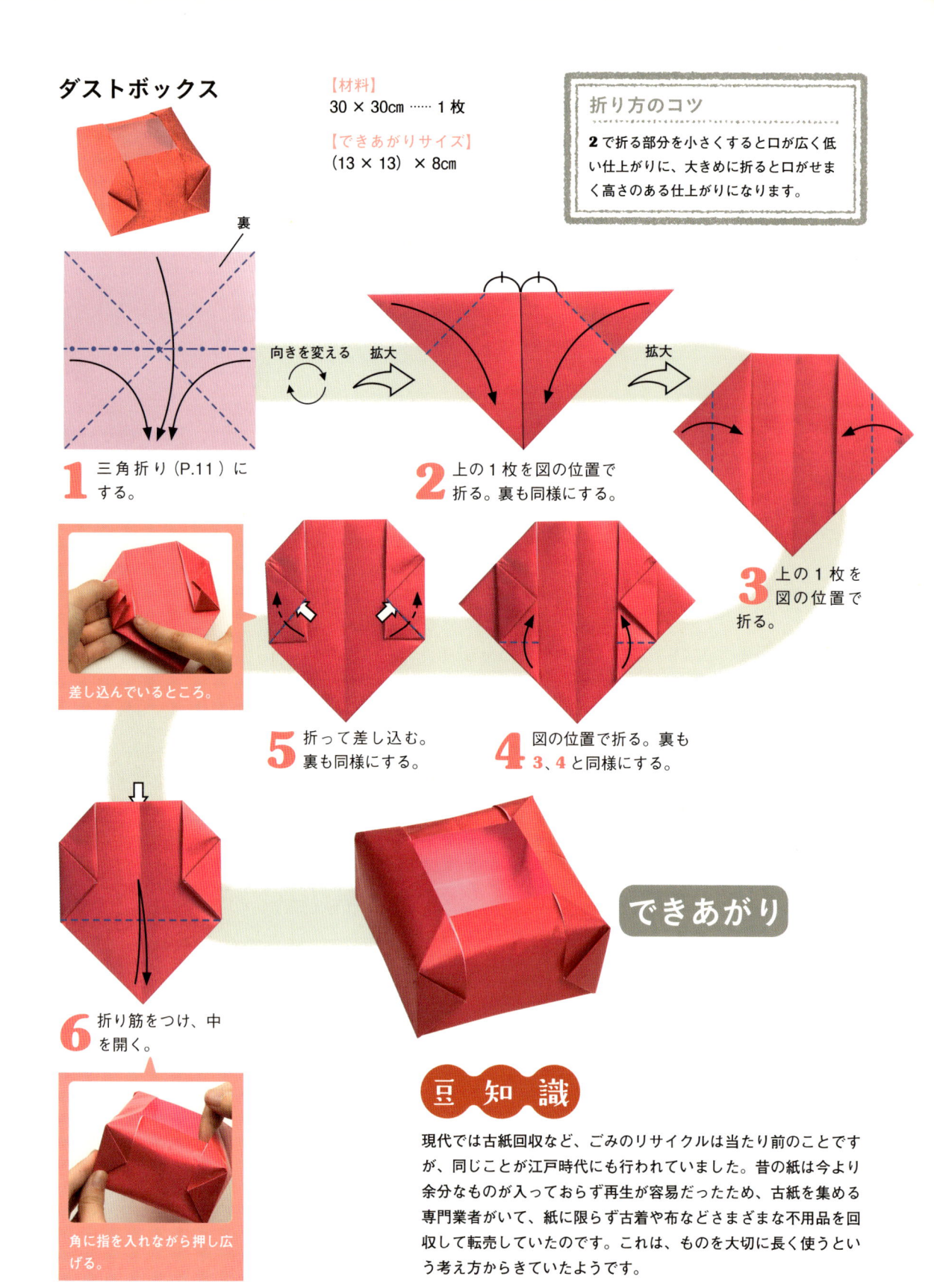

ネームスタンド

おもてなしの席には、歓迎の気持ちを込めたネームスタンドを。
名前を書いたカードを差し込んで使います。

ネーム スタンド

【材料】
15 × 15cm …… 1 枚

【できあがりサイズ】
（7.5 × 7.5） × 4cm

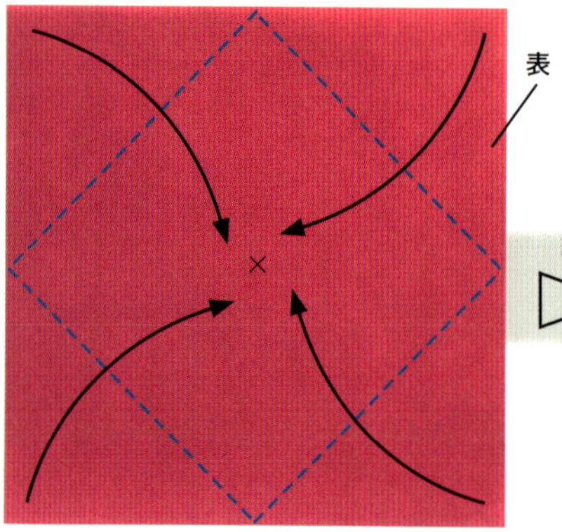

1 ざぶとん折り（P.9）にする。

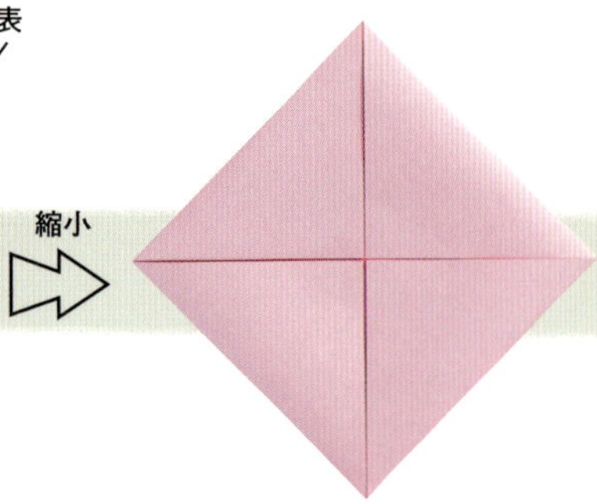

2 折ったところ。

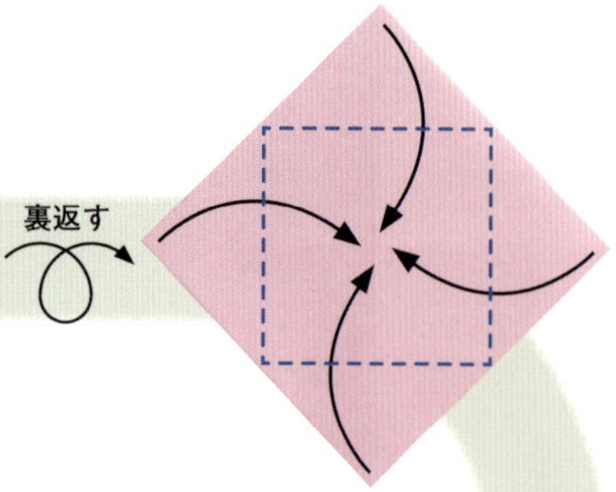

3 ざぶとん折りにする。

4 折ったところ。

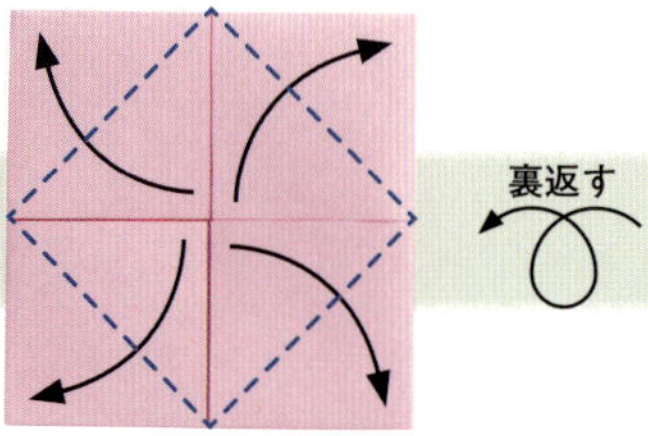

5 中の角を外側に折る。

できあがり

Arrange　つなげてフォトフレームに

【材料】
15 × 15cm …… 3 枚

【できあがりサイズ】
（7.5 × 22.5） × 4cm

※カードや写真は 7.5 × 7.5cm 以内の大きさのものを入れられます。

【作り方】
ネームスタンドと同様に折ったものを３つ用意して、左右の裏を開き、図の斜線部分をのりで貼る。

ネームカードに限らず、写真やイラスト、メッセージカードなどを入れて飾りましょう。つなげると左の写真のように素敵な仕上がりになります。数字や曜日を書いたカードを入れてカレンダーとして使ってもおしゃれです。

COLUMN

席次のマナー

その空間におけるもっとも居心地がよい席を、年長者や来客の席とするのが席次のルール。
相手を尊重する気持ちが込められた、素敵なおもてなしの知恵です。

部屋の造りと席次

部屋の造りによって決まる席次ですが、入口から遠い席を上席と考えるのはどんな部屋でも同じ。さらに、和室なら床の間の前が、洋室なら暖炉や飾り棚の前が上席とされます。ネームスタンド（P.151）を置く前に、きちんと確認しましょう。センターフラワー（P.154）を飾る際は、上席の人からもっとも美しく見えるように置きます。

基本的な和室の場合

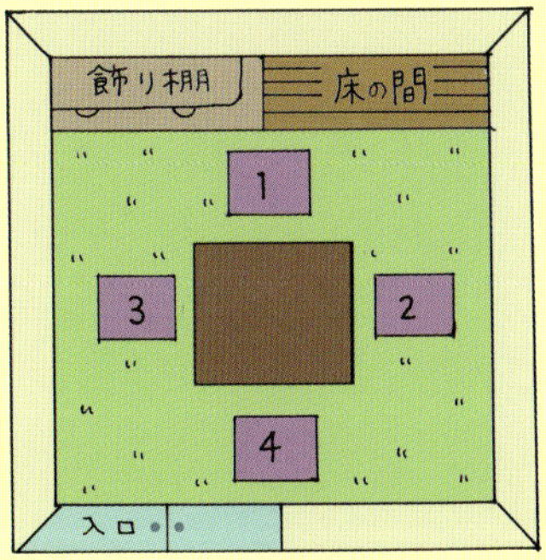

床の間がない和室の場合

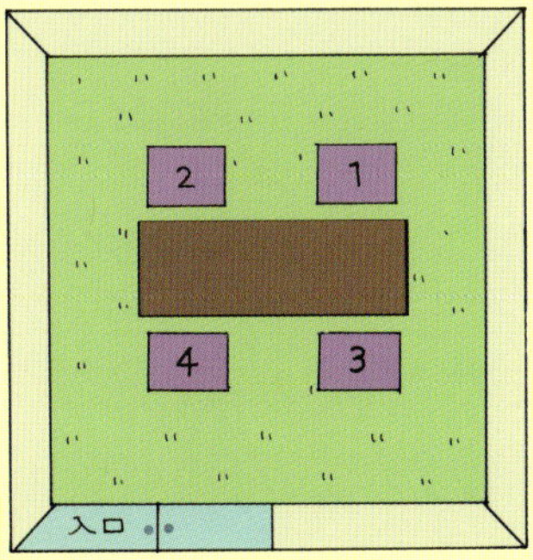

中華卓の場合

洋室（長机）の場合

洋室（正方形の机）の場合

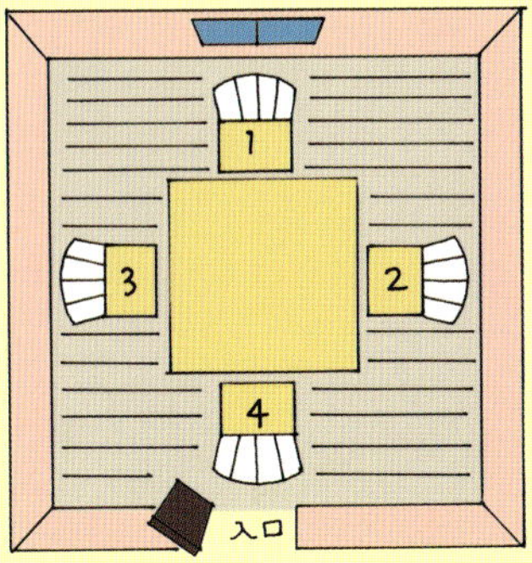

椅子の種類と席次

室内空間だけでなく、椅子の種類によっても席次が左右されます。ただし考え方は部屋と同じ。より居心地のよい椅子が、上席となります。席を整える際は、席次の高い椅子が上座にあるよう配置しておきましょう。

スツール　ひじかけのない椅子　ひじかけ椅子　ソファ

センターフラワー

バラの花をアレンジした豪華なセンターフラワー。
上質な紙で作れば、あらたまった席にもふさわしい品格が出ます。

センターフラワー

【材料】
花：14 × 14cm …… 12 枚
台：24 × 24cm …… 3 枚

【できあがりサイズ】
(10 × 10) × 8 cm

折り方のコツ

台の**3**、**5**では、あまりきっちりと中心に合わせて折らないほうが、仕上がりがきれいになります。

花

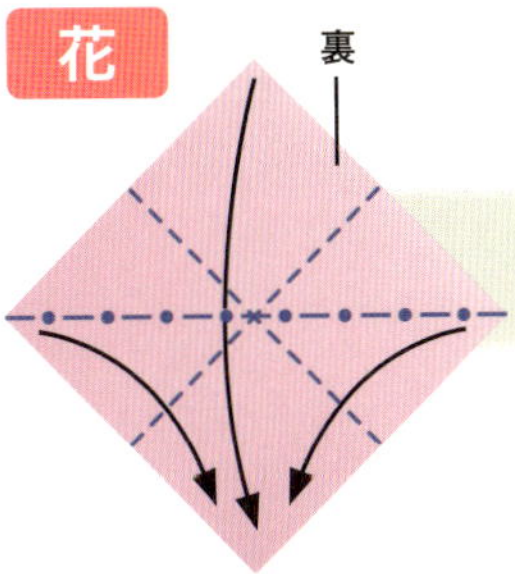

1 四角折り（P.10）にする。

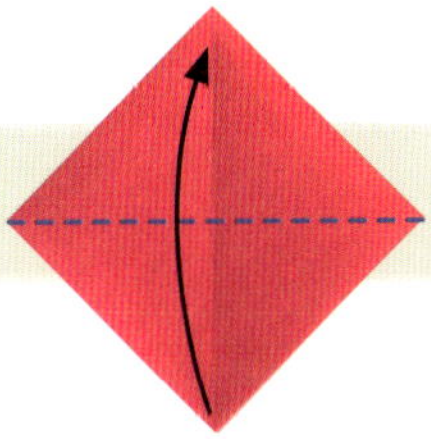

2 上の 1 枚を半分に折る。裏も同様にする。

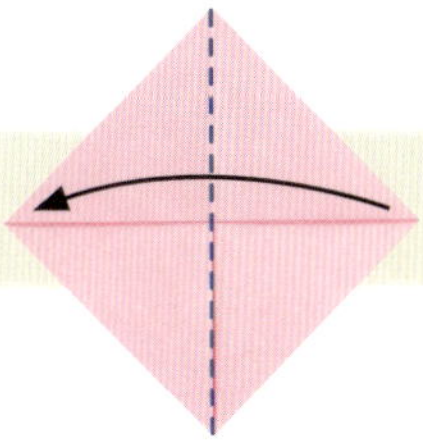

3 上の 1 枚を左に折る。裏も同様にする。

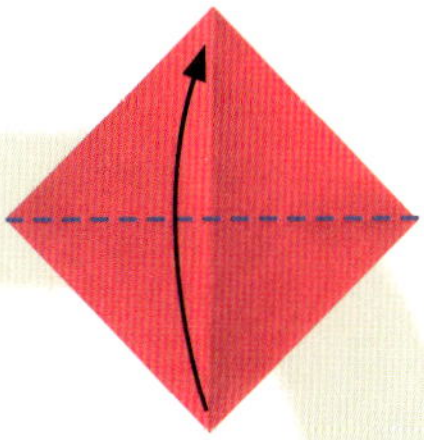

4 上の 1 枚を半分に折る。裏も同様にする。

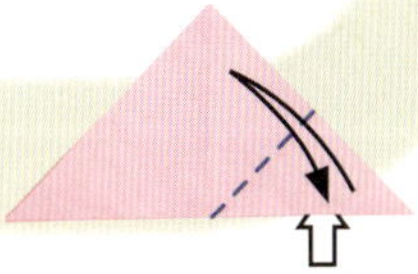

5 上の1組を中央に合わせて折り筋をつける。

6 手前から2番目の間を開いてたたむ。残り 3 カ所も**5**、**6**と同様にする。

開く場所が 2 カ所あるが、手前から 2 番目を開いてたたむ。

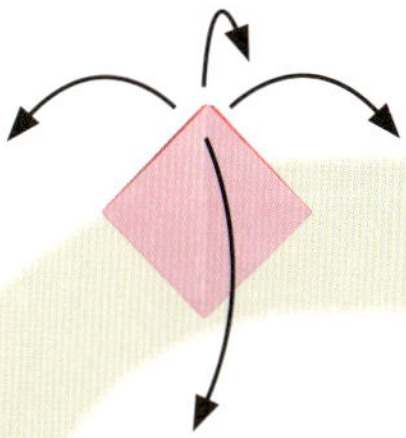

7 たたんだところを開く。

中心の上下を軽く押さえながら開く。

8 中心をピンセットではさみ、時計回りにねじる。

9 中心を押し込むようにしながら、しっかりとねじる。

10 中心の上下を軽く押さえながら開く。

11 中心の上下を軽く押さえながら、内側の角 4 カ所、次に外側の角 4 カ所を爪楊枝で外方向に巻く。

できあがり

※同様に花を 12 個作る。

台

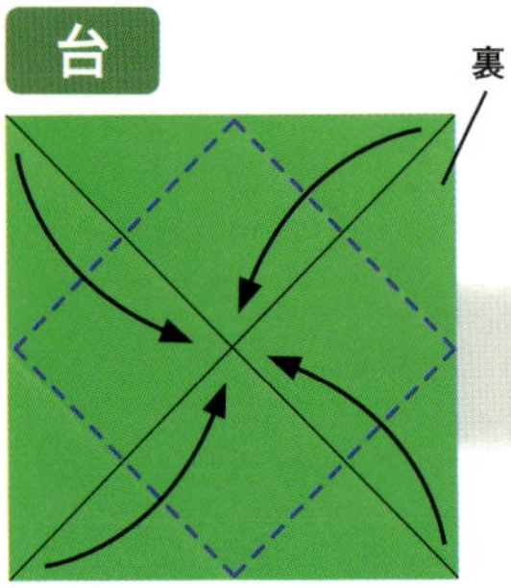

1 三角の折り筋をつけたざぶとん折り（P.9アドバイス）にする。

2 折ったところ。

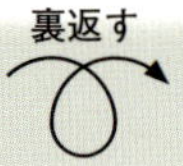

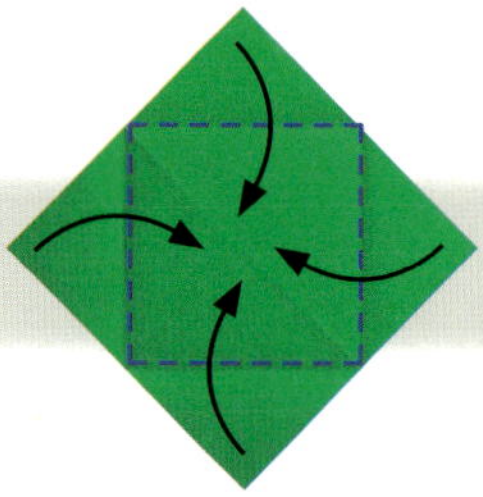

3 角を中心から0.2cmほど離して折る。

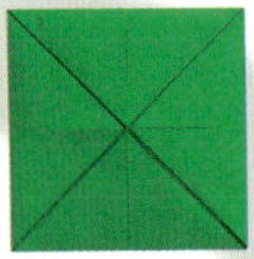

4 折ったところ。

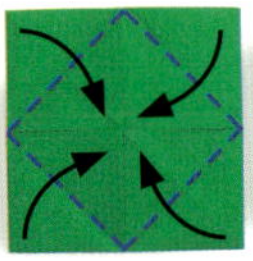

5 角を中心あたりに合わせ、**3**と同様に折る。

6 四角折り（P.10）にする。

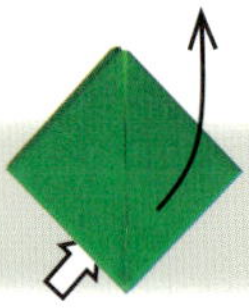

7 上の1枚を開く。残り3カ所も同様にする。

8 開いたところ。

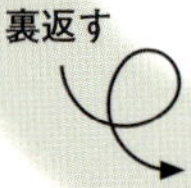

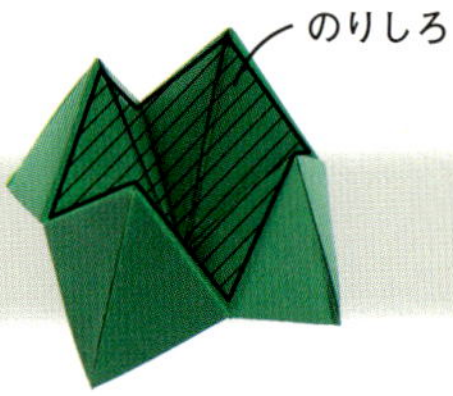

9 のりをつけ、内側をしっかり貼り合わせる。同じものを3個作る。

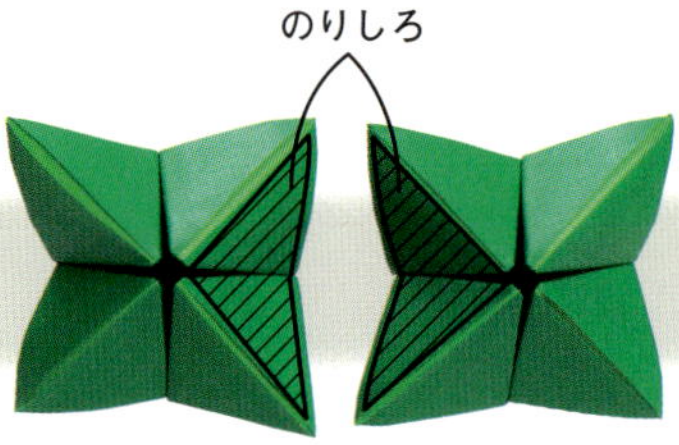

10 のりをつけて、2個を貼り合わせる。

11 のりをつけて、残りの1個も貼り合わせる。

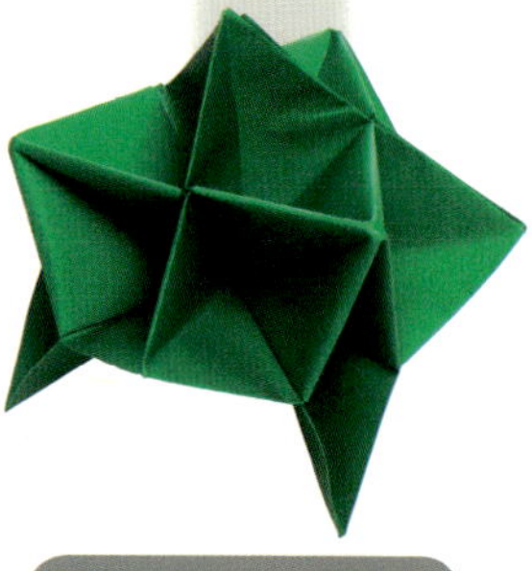

できあがり

組み立て

12カ所の穴の中にのりをつけ、花をのせて貼り合わせる。

できあがり

COLUMN

テーブルセッティングの基本

友人を招いたり、お祝いをしたり……、特別な日の食事は気を遣うもの。
折り紙の作品で彩りを添えつつ、正しい食器の配置でお客様を迎えましょう。

日本料理の食器の並べ方

ごはんは左手前に、汁物は右手前。中央には先付か香の物を置きます。煮物や蒸し物は左奥、天ぷらや焼き魚などは右奥に。箸袋（P.127）は、使い終わった箸を入れるのにも使えるので、折り紙で作って出すと便利。

西洋料理の食器の並べ方

中央に料理、左側がフォーク、右側がナイフとスプーン。グラスは右奥、パン皿は左側かフォークの奥に置くのが基本。ひと組のナイフとフォークで食事をする場合は、犬のフォークレスト（P.124）などを用意しましょう。

テーブルクロスの格

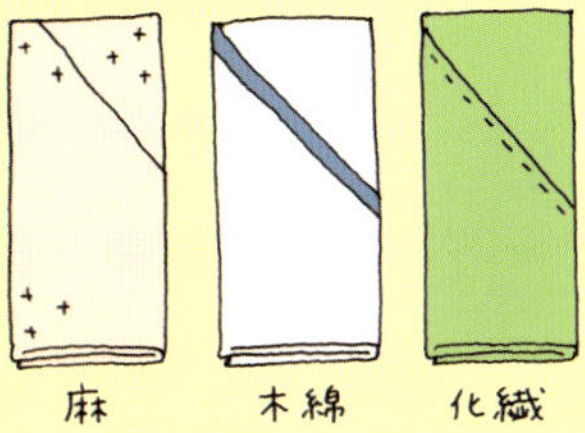

テーブルクロスは、素材によって格があります。亜麻や白い麻が最も格が高く、ついで木綿、化繊の順になります。また木綿も織り目が細かいほうが格が上がります。

器の正面

和食器には置く向きが決まっているものもあります。絵柄があるものは、絵柄を正面に向けましょう。注ぎ口があるものは、注ぎ口を左に向けて置きます。

中国料理の食器の並べ方

日本料理との大きな違いは、箸を置く向き。皿の右側に、縦に置きます。レンゲは箸の横か皿の奥に置かれることが多いですが、厳密なルールはありません。

COLUMN

折り紙でテーブルコーディネイト

アレンジ自在の折り紙のカトラリーで、テーブルの上を彩りましょう。
作品自体がお土産になったり、使い捨てできたり、包めたりと、実用性も備えています。

会食の席のコーディネイト

鶴のランチョンマットと南天柄の箸袋は同系色でそろえて。箸袋の柄をいかすため、ほかは淡い色でまとめました。

使用作品

箸袋（P.127）、ランチョンマット（P.134）、コースター（P.137）

お茶の席のコーディネイト

茶菓にある色から作品やクロスの色を選び、コーディネイト。暖色には、食べ物をおいしそうに見せる効果もあります。

使用作品

菓子皿（P.132）、桜の器（P.144）、ネームスタンド（P.151）

監修

小林一夫（こばやしかずお）

1941年東京生まれ。東京・お茶の水にある「おりがみ会館」館長。安政5年（1858年）創業の和紙の老舗「ゆしまの小林」4代目、社長。内閣府認証ＮＰＯ法人国際おりがみ協会理事長。折り紙の展示や教室の開催、講演などを通じ、和紙文化の普及と継承に力を注いでいる。その活動場所は日本のみならず世界各国に及び、日本文化の紹介、国際交流にもつとめている。著書・監修書は、『飾る・使う・贈る 暮らしの折り紙』『英訳付き 折り紙帖』『たのしいおりがみ全書』（小社刊）、『そのまま折り紙』（河出書房新社）など多数。

お茶の水 おりがみ会館

（株式会社 ゆしまの小林）

〒113-0034
東京都文京区湯島1-7-14
TEL：03-3811-4025
URL：http://www.origamikaikan.co.jp/

Staff

制作協力：おりがみ会館講師／冨田登志江、渡部浩美、湯浅信江

撮影：田中雅也

スタイリング：渥美友理

デザイン：mogmog Inc.

イラスト：花島ゆき

編集協力：漆原泉

写真協力：吉倉隆之

校正：みね工房

DTP：ニシ工芸株式会社

編集・制作：株式会社童夢

喜ばれる 素敵な折り紙

監修者　小林一夫
発行者　池田豊
印刷所　図書印刷株式会社
製本所　図書印刷株式会社
発行所　株式会社池田書店
　〒162-0851　東京都新宿区弁天町43番地
　電話 03-3267-6821（代）／振替 00120-9-60072

落丁・乱丁はおとりかえいたします。

ISBN978-4-262-15287-5

1400003